Pattaya

Zwei Menschen, zwei Wege, eine Geschichte

Tina Hofmann

PATTAYA

Zwei Menschen, zwei Wege, eine Geschichte

Pattaya

Alle Rechte vorbehalten
Copyright © 2005
Tina Hofmann
Zürich, Schweiz

1. Auflage August 2005
ISBN 3-033-00531-4

Lektorat

Judith Furrer

Gestaltung und Ausführung

Michele Stämpfli
Büro für Visuelle Gestaltung

Druck und Ausrüstung

Druckerei Bloch AG, Arlesheim BL

INHALTSVERZEICHNIS

Prolog

Die Pausenglocke läutet. Die Schule ist aus. Noi packt ihr Mathebuch und den Taschenrechner in den Rucksack und verlässt das Schulzimmer. Auf dem Pausenhof des Gymnasiums blendet sie das grelle Sonnenlicht. Sie blinzelt. Am anderen Ende des Pausenplatzes, beim Basketballkorb, hat sich die Clique versammelt. Die Jungs rauchen Zigaretten. Madeleine zieht mit einem Lippenstift ihre Lippen nach. Als sie Noi entdeckt, flüstert sie Christian etwas zu. Dieser sieht für einen Augenblick in Nois Richtung, dann nimmt er Madeleine in seine Arme und küsst sie demonstrativ auf den Mund. Auch die anderen Mädchen haben jetzt Noi entdeckt. Sie gestikulieren wild und kichern miteinander. Dann rufen sie wie aus einem Munde laut in Nois Richtung: «Buuh. Du kleine Hure!».

Noi blickt zu Boden und schultert ihren Rucksack. Sie vermeidet es, an der Clique vorbei zu gehen und macht einen Umweg um das Schulhaus. Es ist offensichtlich, dass die Mädchen aus der Clique sie hassen. Ihr wird übel.

Sie denkt an den gestrigen Nachmittag. An Christian. Ein grosser blondhaariger Junge aus der Parallelklasse. Er ist zwei Jahre älter als die anderen in seiner Klasse, wird in einem Monat 18. Nicht nur Noi bewundert ihn. Dass er schon zweimal sitzen geblieben ist, spielt keine Rolle. Er hat ein freches Mundwerk und kann es mit jedem aufnehmen. Die Lehrer bringt er regelmässig an den Rand der Verzweiflung. Die Jungs aus Nois Klasse wollen alle wie Christian sein. Vergebens. Keiner ist so cool. Christian ist einer, der an jedem Finger fünf Mädchen haben kann, wenn er will. Er kennt alle wichtigen Leute in der Schule. Ist der Kopf der Skater-Clique. Nicht dass Noi in ihn verliebt ist. Nein, so richtig verliebt war sie eigentlich noch nie. Noi himmelt Christian einfach an. Christian ist erwachsen. Er schert sich nicht darum, was Eltern und Lehrer sagen. Er lebt sein Leben, zieht sein Ding durch. Schlechte Noten hin oder her. Er skatet was das

Zeug hält und scheut auch vor gefährlichen Tricks nicht zurück. Noi ist sicher, dass er mit seinem Mundwerk mal ganz gross rauskommen wird. Im Radio oder Fernsehen. Noi war nicht entgangen, dass Christian sie immer mal wieder interessiert gemustert hatte. Noi hätte viel dafür gegeben, mit so einem Jungen befreundet zu sein. Dann wäre sie in der Clique akzeptiert und hätte sich mit Madeleine und den anderen Mädchen anfreunden können. Das wäre für sie sehr wichtig gewesen. Sie wäre endlich nicht mehr die asiatisch aussehende Aussenseiterin und hätte dazu gehört. Aber es war alles anders gekommen. Noi fühlt sich beschissen. Schlimmer konnte es nicht mehr werden.

Gestern nach der Schule hat er auf sie gewartet. Nicht auf dem Schulhof, wo die anderen waren, sondern hinter dem Schulhaus, als sie auf den Bus wartete.

«Rauchst du auch eine?» fragt er und hält Noi eine Packung Zigaretten hin.

Sie klaubt eine raus und lässt sich Feuer geben. Nach einigen Zügen merkt sie, wie das Nikotin in ihrem Körper ein Kribbeln verursacht. So könnte es sich anfühlen, wenn man verliebt ist, denkt sie. Freudig stellt Noi fest, dass sich Christian tatsächlich für sie interessiert.

«Ich beobachte dich schon lange» sagt er, «du bist hübsch. Ich mag Asiatinnen.»

Sie rauchen und lachen. Chris (wie ihn seine Freunde nennen) hält Nois Hände fest in den seinen und versucht, sie zu küssen. Zuerst wehrt sie sich, dreht ihren Kopf zur Seite, obwohl seine Annäherungsversuche ihr schmeicheln. Er zieht sie an sich und flüstert ihr ins Ohr: «Ich muss dir etwas gestehen.»

Er macht eine Pause.

«Ich bin in dich verliebt.»

Dieses Geständnis lässt Nois Widerstand schmelzen. Er schaut ihr tief in die Augen und schwärmt: «Ich mag deine schmalen Augen, deine vollen Lippen.»

Dann lässt sich Noi küssen. Seine Küsse schmecken nach Zigaretten. Noi kann es kaum glauben. Der tolle Chris ist in sie verliebt. Chris, auf den alle Mädchen in der Schule stehen. Sie flüstert: «Aber was ist mit Madeleine?»

«Das ist aus» sagt er.

Dabei hält er den Zeig- und den Ringfinger in die Höhe und sagt: «Ich schwöre es. Ich habe gestern mit ihr Schluss gemacht.»

Ein Bus kommt angebraust und hält an. Es ist der dritte. Er fährt ab. Noi schmust mit dem tollen Chris. Eng umschlungen stehen sie da. Es fühlt sich an wie im Märchen. Noi kann es kaum glauben, dass sie diesen tollen Jungen haben kann.

«Bist du wirklich sicher, dass du mich willst?» fleht sie ihn an.

Er sagt: «Ich beweise dir, dass ich in dich verliebt bin. Komm mit zu mir.»

Die Clique kann sich Noi also abschminken. Mit gesenktem Kopf schleicht sie um das Schulhaus. Sie beschliesst, zu Fuss nach Hause zu gehen. Ihrer Mutter hatte sie gestern – als die Welt noch in Ordnung war – gesagt, dass sie morgen nach der Schule zu Chris gehen werde. Ihre Mutter hatte über ihre neuste Eroberung gewitzelt, gemeint, dass Noi auf der Hut sein soll. Ein so beliebter und selbstbewusster Junge wie Christian meine es nicht so ernst mit der Liebe, auch wenn er das sage. Überhaupt: Eine Frau müsse den Mann zappeln lassen und sich ihm nicht an den Hals werfen. Sonst würde er sie fallen lassen wie eine heisse Kartoffel. Noi ist wütend. Wütend darüber, dass ihre Mutter ihr nicht zutraut, dass sie einen tollen Jungen halten kann. Wenn sie nun erfährt, dass Chris sie ignoriert und wieder mit Madeleine zusammen ist, wird sie sich bestätigt fühlen.

Es ist ein selten schöner Herbsttag. Noi beschliesst, den Zeitpunkt des Zusammentreffens mit ihrer Mutter hinauszuzögern und noch etwas Zeit verstreichen zu lassen. Sie wird in die Bibliothek gehen und nachsehen, ob das Buch über Thailand, das sie bestellt hat, bereits eingetroffen ist. Sie macht einen Umweg,

vorbei an grossen Mietskasernen und provinziellen Einfamilien-
häusern, und biegt dann in die stark befahrene Hauptstrasse ein.
Am Eschenplatz trinkt sie Wasser vom Brunnen und geht in das
grosse Gebäude aus roten Backsteinen, in dem die Bibliothek
untergebracht ist.

Chris wohnt allein mit seiner Mutter. Sein Vater ist abgehauen
als er noch klein war. Aber darüber spricht er nicht. Auch Noi
fragt er nicht, wie es dazu gekommen ist, dass sie als asiatisches
Mädchen in der Schweiz lebt. Auch nicht, aus welchem Land sie
stammt. Weil seine Mutter als Köchin im Restaurant arbeitet, ist
er nach der Schule meistens allein. Noi folgt ihm in die Küche der
dunklen Zweizimmer-Wohnung. Chris öffnet den Kühlschrank
und holt ein Bier heraus.
    «Willst du auch?»
    Noi nickt. Er holt zwei Gläser und zündet beiden eine
Zigarette an.
    «Gehen wir in mein Zimmer. Dort ist es gemütlicher.»
    Ohne auf eine Antwort von Noi zu warten geht Chris voraus.
In seinem Zimmer hat es nur eine grosse Matratze auf dem Boden,
daneben steht ein Fernseher und Videorecorder. Überall liegen
Kleider, Schulbücher, Skateboard-Hefte, Videokassetten und Kip-
pen von Joints und Zigaretten herum. Chris zieht sie auf die Matratze. Während ihre Zigaretten im Aschenbecher niederbrennen,
macht er sich über Noi her. Seine Küsse an der Bushaltestelle hatte sie noch voller Genuss in sich aufgesogen. Jetzt geht alles sehr
schnell und Chris wird beinahe grob. Seine Hände wandern unter
ihr T-Shirt. Er reisst am Verschluss ihres BHs und schon betasten
seine grossen Hände ihre Brüste. Im Nu hat er sie ihres T-Shirts
entledigt. Seine Zunge ist überall. Noi, von den Zigaretten und
dem Bier betäubt, denkt, dass sie jetzt eigentlich glücklich sein
sollte. Aber irgendetwas stimmt nicht. Ehe sie sich versieht, liegt
sie nackt vor ihm. Während er sich auf sie legt, keucht er ihr ins
Ohr: «Du bist so schön, meine kleine Asiatin. Ich liebe dich.»

Chris stülpt seine Hose über den Hintern, nimmt sein erigiertes Glied aus der Unterhose und führt es in Noi ein. Bevor Noi einen vernünftigen Gedanken zu Ende denken kann, stöhnt Chris auf und stösst kräftig in sie. Er nimmt sich nicht einmal die Mühe, sein Glied vor dem Samenerguss aus Noi heraus zu ziehen. Dann rollt er sich von ihr weg. Der Akt hat keine zwei Minuten gedauert. Stumm und schwer bleibt Noi liegen. Sie denkt an ihre Mutter. Wie oft hatte sie ihr eingebläut, nicht ohne Kondom mit einem Jungen zu schlafen?

Noi geht zum Pult hinter dem die Bibliothekarin an ihrem Computer sitzt. Die Frau trägt eine dicke Brille. Sie richtet ihren Blick auf Noi.

«Was du wollen? Can I help you with something? This is a library. German books only» sagt sie laut und betont freundlich. Für Noi ist sofort klar, dass die Frau meint, sie hätte sich verlaufen. Sie weiss, was die Bibliothekarin denkt. Eine Asiatin gehört ins Puff und nicht in eine Bibliothek. Es ist nicht das erste Mal, dass Noi in so eine missverständliche Situation gerät. Ohne auf die englische Anrede der Frau einzugehen, antwortet Noi in perfektem Deutsch: «Guten Tag. Ich habe die letzte Woche ein Buch vorbestellt, das in der Zwischenzeit hier sein sollte.»

Die Frau wirkt etwas verdutzt als sie realisiert, dass das Mädchen gut Deutsch spricht. Sie versucht, sich ihre Verwirrung nicht anmerken zu lassen und sagt in einem lässigen Ton: «Dann lassen sie mich nachschauen. Wie lautet die Bestellnummer?»

Nach einigen Minuten durchbricht Chris das Schweigen.

«Du kannst nicht bleiben. Meine Mutter kommt bald nach Hause.»

Noi, der nicht entgangen ist, dass sich eine gewisse Kälte in seine Stimme geschlichen hat, steht auf, sammelt ihre Kleider ein und zieht sich an. Ihr Büstenhalter ist kaputt.

«Sehen wir uns wieder?» fragt sie leise.

Als Chris schweigt, redet sie weiter: «Vielleicht morgen nach der Schule?»

«Vielleicht» sagt er ohne sie anzusehen.

Noi kehrt kurz nach Sechs mit dem Buch unter dem Arm zurück nach Hause. Aus der Küche kommt ein köstlicher Duft. Kurz nachdem die Mutter die Haustür klappen gehört hat, steht sie im Türrahmen zwischen Küche und dem Korridor.

«Du bist schon hier? War wohl nichts mit deinem Schwarm?»

Noi blickt verlegen zu Boden und schweigt. Sie weiss, was jetzt kommt.

«Du hast mit ihm geschlafen, habe ich Recht? Wie oft muss ich dir noch sagen, dass es sich für ein Mädchen in der Schweiz nicht gehört, gleich am ersten Tag mit einem Jungen ins Bett zu gehen? Dort wo du herkommst, mag das in Ordnung sein. Aber hier gelten andere Regeln. Wenn du so weiter machst, wirst du nie einen Mann finden, der dich aufrichtig liebt.»

Erster Tag

Hugo | Noi

Hugo

25d. Hugo lässt sich erleichtert in den engen Sitz fallen und atmet einige Male tief durch. Endlich hat er es geschafft. Hugo beobachtet, wie die Passagiere ins Flugzeug strömen. Der Flieger wird bis auf den letzten Platz ausgebucht sein. Leider. Hugo hätte es sich gerne gemütlich gemacht. Die Armlehnen hochgeklappt und einen zweiten freien Sitz in Beschlag genommen. Denn Hugo ist nicht mehr der Schlankste. Er verdrängt den Gedanken, dass er die nächsten zehn Stunden wie in einer Sardinenbüchse eingeklemmt mit so vielen Menschen im Flugzeug verbringen muss. Er beobachtet, wie ein Mann mit dunklem Bart an ihm vorbeigeht. Er sieht ihm skeptisch hinterher. Der Mann sieht wie ein Araber aus. Hugo schaudert. Der 11. September 2001 kommt ihm in den Sinn. Die beiden Flugzeuge. Der *Crash*. Die brennenden Türme. Heute weiss man nie, ob sich Terroristen an Bord des Flugzeugs geschlichen haben. Hugo verdrängt die aufkeimende Angst. Ein altes Ehepaar drängt sich an ihm vorbei. Die Frau setzt sich neben ihn. So ein Pech, denkt er, dass sein Platz in der mittleren Reihe ist und nicht am Fenster. Hier kann er weder die Aussicht geniessen noch sich zum Schlafen an die Wand lehnen. Auch bei einer Notlandung hätte er das Nachsehen. Dafür wäre ein Platz beim Gang besser. Aber an eine Flugzeugentführung oder Schlimmeres will er nicht mehr denken. Hugo versucht, seine Gedanken auf seine Familie zu lenken. Was für ein Abschied! Lange hat er gedauert. Seine Frau Klara und seine beiden Töchter hatten ihn mit gut gemeinten aber unnötigen Reisetipps versorgt. «Trink nicht zu viel. Iss kein rohes Gemüse, damit verdirbst du dir den Magen. Sei freundlich zu den Leuten.»

Klara hatte gehört, dass in Bangkok Drogensüchtige leben, die diese Thai-Pillen schlucken. Eine Droge, die aggressiv und unberechenbar macht. In der Tagesschau hatten sie schreckliche Bilder gezeigt, von Amokläufern und blutigen Auseinandersetzungen. Hugo versuchte, sie zu beruhigen und versprach ihr, sich nachts nicht in Gegenden abseits des Touristenzentrums aufzuhalten. Es klang fast, als ob Hugo nicht selber zu sich Sorge tragen könnte. So schaffte er es nicht, sich frühzeitig in die Schlange am Check-In-Schalter einzureihen. Als er an die Reihe kam waren die Fensterplätze bereits weg.

Seit 15 Jahren sind dies Hugos erste Ferien ohne Familie. Seine Töchter Melanie und Janine fahren jetzt alleine oder mit Freunden weg. Auch Klara wird die nächsten zwei Wochen mit ihrem Frauen-Jassverein in Miami verbringen. Es war eine gute Idee, einmal getrennt in den Urlaub zu fahren, denkt Hugo. Obwohl er ein wenig ein ungutes Gefühl hat, Klara alleine ziehen zu lassen. Sein Kumpel Klaus wollte, dass er ihn für eine Woche in die Veloferien nach Sardinien begleitete. Aber das wäre nichts für Hugo gewesen. Die vielen Hügel. Viel zu anstrengend. Hugo ist nicht mehr sportlich. Das waren noch Zeiten, als er jung und schlank war und im Fussballverein spielte. Sein früheres Team, die Rennböcke, spielte sogar in der dritten Liga. Damals gewannen sie viele Turniere. Hugo war ein flinker und wendiger Mittelfeldspieler. Die Frauen waren beeindruckt von der Eleganz, mit welcher er den Ball durch die gegnerische Mannschaft spielte. Hugo fühlt sich alt, obwohl man mit 58 eigentlich noch lange nicht zum alten Eisen gehört. Udo Jürgens singt ja bekanntlich, dass das Leben erst mit 66 Jahren beginnt. Seine erste Ferienwoche würde Hugo also alleine verbringen müssen. Klaus wird ihm dann folgen. Solange muss er sich irgendwie durchschlagen. Hugo hat noch nie alleine Ferien gemacht. Das ist abenteuerlich. Er spürt, wie die Hoffnung in ihm wächst, dass er mit seiner Thailandreise ein Stück seiner unbeschwerten Jugend zurückholen kann. Thailand. Ein Land, wo ihn keiner kennt, in dem er reich ist, sich alles kaufen kann und in dem es viele schöne junge Frauen gibt, die alles dafür tun würden, um einen Schweizer heiraten zu können.

Es wird der übliche Film zu den Sicherheitsmassnahmen gezeigt. Hugo schaut zwar zu, aber seine Gedanken schweifen ab. Wenn das Flugzeug abstürzt ist alles vorbei. Dann kann man nichts mehr tun, denkt er. Oder wenn Terroristen das Ding in ein Kernkraftwerk fliegen. Dann macht es *bumm!* und du spürst gar nichts mehr. Hugo verdrängt den Gedanken an den Tod und beginnt, in einem Flugzeugjournal zu blättern. Später wird den Passagieren der Film *Pretty Woman* mit Julia Roberts gezeigt. Hugo wird bald eine Schlaftablette nehmen. Er hofft, dass er während des Films bereits tief schlafen wird. Der Pilot erklärt den Passagieren die Flugroute nach Bangkok. Er sagt, dass die Wetterverhältnisse gut sind und der Flug etwa neun Stunden dauern werde. Das Flugzeug setzt sich in Bewegung, schwenkt in die Startrampe ein und beschleunigt. Hugo spürt einen leichten angenehmen Druck in der Bauchgegend. Die Maschine hebt ab. Wenige Minuten nach dem Start beginnen die Flight Attendants mit ihrer Arbeit. Eine ausgesprochen freundliche blondhaarige Frau serviert Hugo eine Packung Erdnüsse und fragt, was er dazu trinken möchte. Er bestellt sich einen Wodka mit Orangensaft und verfolgt gelangweilt den Trickfilm auf dem Bildschirm. Die alte Frau neben Hugo lacht ihn freundlich an und streckt ihm ihr Mineralwasser entgegen.

«Prost! Auf einen schönen Urlaub. Mein Mann und ich fliegen weiter nach Phuket. An den Strand. Die Kinder haben uns die Reise zu seiner Pensionierung geschenkt. Und wohin reisen sie?»

Hugo, etwas verwirrt ab dem spontanen Gespräch, sagt: «Ich fahre nach Pattaya. Zum Golfspielen.»

Hugo hat noch nie in seinem Leben Golf gespielt, aber von seinen Freunden am Stammtisch weiss er, dass es in Pattaya Golfplätze hat. Die alte Frau redet begeistert weiter: «Ich habe gehört, dass die Leute in Thailand sehr gastfreundlich sein sollen. Für Touristen ist es ungefährlich und das ist ja heute nicht mehr selbstverständlich. Die Kinder haben uns am Strand von Katong für drei Wochen einen Bungalow gemietet. Sie müssen wissen, das sind unsere ersten Ferien, die wir ausserhalb von Europa verbringen.»

Auch für Hugo ist dies die erste Flugreise seit zwölf Jahren. Damals waren Klara und er mit den Töchtern in der Türkei. Der Urlaub war ein Desaster. Die Mädchen hatten Durchfall und mussten oft erbrechen. Die Hitze. Das Essen. Die Aufregung. Melanie, die Kleinere, wäre während eines unbewachten Augenblicks, beinahe im Swimmingpool ertrunken. Janine mussten sie mit hohem Fieber ins Krankenhaus bringen, weil der Verdacht auf eine akute Lebensmittelvergiftung bestand. Ein Strassenhändler hatte ihr Türkische Süssigkeiten geschenkt. Merkwürdig aussehende grüne Kuchen. Als Hugo realisierte, dass sie davon gegessen hatte, war es zu spät.

Danach beschlossen Klara und er, ihre Ferien nur noch in der Toscana und der Schweiz zu verbringen. In Italien konnten sie jeden Sommer ein kleines Haus mieten. Es lag etwas ausserhalb von Florenz und gehörte Verwandten seiner Frau. Seine Schwiegermutter begleitete sie und schaute zu den Kindern, wenn er und Klara gemeinsam etwas unternahmen.

Und jetzt fliegt Hugo zum ersten Mal alleine in die Ferien. Nach Pattaya. Hugo hat schon viel über diesen Ort gehört, von seinen Kollegen und aus dem Fernsehen. Keiner seiner Bekannten hätte ihm zugetraut, dass er, der seriöse Familienvater, eines Tages alleine dorthin fliegen würde. Die Thailänderinnen sollen jung und liebevoll sein. Es stört sie nicht, wenn ein Mann in die Jahre gekommen ist. Sie bewundern die Lebenserfahrung eines älteren Mannes. Sein Wissen, seine Reife. Jedenfalls ist es das, was Klaus und Hans am Stammtisch erzählt haben. Sie schwärmten: «Hugo, dorthin musst du auch einmal fliegen. Da bewundern Frauen die Männer noch. Da bist du noch jemand. Da wird nicht an dir herumgemeckert. Du bist frei. Jeden Tag kannst du mit einer anderen schönen jungen Frau verbringen.»

Zwischen Hugo und Klara läuft schon lange nichts mehr. Sexuell. Klara beklagt sich, weil Hugo dicker geworden ist. Weil er sie nicht mehr umwirbt wie in ihren jungen Jahren. Er bringt ihr keine Blumen mehr mit. Kommt nach dem Arbeiten erschöpft nach Hause, lässt sich auf das Sofa im Wohnzimmer plumpsen, sieht fern und trinkt Bier. Noch nie hat sie ihn gefragt, warum er so geworden ist. Ob er sich noch etwas wünsche im Leben. Im Grunde ist ja alles gut gegangen. Die beiden Töchter haben einen rechten Beruf gelernt. Janine ist Floristin und Melanie schliesst bald ihre Lehre als kaufmännische Angestellte bei einer Schweizer Bank ab. Klara und er haben das Leben all die Jahre gemeistert, auch bei finanziellen Engpässen. Zum Beispiel, als er seine Arbeit als Lagerist bei einem grossen Schuhkonzern wegen seinen Rückenschmerzen aufgeben musste. Da war Hugo fast ein Jahr arbeitslos und musste sich umschulen. Schliesslich fand er einen Bürojob in einer Logistikfirma, in welcher er noch heute arbeitet.

Pattaya. Hugo fühlt sich vogelfrei. Endlich kann er tun und lassen, was er will. Muss keine Erwartungen erfüllen. Einmal in seinem Leben für zwei Wochen ein anderer sein. Ein Prachtskerl. Unabhängig und stark. Was er zu Hause macht und wer er wirklich ist, will dort niemand wissen. Keine Fragen. Keine Ansprüche. Keine Meckereien. Kein «Entsorge-deine-Bierflaschen-bevor-du-zu-Bett-gehst», kein «Dreh-deine-Hosen-von-innen-nach-aussen-bevor-du-sie-in-den-Wäschekorb-wirfst», kein «Kannst-du-dich-beim-Pinkeln-nicht-gefälligst-hinsetzen?!».

Als er und Klara sich kennengelernt haben, da konnte er sie noch beeindrucken. Sie fühlte sich geborgen bei ihm und war überglücklich, wenn er ihr Komplimente über ihr Aussehen machte, Pralinen mitbrachte oder sie zum Essen ausführte. Sie waren sehr verliebt und er konnte sich nicht vorstellen, jemals wieder eine andere Frau als Klara zu begehren. Sexuell war sie anfangs sehr zurückhaltend, doch mit der Zeit öffnete sie sich immer mehr, liess seine Zärtlichkeiten und Berührungen am ganzen Körper zu.

Dann gebar ihm Klara seine beiden Töchter und das Familienglück war perfekt.

Mit den Kindern kam die alltägliche Routine. Er arbeitete. Klara versorgte die Kinder. Allmählich wurde sie anspruchsvoll und unzufrieden. Wenn er abends nach einem strengen Tag nach Hause kam, forderte sie seine ungeteilte Aufmerksamkeit. Nicht einmal mehr zum Zeitung lesen fand er Zeit. Klara wollte, dass er sich ganz auf sie und die Kinder konzentrierte. Sie hatte ein starkes Mitteilungsbedürfnis, erzählte ihm, wie sie den Tag verbrachte, was die Kinder wieder für Unsinn angestellt hatten, dass der Elektriker da gewesen war, um die Waschmaschine zu reparieren oder andere uninteressante Dinge. Das langweilte Hugo. Sie tat ihm Leid, doch der Respekt und die Zuneigung, die er für sie empfand, schwanden dahin. Obwohl er ihr half und ihr gab was er konnte – Geld für Kleider, den Frisör, die Kosmetikerin oder Geschenke – seine Liebe flaute ab. Schlimmer wurde es, als die Mädchen erwachsen wurden und begannen, ihr eigenes Leben zu führen. Früher gab es zu Hause immer eine Menge Wirbel. Jeden Tag war etwas los. Die Mädchen brachten Freundinnen zum Spielen mit. Sie zankten um die Fernbedienung des Fernsehers, brauchten Hilfe bei den Hausaufgaben, erzählten von der Schule und hörten laute Musik. Doch irgendwann blieben Janine und Melanie abends weg, übernachteten bei ihren Freunden, kamen zum Mittagessen nicht mehr nach Hause. Janine ist vor ein paar Monaten ausgezogen.

Hugo und Klara sind jetzt am Abend immer öfter alleine und haben sich noch weniger zu sagen als vorher. Es hätte auch ein Neubeginn für Klara sein können. Nach all den Jahren hat sie endlich mehr Zeit für sich selbst. Sie könnte einem Hobby nachgehen, Sport treiben, Ausstellungen und Kinos besuchen, Bücher lesen. Aber Klara lässt sich gehen, sitzt tagsüber stundenlang vor dem Fernseher und stopft Süssigkeiten in sich hinein. Sie droht in ein Loch zu fallen und er, Hugo, kann ihr nicht helfen. Wie auch. Er, der jeden Tag zehn Stunden arbeitet, damit er und

Klara sich ein würdevolles Alter im Wohlstand leisten können. Oberflächlich betrachtet hat Hugo alles: Familie, Kinder, Freunde. Und trotzdem fühlt er sich einsam.

Pattaya. Hugo ist bereit zu sündigen. Dafür wird er seine moralischen Ideale verdrängen und ignorieren und einmal richtig aus sich herausgehen. Ohne Angst zu haben, zu verletzen oder etwas falsch zu machen. Klaus und Hans sind schon öfter nach Pattaya geflogen. Ihren Frauen haben sie von Segeltörns, Tennis- oder Golfferien erzählt. Obwohl beide – wie Hugo – keine Ahnung vom Golfspielen haben. Nun hat es Hugo auch getan. Seinen ganzen Mut zusammengenommen und Klara gesagt, dass er alleine in die Ferien fahren möchte. Nach Südthailand, in einen Sportclub, um sich körperlich zu ertüchtigen. Erstaunlicherweise wurde Klara ganz und gar nicht misstrauisch. Im Gegenteil. Hugo vermutet, dass sie bereits ihre Amerikareise im Kopf hatte und auch nicht wusste, wie sie ihm beibringen sollte, dass sie mit den Jass-Kolleginnen in die Ferien nach Miami wollte. Früher wäre er eifersüchtig geworden und hätte getobt. Hätte gedacht, dass sie ihn nicht mehr braucht. Er hätte alles unternommen, um sie davon abzuhalten, ihn alleine zu lassen. Aber so war es ideal. Sie hegte keine Hintergedanken und er liess sie, ohne mit der Wimper zu zucken, gehen.

Pattaya. Er hatte gehört, dass der ganze Küstenort ein grosses Vergnügungszentrum sei. Diskotheken, Bars, Massageklubs. Alles, was ein einsames Männerherz begehrt. Hugo würde bald nicht mehr der unscheinbare, dickliche Hugo sein, sondern ein Tiger. Ein Aufreisser. Ein Mann.

Noi

Noi rannte durch den langen Gang zum Ausgang Zwölf. Ihr war übel. Sie war auf der Toilette und verpasste mehrmals die Durchsage, dass die 20.45 Uhr-Maschine nach Bangkok bereit zum Einsteigen war. Erst als aus dem Lautsprecher der letzte Aufruf kam und eine Anoucha Keller, Passagierin nach Bangkok, gebeten wurde, sich sofort zum Ausgang Zwölf zu begeben, realisierte sie, dass sie die Lautsprecher-Mitteilungen überhört hatte. So sehr war sie damit beschäftigt, ihren Brechreiz unter Kontrolle zu bringen. Ausser Atem kommt sie am Ausgang Zwölf an. Die Groundhostess packt sie an den Schultern.

«Da sind sie ja! Ihren Pass bitte!»

Noi streckt der Frau den roten Schweizer Pass entgegen. Die reisst Noi das Ticket aus der einen Hand und drückt ihr den Boardingpass in die andere. Noi eilt durch den schmalen Gang, direkt in die Maschine, eine Boeing 747. Der Flight Attendant am Eingang des Vogels scheint ebenfalls nicht sonderlich erfreut zu sein.

«Wo haben sie denn so lange gesteckt?» fährt er Noi an.

Ohne eine Antwort zu erwarten, zupft er ihr den Boardingpass aus der Hand.

«Fünfunddreissigste Reihe. Platz C. Hinten links!»

Der genervte Flight Attendant schiebt Noi durch das Flugzeug. Erschöpft plumpst sie in ihren Sitz, neben einen jungen Mann, der ihr freundlich zulächelt. Kaum hat sich Noi angeschnallt, bewegt sich der Vogel. Das Abenteuer beginnt.

Schon wieder wird Noi übel. Als sie das letzte Mal in einem Flugzeug sass, war sie ein kleines Kind. Damals reiste sie mit ihren Eltern nach Griechenland. Noi erinnert sich gut daran, wie sie dauernd erbrechen musste. Sie kaut fester auf ihrem medizinischen Kaugummi herum. Nicht ohne Grund hatte Noi all die Jahre Flugreisen gemieden. Aber jetzt geht es nicht mehr anders.

Nicht, wenn sie etwas über ihre Vergangenheit in Erfahrung bringen will. Noi wird den Flug durchstehen müssen. Sie spürt, wie der Vogel stetig an Höhe gewinnt. Noi kaut. In ihrem Kopf knackst es.

Nur Nois beste Freundin Carla kennt – zumindest teilweise – Nois Plan. Carla hatte sie zum Flughafen begleitet. Und zum letzten Mal vergeblich versucht, Noi von ihrem Vorhaben abzubringen.

«Flieg nicht dahin. Das ist doch deprimierend. Warum willst du einer Wahrheit hinterher jagen, die sich mit grosser Wahrscheinlichkeit als traurige Geschichte entpuppt?!»

Carlas Ermahnungen aber haben Noi nur noch mehr angestachelt. Noi kennt Carla schon seit ihrer Kindheit und obwohl die beiden in vielen Dingen nicht gleicher Meinung und überhaupt sehr unterschiedlich sind, waren sie stets enge Vertraute. Carla war denn auch skeptisch was Nois Reispläne anbelangt. Sie ist der Meinung, dass Noi die Vergangenheit ruhen lassen sollte. Trotzdem wäre Carla gerne mitgereist um ihre Freundin zu unterstützen, doch Noi wollte sie nicht dabei haben. Noi ist überzeugt, dass sie das einzig Richtige tut. Und sie muss es alleine tun. Sie braucht keine Aufpasserin. Endlich würde sie Details über ihre Herkunft in Erfahrung bringen. Zudem hat Noi einen weiteren riskanten Plan, von dem Carla nichts weiss. Das ist besser so.

Noi realisiert, dass der Mann neben ihr zu einer Gruppe von jungen Männern gehört, die, ihrem Verhalten nach zu schliessen, schon einigen Alkohol intus haben. Sie grölen laut und benehmen sich ungehobelt. Der eine greift nach dem Po der vorbeieilenden Stewardess und verpasst ihn nur um Haaresbreite.

Seit Noi denken kann, ist ihr klar, dass sie irgendwann nach Thailand reisen und ihre Mutter suchen würde. Vor drei Jahren, nach der Matura, wäre ein guter Zeitpunkt gewesen. Aber Noi hatte damals noch nicht den Mut. Dann hatte sie angefangen, Psychologie zu studieren. Das Grundstudium war sehr streng,

Noi musste sich entweder auf Prüfungen vorbereiten oder ihren Lebensunterhalt verdienen. Viele Kolleginnen und Kollegen, die das Studium gemeinsam mit Noi angefangen hatten, sind durchgefallen oder haben freiwillig aufgegeben. Nois Ferien waren jeweils zum Ausspannen oder Geld verdienen da. Eine längere Reise konnte sie sich nicht leisten. Nun hatte sie die Zwischenprüfungen mit anständigen Noten bestanden. Dennoch weiss Noi noch nicht, welche Bereiche sie im Hauptstudium vertiefen soll. Kurzerhand hatte sie beschlossen, dass jetzt der richtige Zeitpunkt für ihre Thailandreise gekommen ist. Sie hat etwas Geld gespart, und an die Universität kann sie jederzeit wieder zurück um ihr Studium abzuschliessen. Manchmal ist Noi nicht mehr so sicher, ob sie das immer noch will. Noi hatte angefangen Psychologie zu studieren, um den vielen Rätseln der Abgründe des menschlichen Denkens und Handelns auf die Spur zu kommen. Sie wollte Menschen in schwierigen Lebenslagen helfen. Dachte sie. Doch es erging ihr wie vielen ihrer Studienkollegen: Ihre eigene Lebensgeschichte kam ihr in den Weg. Irgendwann schaffte sie es nicht mehr, sich hinter Entwicklungstheorien und Testpsychologie zu verstecken. Viele Erklärungen über psychologische Vorgänge kamen Noi nur allzu bekannt vor. Ihr eigenes Leben mit all seinen Widersprüchen und Ungereimtheiten brach über ihr zusammen. Wie ein schwerer Felsbrocken, der auf die Passstrasse fällt und den Verkehr blockiert. Carla studiert Informatik und nicht Sozialwissenschaften. Sie mutmasste, dass Nois Motivation für das Psychologiestudium von Anfang an war, ihren eigenen Problemen auf den Grund zu gehen. Noi weiss, dass Carla Recht hat. Noi hat zurzeit nicht die Kraft, sich mit anderen Menschen zu befassen. Sie will zuerst sich selber besser kennenlernen. Deshalb hat Noi diese Reise angetreten. Um sich selber auf den Grund zu gehen.

Das Flugzeug stabilisiert sich in der Luft. Die Flight Attendants verteilen Getränke und Knabbereien. Noi muss passen. Sie verlangt nach einem Wasser ohne Kohlensäure und nippt am Plastikbecher. Warum ihr auch immer so schlecht werden muss beim Fliegen? Trotz der Übelkeit verspürt Noi ein Gefühl der Erleichterung. Es ist endlich soweit. Lange hatte sie sich auf diese Reise, von der sie wusste, dass sie eines Tages kommen würde, vorbereitet. Alles über Thailand gelesen, was ihr in die Finger kam. Über die reiche, grüne Landschaft und ihre Früchte. Die Bergvölker im Norden und die Probleme, welche die Regierung dort mit dem Opiumanbau- und Konsum hat. Über die pulsierenden Metropolen Bangkok und Chiang Mai. Das Nebeneinander von Arm und Reich in diesen Städten. Über die Strände und Inseln im Süden, die Umweltverschmutzung, den Tourismus und – nicht zuletzt – die omnipräsente Prostitution.

Die jungen Männer auf den Plätzen neben Noi bestellen Bier und prosten sich lautstark zu. Nois Sitznachbar beugt sich zu ihr herüber. Er stinkt nach Alkohol.

«Warum wir Jungs nach Bangkok fliegen, ist ja wohl klar, aber was macht so ein hübsches Mädchen wie du alleine in Thailand?»

Die Männer lachen laut und heben ihre mit Bier gefüllten Plastikbecher in die Höhe. Einer fuchtelt mit dem leeren Becher vor Nois Nase herum und lallt: «Willst du auch was trinken?»

Nois Nachbar dreht erneut den Kopf an ihr Ohr und flüstert: «Du siehst auch ein bisschen aus wie eine Thailänderin. Hübsch! Das gefällt mir.»

Noi bleibt stumm.

Noi heisst eigentlich Anoucha. Noi ist ihr Spitzname. Noi bedeutet in Thailand *klein*. Ihre Mutter gab Noi den Namen angeblich, weil sie als Baby so ein kleiner Wurm war. Will heissen: Nois biologische Mutter.

Aufgewachsen ist Noi bei ihren Adoptiveltern Marlis und Koni Keller. Den Spitznamen Noi haben diese übernommen. Nur wenn Nois Eltern mit ihrer Tochter über ein ernstes Thema reden, nennen sie sie Anoucha.

Nachdem die beiden jahrelang vergeblich versucht hatten, Nachwuchs zu zeugen, beschlossen sie, ein Kind zu adoptieren. Als Noi vier Jahre alt war, hatte sie ihr Vater aus Thailand geholt. An ihre Zeit in Thailand kann sich Noi nicht mehr erinnern und über ihre Familie dort weiss sie fast nichts. Nur, dass sie arm und kinderreich waren. Bauern im nordischen Grenzgebiet zu Burma, dem heutigen Myanmar. Das haben ihr Koni und Marlis erzählt. Noi weiss nicht, ob ihre Eltern noch mehr über ihre Herkunft wissen, oder ob sie ihr einfach nicht mehr erzählen wollen. Egal. Nun würde es Noi selber herausfinden. Ihre Eltern hat sie, was das Reiseziel betrifft, angelogen. Sie sagte, sie mache eine Australienreise. Noi will ihre Eltern nicht beunruhigen und hat ihnen sogar ein fiktives Reiseprogramm zusammengestellt. Sie sollen nicht denken, Noi sei ihnen nicht dankbar für das, was sie für ihre sie getan haben.

Weil sich Noi nicht mit den spärlichen Informationen ihrer Adoptiveltern zu ihrer Herkunft zufrieden geben mochte, hat sie seit über einem Jahr Kontakt zu einem Mann namens David. David ist Australier und lebt seit fast 20 Jahren mit seiner thailändischen Ehefrau in der Umgebung von Pattaya. Er sagt von sich, er sei Privatdetektiv. Er hat sich darauf spezialisiert, vermisste Personen zu finden. In einem Land, in dem der Frauen- und Kinderhandel blüht, obwohl er offiziell untersagt ist, kein schlechtes Geschäft. David hilft seinen Klienten, wo die thailändische Polizei versagt, zum Beispiel weil sie bestochen worden ist. Pattaya ist eine Metropole für unvorsichtige Sextouristen und es treiben sich viele Kleinkriminelle herum, hinter denen David her ist. Die Behörden sind käuflich, und wenn es Gerechtigkeit geben soll, dann oft nur gegen Bezahlung. Noi hat David im Internet, bei Recherchen über ihr Herkunftsland, kennen gelernt. Per Email hatte sie ihm alle Informationen weitergeleitet, die sie über ihre Herkunft in Erfahrung bringen konnte. Und sie hatte ihm das einzige Foto geschickt, das sie von ihrer Mutter besitzt. David hatte Noi in seinem letzten Email in Aussicht gestellt, dass sie ihre Reise nicht bereuen würde. Anscheinend hatte er etwas Wichtiges über ihre Mutter herausgefunden. Er hatte geschrieben, dass er sich freut, sie kennen zu lernen um ihr die Neuigkeiten im persönlichen Gespräch mitzuteilen.

Im Umgang mit Männern empfindet Noi ihr asiatisches Aussehen oft als Handikap. Obwohl ihre Haut, verglichen mit anderen Thailänderinnen, heller ist. Noi hat grosse mandelförmige Augen und ein breites Becken. Sie hatte sich oft gefragt, woran es wohl liegen mag, dass sie nicht so thailändisch aussieht. David hatte ihr geschrieben, dass es in Thailand viele Mischlinge gibt, Kinder von weissen Sextouristen und thailändischen Prostituierten. Viele von ihnen werden zur Adoption freigegeben. Noi schockierte der Gedanke, dass sie die Frucht einer flüchtigen sexuellen Begegnung sein könnte und verdrängte diese Möglichkeit schnell wieder.

Ihr Aussehen war jedoch stets asiatisch genug, dass die Männer sie für ein leicht zu habendes Mädchen hielten. Als Teenager und sehr junge Frau fühlte sich Noi geschmeichelt, wenn sie von Männern umworben wurde. Zu jener Zeit verwechselte sie echte Zuneigung und Interesse an ihrer Person mit sexuellem Begehren. Schnell hatte sie den Ruf, ein billiges Flittchen zu sein. Deshalb hatte Noi auch keine richtigen Freundinnen. Die Frauen waren ihr oft feindlich gesinnt. Die Mädchen hatten Angst um ihre Freunde und versuchten, diese von Noi fern zu halten. Das nützte meist nichts. Irgendwann wollte fast jeder Mann mit ihr ins Bett. Und sie liess es viel zu oft geschehen. Männer haben eine merkwürdige Vorstellung von Thailänderinnen; dass sie die besseren Liebhaberinnen seien, unterwürfiger, geduldiger, einfühlsamer als Schweizerinnen. Früher fühlte sich Noi schuldig. Sie wollte ihre Freundinnen nicht hintergehen und trotzdem schaffte sie es nicht, der hartnäckigen Werbung der jungen Männer zu widerstehen. Erst später, während ihres Psychologiestudiums, wurde Noi klar, dass diese Probleme komplexer waren als sie es sich eingestehen wollte. In einer Gesellschaft, deren Regeln von Männern gemacht werden, ist es nicht weiter erstaunlich, dass sie als Frau und zudem Ausländerin als Schuldige und Sündige galt. Wenn ein Junge mit vielen Mädchen ausging und zahlreiche sexuelle Abenteuer vorweisen konnte, zollten ihm seine Freunde Respekt und die Frauen bewunderten und begehrten ihn. Als Noi viele Liebhaber hatte, galt sie bei den Jungen als Flittchen und bei den Mädchen als Hure. Nois früheren Kolleginnen kam es denn auch nicht in den Sinn, den eigenen Freund für den Seitensprung mit Noi verantwortlich zu machen. Immer gaben sie Noi die Schuld. Nach diesen bitteren Erfahrungen beschloss Noi, sich nicht mehr auf Männer einzulassen. Seit drei Jahren hatte Noi keinen Freund mehr. Natürlich sehnt sie sich nach einer Beziehung. Das Herzklopfen des Verliebtseins, die Romantik der Zweisamkeit, die Sexualität. Aber ihre Angst vor einer Enttäuschung und davor, verletzt zu werden, ist zu gross. Carla sagt, das sei nicht normal. Eine junge Frau wie Noi müsse sich verlieben und amüsieren. Carla sagt, Noi sei stur und krankhaft stolz. Um das zu merken, müsse man nicht Psychologie studieren, meint Carla. Sie sagt, sie würde gerne wissen, wie Noi den Mangel an körperlicher Nähe kompensiert. Noi muss beim Gedanken an Claras Worte fies schmunzeln. Wenn die wüsste...

Nois Sitznachbar runzelt die Stirn und schaut Noi an.

«Die Kleine ist wohl nicht so gesprächig heute. Ich hoffe, dass nicht alle Thailänderinnen so langweilig sind.»

In diesem Moment gerät das Flugzeug in Wetterturbulenzen. Der grosse Vogel wird hin- und hergeschüttelt. Sofort erscheint das *Fasten Your Seatbelt*-Zeichen. Noi spürt, wie ihr wieder schlecht wird. Sie kann gerade noch ihren fast leeren Plastikbecher packen, bevor sie sich in den Becher erbricht. Sie trifft nicht richtig und ein Teil des Erbrochenen landet auf dem Knie ihres Nachbarn. Dieser springt wie von einer Wespe gestochen auf, versucht, die braune Flüssigkeit mit einer Serviette von seiner Hose zu wischen und ruft laut nach der Stewardess. Die kommt sofort angerannt und kümmert sich um Noi. Das passt dem jungen Mann gar nicht.

«Sehen sie sich diese Sauerei an. Und dieser Gestank! Können sie diese Frau nicht an einen anderen Ort platzieren?»

Noi wird wieder ganz bleich und erbricht sich erneut. Dieses Mal in die Tüte, die ihr von der Stewardess hingehalten wird.

«Ich sehe nach, was sich machen lässt. Ich bin gleich wieder da.»

Die Stewardess eilt in den vorderen Teil des Flugzeugs. Nach einer Minute ist sie zurück, legt ihre Hand beruhigend auf Nois Rücken und fragt: «Geht es wieder?»

Ohne eine Antwort abzuwarten sagt sie: «Kommen sie, ich helfe ihnen ihre Sachen zu packen. Ich bringe sie an einen Platz, wo sie mehr Ruhe haben.»

Nachdem die Stewardess Noi geholfen hat, ihre sieben Sachen zu packen, bringt sie sie in die Businessklasse, in der noch viele Plätze frei sind. Den Rest des Fluges verbringt Noi komfortabel in einem grossen Sitz mit eigenem Fernseher. Die Stewardessen verwöhnen sie mit kleinen Köstlichkeiten und ihre Übelkeit ist auf einmal verflogen. Noi hat sich einen Film ausgesucht, in welchem sich ein schöner, reicher Mann in eine Prostituierte verliebt. Sie aus der Gasse holt und in eine Frau von Welt verwandelt. Am

Schluss gibt's ein Happy End und er macht ihr einen Heiratsantrag. Noi denkt nach. Ob die Thailänderinnen, wenn sie von einem Mann in die Schweiz geholt werden und ihn heiraten, wirklich glücklich werden können? Sie kennt so ein Paar. Die haben beide hart gearbeitet und es weit gebracht. Sie besitzen eine Pizzakurier-Firma mit zwölf Filialen in der ganzen Schweiz. Als Joachim Wendy in die Schweiz holte, konnte sie kaum Deutsch. Heute, fünf Jahre später, ist sie Geschäftsführerin und spricht die deutsche Sprache fliessend. Noi nimmt an, dass diese Geschichte eher die Ausnahme ist. Die meisten Thailänderinnen arbeiten doch irgendwo als Putzfrauen oder Gogo-Girl. Das ist wahrscheinlich der Grund, warum Nois Adoptivmutter Marlis ihre Entwicklung in jungen Jahren skeptisch verfolgte.

Sie hatte Angst, dass Noi statt an der Universität in einem Striplokal enden würde. Marlis hatte Noi oft davor gewarnt, sich zu schnell mit Männern einzulassen: «Ich weiss, da wo du herkommst, sind die Mädchen sehr frühreif und werfen sich den Männern an den Hals. Pass auf, dass du nicht da landest, wo die anderen Thailänderinnen sind: im Puff oder bei einem prügelnden Ehemann.»

Noi wusste, dass es Marlis nur gut mit ihr meinte. Ihre Mutter war einfach übervorsichtig, ängstlich und deshalb sehr streng. Dennoch hatte Noi das Gefühl, dass sie es ihr nicht recht machen konnte, dass ihre Mutter sie nicht aufrichtig liebte. Zu ihrem Vater Koni hingegen hatte sie immer ein sehr liebevolles Verhältnis. Bei ihm durfte sie fast alles. Wenn Noi einen Fehler machte, liess er ihr das meistens durchgehen. Nois Eltern stritten sich oft hinter verschlossenen Türen, weil sie unterschiedliche Ansichten über die Erziehung ihrer Tochter hatten. Noi war sehr traurig wenn das passierte. Sie wusste, dass sie nicht die richtige Tochter ihrer Eltern war und fühlte sich schuldig.

Zweiter und Dritter Tag

Bangkok, 25 Grad | Käufliche Liebe, 1. Teil

Bangkok, 25 Grad

Der Jumbo-Jet setzt zum Sinkflug an und dreht grosse Kreise über Bangkok. Die Sicht ist klar und Hugo sieht, wenn er sich etwas zur Seite dreht durch das Fenster, die Skyline von Bangkok. Die asiatische Metropole zählt nach offiziellen Angaben rund sechs Millionen Einwohner. Werden die illegalen Bewohner dazugezählt, steigt die Bevölkerungszahl auf acht bis zwölf Millionen. Kurz vor dem Landeanflug wird auf den Bildschirmen ein Film über die mehr oder weniger sehenswerten Highlights von Bangkok gezeigt: Einkaufsstrassen mit grossen Warenhäusern wie das *Siam Center* oder das *World Trade Center;* den *Lumpini Park,* in dem sich die Bewohner von Bangkok an ihren freien Tagen vergnügen; dutzende Tempel mit stehenden, liegenden, lachenden oder weinenden Buddhas darin. Der Pilot gibt die lokale Uhrzeit und Temperatur bekannt. Mickrige 25 Grad. Ungewöhnlich kalt für Bangkok im Januar. Das *Fasten-Your-Seatbelt*-Symbol leuchtet auf. Der Sinkflug wird steiler. Hugo spürt ein mulmiges Gefühl im Magen. Der Pilot bittet das Kabinenpersonal, auf ihren Sitzen Platz zu nehmen. Fünf Minuten später landet der Vogel. Er setzt sachte auf und bremst dann stark ab. Obwohl das *Fasten-Your-Seatbelt*-Zeichen noch an ist, stehen die Leute ungeduldig auf. Zerren ihr Handgepäck aus der Ablage oberhalb der Sitze und strecken die starren Arme und Beine. Der Flug hat – wider Erwarten – wegen ungünstigen Wetterverhältnissen fast zehn Stunden gedauert. Die Passagiere können es kaum erwarten, endlich auszusteigen. Auch Hugo nimmt seine Tasche, die er während des Flugs zwischen den Beinen eingeklemmt hatte. Er öffnet sie und wühlt nach seinem Pass. Er findet ihn, nimmt ihn heraus und klemmt ihn zwischen die Zähne. Er sucht den Zettel vom Reisebüro mit Name und Adresse des Hotels, und steckt ihn sich in die Hosentasche seiner Jeans. Dann ist es so weit. Die Türen der Maschine werden geöffnet und die Passagiere strömen aus dem Flugzeug. Wieder gehen sie durch einen Gang, der sie direkt in die grosse Empfangs-halle führt. Das alte Ehepaar, welches auf der langen Reise neben Hugo sass, verabschiedet sich von ihm. Die Frau wünscht ihm einen schönen Aufenthalt in Pattaya und viel Spass beim Golf spielen. In der Empfangshalle werden die Transitpassagiere von denen, die in Bangkok den Flughafen verlassen, getrennt. Eine gutaussehende junge Groundhostess weist Hugo den Weg zur Passkontrolle. Hugo muss seinen Pass zeigen, das Retourticket und das Immigrations-Formular. Dieses hat er zuvor im Flugzeug mit Hilfe einer Flight Attendant, die Englisch schreiben konnte, ausgefüllt. Für die Zöllner ist das Prozedere reine Routine. Die meisten Ankömmlinge sind Touristen, die zwei oder drei Wo-chen Ferien in Thailand verbringen. Unmittelbar nach der Pass-kontrolle befindet sich das Förderband, auf welchem die Ge-päckstücke im Kreis fahren. Hugo entdeckt seine Tasche, schnappt sie und geht zum Ausgang. Eine Welle feuchter, war-mer Luft schlägt ihm entgegen. 25 Grad sind nicht viel, die Wirkung der hohen Luftfeuchtigkeit überrascht Hugo. Er geht zum Taxistand, nimmt den Zettel mit der Hoteladresse aus der Hosentasche und reicht ihn dem Fahrer. Sein Reisebüro hatte ihm die Adresse in thailändischen Schriftzeichen aus dem Computer ausgedruckt, denn viele Taxifahrer in Bangkok verstehen fast kein Englisch. Hugo ist optimistisch: So wird er problemlos sei-nen Weg finden. Es ist bereits nachmittags um drei. Hugo hat trotz Tabletten schlecht geschlafen und ist müde. Sein einziger Wunsch: endlich ins Hotel zu kommen und sich hinlegen zu kön-nen. Der Taxifahrer, ein kleiner schmächtiger Asiate mit verein-zelten langen Barthaaren, die aus seiner Kinnpartie spriessen, nimmt Hugos Zettel, liest in und grinst fies.

«Holiday Inn, Sukhumvit Road, Soi vier, kostet 500 Baht, inklusive Steuer.»

Hugo versteht das Englisch des Fahrers kaum. Der betont die Worte so merkwürdig. Der Buchstabe *T* geht vollends unter und das *F* klingt wie ein *P*: «Pipehande Baah» sagt er.

Ausserdem hat Hugo keine Ahnung, ob 500 Baht ein angemessener Preis für die Fahrt in die Stadt ist. Er weiss nur, dass 100 Baht etwa 3.50 Franken entsprechen, also sind 500 Baht rund 18 Franken. Das scheint Hugo etwas viel zu sein. Hätte er sich vorher nur besser informiert, denkt er verzweifelt. Jetzt ist es zu spät. Es bleibt Hugo nichts anderes übrig als dem Taxifahrer zu vertrauen. Er ist froh, dass er vor seinem Abflug in Zürich vorsorglich einige hundert Baht gewechselt hatte. Hugo fühlt sich, umgeben von so vielen fremden Menschen, überfordert. Überall Asiaten, deren Sprache er nicht versteht, egal, ob sie Englisch oder Thai sprechen. Hugo stellt fest, dass hier Linksverkehr herrscht. Grosse Highways führen durch und über die Stadt. An den Fassaden der Häuser prangen Reklameplakate von *Sony, Nike, Thai Airways,* ja sogar von der *Zurich Versicherung.* Hugo staunt. Bangkok ist eine Stadt voller Widersprüche. Neben prunkvollen Hightech-Bauten, welche das Sonnenlicht glanzvoll reflektieren, stehen vergammelte Hütten. Neben riesigen, kalten, balkonlosen Wohnblocks, die einen an die Plattenbauten der Ex-DDR erinnern, stehen rostige Rohbauten. Wahrscheinlich konnten sie aus Geldmangel nicht fertig gestellt werden. Um sich vor den Abgasen zu schützen, tragen viele Menschen einen Mundschutz. Egal, ob Passanten, Verkehrspolizisten, Mopedfahrer oder Bauarbeiter. Auf Anhängern an Fahrrädern oder Mopeds führen die Leute Ess-Stände mit. Die meisten stellen ihren mobilen Stand irgendwo am Strassenrand auf, damit sich die Passanten zwischendurch verpflegen können. Die thailändische Variante von Fastfood. Hugo zweifelt, ob die angebotenen Speisen – Früchte, Fleisch-, oder Fisch-Spiesschen, Reisgerichte usw. – gesund sind. Die Luft hier ist es jedenfalls nicht. Der Himmel ist bewölkt und Hugo rätselt, ob der Dunst eine Laune des Wetters oder Smog in Reinkultur ist. Irgendwo hat Hugo einmal gelesen, dass Menschen, die in Bangkok leben, jeden Tag die schädlichen Stoffe einer halben Packung Zigaretten einatmen. Hugo hatte das Rauchen vor 12 Jahren aufgegeben.

Klara beklagte sich über den unangenehmen Geruch des abgestandenen Rauchs. Wenn sie hier wäre, denkt Hugo, die Luft würde ihr gar nicht gefallen. Das Taxi nähert sich der Innenstadt. Umständlich kurvt der Fahrer durch die Strassen. An der Kreuzung Sukhumvit Road/Soi 4 geht nichts mehr. Stau. In der Mitte der Kreuzung befindet sich das Wachhäuschen der Verkehrspolizisten. Die Polizisten dösen vor sich hin. Das nervöse Hupen der Wagen hören sie nicht. Wie durch ein Wunder gelingt es Hugos Taxifahrer auf kleinen Seitenstrassen dem immerwährenden Stau der sechsspurigen Sukhumvit auszuweichen. Die Sukhumvit Road ist bei den Touristen sehr beliebt. Die Strasse ist relativ sicher und es gibt sowohl günstige Unterkünfte der Mittelklasse, sowie teure Vier- und Fünfstern-Luxushotels. Ausserdem gibt es unzählige Stände, an welchen die Thais ihre Ware anbieten – von der Jeanshose bis zur Perücke; von gebratenem Schweinefleisch bis zum Potenzmittel. Auf beiden Seiten der Strasse reihen sich Einkaufshäuser und Restaurants aneinander. Auch die westliche Küche hat Einzug gehalten: Hamburger, Spaghetti, Pizza, *Würstel* – eine bayrische Spezialität, Crêpes und dazu etliche Köstlichkeiten aus anderen asiatischen Ländern. Neben düsteren schmuddligen Kneipen stehen trendige Bars und Nachtclubs. Über der Strasse, etwa in zehn Metern Höhe, verläuft eine Hochbahn, welche einen dunklen Schatten auf die Fussgängerpassage und die Sukhumvit Road wirft. Unter den flanierenden Passanten sind mehr Weisse als Thais. Letztere hokken auf dem Boden und preisen ihre Ware an oder sie stehen hinter ihren Ess- und Warenständen. Hugo sieht, dass viele weisse Männer entweder alleine oder mit einer jungen Thailänderin unterwegs sind. Wenige Meter vor dem Hotel *Bengal* reiht sich das Taxi wieder in die sich im Schneckentempo fortbewegende Blechlawine in der Sukhumvit Road ein. Nun kommen sie nur noch im Schritttempo weiter. Hugo könnte aussteigen und zu Fuss zum Hotel gehen. Nur der Gedanke an die Last seines Gepäcks im Kofferraum hindert ihn daran, den Fahrer zum

Anhalten zu bewegen. Nach 20 Minuten im Abgasnebel haben sie es geschafft. Das Taxi fährt in den Parkplatz vor dem *Bengal* ein. Ein grosser, dunkler Betonbau. Ein Page kommt gerannt und hilft Hugos Fahrer, das Gepäck aus dem Wagen zu räumen. Hugo steigt aus dem Taxi aus, gibt dem Taxifahrer die vereinbarten 500 Baht und stolpert erleichtert in die Empfangshalle. Eine zierliche Thailänderin – sie trägt ein traditionelles braunes Kleid mit farbigem Blumenmuster – serviert ihm einen fruchtig-süssen Welcome-Drink. Die Frau hinter der Empfangstheke trägt das gleiche Kostüm. In dieser für Hugo fast nicht verständlichen englischen Sprache, wie sie anscheinend von allen Thais gesprochen wird, begrüsst sie ihn: «*Sawadee-ka*. Welcome in Thailand – the country of the smiling poeple. Have a beautyful afternoon.»

Die Frau verbeugt sich und faltet die Hände zum *Wai*. Mit dem *Wai*, dem thailändischen Gruss, wird dem Gegenüber Respekt gezollt. Normalerweise wird er von der untergeordneten Person der Höherstehenden entboten. Hugo ist die Schönheit und Geschmeidigkeit der thailändischen Frauen nicht entgangen. Und wie er auf der Fahrt ins Hotel gesehen hat, gibt es hier in Bangkok genug Orte, an welchen sich thailändische Mädchen und männliche Touristen kennenlernen können. Aber zuerst muss sich Hugo etwas erholen. Dankbar nimmt er den Zimmerschlüssel entgegen, nickt der netten Frau freundlich zu und stammelt ein leises «Thank you».

Im Gegensatz zur schlechten englischen Aussprache der Rezeptionistin, hapert es bei Hugo am Wortschatz. Und es fehlt ihm der Mut, einfach darauflos zu reden und Fehler in Kauf zu nehmen. Hugos Zimmer ist im dritten Stock. Es ist sauber, mit Bad und Toilette und hat eine Minibar sowie einen Fernseher. Nur die Aussicht aus dem einzigen Fenster ist nicht gerade berauschend: eine karge, leere Gasse, mit Abfall übersät ist zu sehen. Hugo schnappt sich ein *Singha*-Bier aus dem Kühlschrank. Ein in Thailand gebrautes Bier und wichtiger Exportartikel. Auf der weissen Etikette prangt ein goldener Löwe und der Schriftzug

Singha (das thailändische Wort für Löwe). Hugo macht es sich auf seinem Bett bequem, nimmt einen tiefen Schluck aus der Bierflasche, greift nach der Fernbedienung und zappt durch das Fernsehprogramm. Bei einem internationalen Sportsender bleibt er hängen und nickt kurze Zeit später ein.

Erstaunlicherweise konnte Noi im Flugzeug einige Stunden schlafen. Nachdem sie in die Businessklasse versetzt worden war, verlief der weitere Flug ohne Turbulenzen und Übelkeit. Als sie im Flughafen von Bangkok ankommt, ist ihre Müdigkeit wie verflogen. Noi steckt voller Tatendrang. Sie beschliesst, noch am selben Tag weiter nach Pattaya zu reisen. In zwei Tagen wird dort bereits das erste Treffen mit David stattfinden. Ausserdem hat Noi keine Lust auf eine grosse hektische Stadt wie Bangkok. Sie will lieber ihre Zeit am Meer verbringen. Noi überlegt: Ob David und seine thailändische Frau Kinder haben? Das ist doch bestimmt kein ungefährlicher Job, den David macht. Wegen seiner Detektivarbeit wird er wahrscheinlich nicht nur Freunde haben. Dass David ein cleverer Geschäftsmann ist, hat er schon bewiesen. Er hatte Noi bereits dazu gebracht, ihm einen Vorschuss von 300 Dollar für seine Nachforschungen zu überweisen. Falls sich Davids Recherchen als nützlich und seine Informationen als brauchbar erweisen sollten, würde sie ihm noch mehr zahlen müssen. Aber was soll Noi tun? David ist im Moment ihre einzige Hoffnung.

Der Zollbeamte mustert Noi mit ihrem roten Pass neugierig und spricht sie auf Thai an. Noi hatte sich grosse Mühe gegeben, und zu Hause einige Floskeln in Thai gelernt. Sie rechnete damit, dass sie viele Leute aufgrund ihres Aussehens auf Thai ansprechen würden.

«*Sawadee ka*. Ich bin in der Schweiz aufgewachsen. Ich spreche kein Thai mehr» stottert sie.

Der Zollbeamte lacht amüsiert und plappert weiter.

Noi versteht kein Wort.

«I am very sorry. Äh. I do not understand you properly» sagt sie in anständigem Schulenglisch.

Endlich gibt er ihr den Pass zurück und lässt sie gehen. Noi muss jetzt den Bus finden, der sie zum südlichen Busterminal der Stadt bringt. Von dort aus fährt jede Stunde ein Bus nach Pattaya. Im Flughafen-Ankunftsterminal wimmelt es von Leuten. Touristen irren ziellos umher. Flughafenangestellte in gepflegten Uniformen stehen gelangweilt in der Gegend herum. Taxifahrer, Buschauffeure und Reiseveranstalter schreien laut die Namen ihrer Kunden. In der Hoffnung, dass diese sich zu erkennen geben. Ein junger Mann, der in seiner Flughafenuniform Autorität ausstrahlt, gibt ihr in brüchigem Englisch Auskunft. Sie muss den Bus Nummer 13 nehmen. Die Busstation befindet sich am nördlichen Ende des Terminals. Noi packt ihren Rucksack, lädt ihn sich auf den Rücken und marschiert los. Draussen ist es schwül und sie spürt, wie ihr der Schweiss zwischen den Brüsten und den Rücken hinunterrinnt. Endlich an der Busstation angekommen, packt sie ihre sieben Sachen in den zur Abfahrt bereit stehenden Bus. Es ist ein uraltes Modell, dem sämtliche Türen fehlen. Offensichtlich werden diese Stadtbusse nur von Thais benützt. Nicht einmal Rucksacktouristen, die doch sonst in jedem billigen Transportmittel anzutreffen sind, sitzen darin. Die Thais um Noi herum beachten sie nicht. Sie ist eine von ihnen. Der Bus fährt los und wenn Noi gewusst hätte, wie lange er sich durch Bangkoks Grossstadtdschungel quälen muss bis sie endlich am Busbahnhof ankommen, dann hätte sie ein Taxi genommen wie die anderen Ankömmlinge. Ganze zwei Stunden ist sie im klapprigen Bus unterwegs. Der Bus steht im Stau, fährt im Kreis, fährt in jede, noch so kleine Seitenstrasse. Er hält an jeder Ecke, lässt die Leute exakt an der von ihnen gewünschten Stelle aussteigen. Der Busfahrer trägt einen Mundschutz. Noi versteht auch warum: Durch die fehlenden Fenster dringt der ganze schwarze Mief, der von den unzähligen Autos ausgestossen wird, von allen Seiten in den Bus. Noi hält sich ein Tuch vor die Nase und hofft, so die dreckige Luft etwas zu filtern. Der Luftzug, der durch die offenen Türen weht, lässt Noi frösteln. Sie versucht, der unfreiwilligen Stadtrundfahrt das Beste abzugewinnen und konzentriert sich auf die Hochhäuser, Parkanlagen, Tempel und auf die Menschen in den Strassen. Schliesslich kommt sie unbeschadet am südlichen Busterminal an. Auf den Bänken und am Boden sitzen thailändische Familien, Geschäftsleute, Rucksacktouristen und Kinder in Schuluniformen. Alle warten sie auf ihre Busse. Noi steigt aus. Ihr tun alle Knochen weh. Sie bereut ihre Entscheidung bereits, die Reise fortgesetzt zu haben. Aber was soll's, wischt sie die Bedenken weg. Dafür würde sie sich in Pattaya ein schönes Hotel leisten und so richtig abhängen und ausschlafen. Auf der Abfahrts-Anzeigetafel des Busbahnhofs sieht Noi, dass der Bus nach Pattaya schon in zehn Minuten fährt. Ein netter Tourist, der scheinbar auch auf einen Bus wartet, erklärt ihr, wie sie in den Abfahrtsterminal kommt: «Alles geradeaus gehen. Die Busse fahren von der anderen Seite des Gebäudes los.»

Noi beeilt sich. Sie hat Glück. Der bereit stehende Bus nach Pattaya ist der erste in einer langen Reihe. Erleichtert hiеft sie ihren Rucksack in das Gepäckfach und will einsteigen. Da macht sie der junge Busfahrer höflich darauf aufmerksam, dass sie das Ticket nicht direkt bei ihm kaufen kann, sondern dafür zum Schalter im Hauptgebäude des Busbahnhofs gehen muss. Noi flucht. Sie packt ihren Rucksack wieder aus dem Fach. Unter keinen Umständen würde sie ihn unbeaufsichtigt lassen. Sie schnallt sich den Rucksack um und rennt, so schnell sie kann, an etlichen Bussen vorbei Richtung Hauptgebäude. Es stinkt nach Abgasen und Pisse. Noi kommt der Verdacht, dass die Urin- und Kotbehälter der Busse direkt auf die Strasse entleert werden.

Zum Glück gelingt es ihr – ohne langes Warten – am Schalter ein Ticket zu ergattern. Erleichtert und schweissüberströmt kommt sie zum Bus zurück. Wieder hat sie den allerletzten Platz: In der hintersten Reihe muss sie sich zwischen eine Thailänderin mit ihrem Kleinkind auf dem Schoss zur Linken und einen alten Mann, der einen Käfig mit zwei Hühnern darin zwischen seinen Beinen eingeklemmt hat, zu ihrer Rechten quetschen. Ihr fällt auf, dass neben ihr nur wenige Touristen im Bus sind. Zwei in die Jahre gekommene weisse Männer und ein junges Paar in weiten, dreckig wirkenden Hippie-Klamotten. Steif eingeklemmt zwischen dem brüllenden Kind und dem nach Schweiss riechenden älteren Mann sitzt sie da. An Schlaf ist nicht zu denken. Sie schwitzt. Sie kramt in ihrer Tasche nach einem Buch. Es wird dunkel. Der Bus ist nicht beleuchtet, und das Lesen wird zunehmend schwierig. Das kleine Mädchen hört nicht auf zu weinen. Pattaya liegt zirka 130 km südlich von Bangkok. Nach etwa zweieinhalb Stunden fahren sie im nördlich gelegenen Busterminal von Pattaya ein. Es ist schon abends um acht Uhr. Noi hat die Schnauze voll vom Bus fahren. Sie steigt aus und winkt ein Taxi heran.

«*Sawadee-ka*. Zum *Theresa Inn* bitte!»

Noi bemüht sich um eine anständige Aussprache in Thai. Der Taxifahrer blickt sie erstaunt an. Er hat wahrscheinlich noch nie eine Frau getroffen, die wie eine Thailänderin aussieht, gleichzeitig aber eine so fürchterliche Aussprache hat. Fragen stellt er keine. Wie Noi während ihrer Reise noch herausfinden wird, gehören sich Indiskretionen in Thailand nicht. Es gilt: Lieber nichts sagen als etwas Falsches. Der Busbahnhof liegt etwas ausserhalb der Stadt. Das Taxi fährt los, in Richtung Touristen-Zentrum. Dieses besteht im Wesentlichen aus zwei breiten, mehrspurigen Einbahnstrassen. Die Pattaya Beach Road führt am Strand entlang von Norden nach Süden, und die andere, die Pattaya 2nd Road etwas weiter landeinwärts von Süden nach Norden. Nois Taxi fährt auf der Pattaya Beach Road der Pattaya Bay entlang, vorbei an Leuchtreklamen, Kneipen, hunderten von Bars, tausenden von Touristen und etlichen grossen Einkaufszentren. Pattaya, eine Stadt aus dem Boden gestampft für den Pauschal-, Massen- und Bumstourismus. Noi beschliesst, dass sie für heute genug Eindrücke gesammelt hat. Jetzt hat sie nur eines im Sinn: sich so schnell als möglich hinlegen und mindestens zwölf Stunden durchschlafen.

Käufliche Liebe, 1. Teil

Plötzlich schreckt Hugo auf. Als erstes realisiert er, dass die Matratze und sein Hinterteil ganz nass sind.

«Verdammt, das Bier!» murmelt er vor sich hin.

Er muss mit der Bierflasche in der Hand eingeschlafen sein. Im Fernsehen läuft ein Boxkampf. Zwei bullige, schweissüberströmte, muskelbepackte Mannsbilder schlagen aufeinander ein. Hugo dreht sich zum Fenster. Draussen ist es dunkel. Er zappt durch die Programme und bleibt beim Sender BBC World hängen. Dort werden gerade die Nachrichten gezeigt. Aha! Es ist 22 Uhr. Hugo hat gute fünf Stunden geschlafen. Sein Magen knurrt. Ausserdem ist er neugierig auf Bangkoks Strassen bei Nacht. Er steht auf, entledigt sich seiner nach Bier stinkenden Kleider und steigt unter die Dusche. Eine halbe Stunde später verlässt er frisch rasiert und parfümiert das Hotel. Die Sukhumvit Road ist immer noch belebt. Geschäftig preisen die Verkäufer ihre billigen Waren an. An die Häuser angelehnt sitzen verwahrloste Behinderte und armselige Bettler. Einer liegt auf dem Bauch mitten auf dem Gehsteig. Er trägt eine kurze Hose. Dort, wo einmal seine Beine waren, sind nur noch Stummel. Den rechten Arm weit ausgestreckt hält er eine Büchse in der Hand. Für Almosen. Hugo überlegt: Ob der Bettler jeweils am Morgen von jemandem hierher gebracht und nachts wieder abgeholt wird? Was macht der Mann, wenn er auf die Toilette muss? Und wie und wann isst er? Hugo geht an ihm vorbei, ohne etwas Geld in seine Büchse zu werfen. Zuerst muss er Geld wechseln. Das geht problemlos. Entlang der Strasse befinden sich dutzende Bankautomaten und Wechselstuben. Da Hugo nicht zurück ins Hotel zu gehen will um das Geld im Hotelsafe in Sicherheit zu bringen, begnügt er sich mit drei Tausend-Baht-Scheinen aus dem Automaten. Das ist immer noch eine Menge Geld für hiesige Verhältnisse. Etwas über 100 Franken. Neugierig schlendert Hugo nun die Sukhumvit Road entlang. Ununterbrochen brummen Autos auf der sechsspurigen Strasse vorbei.

Hugo beschliesst, einige der vielen Seitengassen auszukundschaften, und ein Restaurant zu suchen. Eine Gasse mündet in einen schmucken Platz. Hugo geht weiter und sieht eine Gartenterrasse, die fantasievoll mit den Fahnen aus vielen Ländern der Welt dekoriert ist. Auf der Terrasse herrscht reger Betrieb. Um die Terrasse herum sind Essstände aufgestellt. Flinke Hände bereiten laufend Speisen zu, die sogleich frisch serviert werden. Fast alle Tische sind besetzt. Hugo sucht sich einen freien Platz. Es ist der letzte Zweiertisch. Sofort kommt ein Kellner und Hugo bestellt sein Essen. Zur Vorspeise Pouletspiesschen, so genannte Satays mit Erdnussbuttersauce; und als Hauptgang gebratenen Reis mit Krevetten. Dazu ein *Singha*-Bier. Der Kellner notiert die Bestellung, spaziert von Essstand zu Essstand um die Speisen zusammen zu stellen. Während Hugo auf sein Essen wartet, lässt er seinen Blick über die anwesende Gästeschar schweifen. Im Restaurant sitzen fast nur Touristen. Die meisten sind Weisse, einige Japaner und ein, zwei Chinesen. Wie Hugo schon bei seiner Anreise im Taxi aufgefallen ist, wimmelt es von männlichen Nicht-Asiaten in Begleitung von jungen Thailänderinnen. Wie die sich kennengelernt haben? Wie lernt man an einem fremden Ort überhaupt Leute kennen? Klaus und Hans haben zwar am Stammtisch öfters von ihren Eroberungen geschwärmt. Nur, wie sie das angestellt haben, das haben sie nicht erzählt.

Auch nicht, wieviel sie dafür bezahlt haben. Hugos Kollegen haben sich immer sehr geheimnisvoll gegeben. Und Hugo traute sich nicht zu fragen. Ein Mann kann schliesslich zwischen den Zeilen lesen. Zum ersten Mal kommt Hugo der Gedanke, dass seine Kumpels vielleicht etwas übertrieben hatten, als sie von ihren Abenteuern erzählten.

Am Tisch links neben ihm sitzt ein älterer Mann mit einer Thailänderin an seiner Seite. Obwohl der Mann tiefe Falten im Gesicht hat, sieht er immer noch gut aus. Schlank, braungebrannt und weitgereist. Ein bisschen wie Michael Douglas. Die junge Frau neben ihm ist stark geschminkt und in ihre langen schwarzen Haare hat sie sich blonde und rote Strähnchen gefärbt. Der Mann isst etwas, das Hugo entfernt an Spaghetti erinnert. Die Frau sitzt vor einer Cola Light und massiert mit der einen Hand den Rücken des Mannes. In der anderen hält sie eine Zigarette. Der Filter ist rot vom Lippenstift. Sie schweigen. Hugo überlegt, ob das bereits etwas kostet, mit einer solchen Frau zu essen. Einmal abgesehen vom Essen. Vielleicht ist sie ja nicht so eine, also eine, die käuflich ist, und die zwei sind fest zusammen. Hugo kennt ein Paar, sie Thailänderin, er Schweizer. Sie führen gemeinsam eine Tankstelle. Das läuft nicht schlecht bei denen. Thailänderinnen sind fleissig. Die Frau arbeitet viel. Sie ist von frühmorgens bis am späten Abend auf den Beinen. Sie putzt, füllt die Gestelle auf, geht den Kunden zur Hand und so weiter. Hugo schaut auf die rechte Seite. Dort sieht er noch mehr solche Paare – er Tourist, sie offensichtlich eine Einheimische. Rechts hinten an der Bar stehen zwei bierbäuchige Deutsche. Hugo erkennt sie an dem Schriftzug auf ihren T-Shirts: *Ein Bier oder eine Frau? ...gib mir den Flaschenöffner!* Sie sind umgeben von drei jungen Thailänderinnen, die scherzen und lachen. Eine der Frauen drückt ihren Hintern heftig gegen das Becken des Mannes. Hugo staunt. Wenn in einem gewöhnlichen Restaurant schon so viel los ist, wie ist das in einer Bar, in der halbnackte Tänzerinnen auftreten? Und erst in Pattaya? Ein wohlig warmes

Gefühl der Vorfreude überkommt ihn. Sein Jetlag ist auf einmal verflogen. Hugo ist frei und in den Ferien. Er ist in Bangkok, niemand wird ihn heute Nacht daran hindern, so richtig einen draufzumachen. Er wird sich nach dem Essen auf die Suche nach einem Nachtclub machen. Endlich. Nach langem Warten serviert ihm der Kellner die Speisen. Hugo ist enttäuscht. Die Portion ist klein. Er wird später noch zu *Burger King* gehen müssen um etwas Richtiges zwischen die Zähne zu kriegen. Er schlingt den Reis und die Krevetten hinunter und leert durstig sein Bier. Der Kellner bringt die Rechnung und Hugo ist erstaunt, wie günstig das Essen ist. Er nimmt sich vor, beim nächsten Mal die doppelte Portion zu bestellen. Hugo winkt dem Kellner und bezahlt mit einer neuen Tausend-Baht-Note. Er erhält viele zerknautschte Noten zurück, steckt sie ein und macht sich auf den Weg.

Mit einem vor Fett und Ketchup triefenden Hamburger in der Hand schlendert Hugo eine kleine Parallelstrasse der Sukhumvit Road entlang. Auf beiden Seiten der Strasse befinden sich verruchte Bars mit Namen wie *Asia-Bar, Sugar Hill, Lady's Place*. Manche von ihnen haben Namen, wie sie sich die Prostituierten geben: *Tina's, Lilly's, Vanessa's* und so weiter. Aufreizend gekleidete und grosszügig geschminkte Frauen stehen wartend vor den Eingängen der Kneipen und Bars. Um männliche Passanten herein zu locken, rufen die Frauen ihnen in holprigem Englisch aufmunternde Parolen zu. Manche packen die vorbeigehenden Männer gar am Arm oder um die Taille und ziehen sie in Richtung der Bar, in der sie arbeiten. Eine kleine zierliche Frau in engen Bluejeans und hochhackigen Schuhen trippelt auf Hugo zu und schwenkt die Arme. Sie ruft: «Hello papa, how are you? Come-in and have a drink with the little lady!»

Sie nimmt Hugos Hand und führt ihn einen engen Pfad entlang. Hugo lässt es ohne Widerrede mit sich geschehen. Vor einem Lokal, an dessen Eingangstür eine grosse, rot leuchtende Lampe in Lippenform angebracht ist, bleiben sie stehen.

Oberhalb des Eingangs sind, ebenfalls leuchtend rot, Buchstaben mit dem Namen der Bar angebracht: *Red Lips*. Die Frau führt Hugo in das Innere des Lokals. Dort ist es so dunkel, dass Hugo zuerst nichts erkennen kann. Er lässt sich von der Unbekannten zu einem Platz begleiten. Sie setzt sich neben ihn und flötet: «My name is Jacqueline, but my friends call me Jacky. Like Jacky Kennedy.»

Die Frau grinst und Hugo sieht, dass sie eine hässliche Zahnlücke hat.

«Do you feel good? Let Jacky get you a drink? Whisky? Beer?»

Hugo nickt und Jacky stackelt auf ihren Stilettos zur Bar. Die Absätze sind so hoch, dass sie kaum richtig gehen kann. An der Bar gesellt sie sich zu drei weiteren Frauen, die anscheinend alle hier arbeiten. Sie flüstert ihnen etwas zu. Darauf drehen sich die Frauen kichernd zu Hugo um und winken ihm fröhlich zum Gruss. Hugo ist aufgeregt. Wenn ihn jetzt seine Kollegen vom Stammtisch sehen könnten! Er, ganz alleine in Bangkok, in irgendeiner Bar, umgeben von schönen Frauen. Und sie scheinen ihn zu mögen, flirten mit ihm. Wann hat ihn das letzte Mal eine Frau so vielversprechend angelächelt wie Jacky eben? Hugo weiss es nicht mehr. Wie alt Jacky wohl ist? Die thailändischen Frauen sind klein und zierlich und sehen jünger aus als sie tatsächlich sind. Näher betrachtet könnte Jacky bereits Mitte Dreissig sein. In jedem Fall ist sie jung genug, um Hugos Tochter zu sein. Natürlich wird Hugo Jacky nicht fragen, wie alt sie ist. Wenn er etwas über Frauen gelernt hat in seinem Leben, dann dies: Nach zwei Dingen sollst du eine Frau nie fragen: nach ihrem Alter und nach dem Gewicht. Am Tisch neben Hugo sitzen zwei Amerikaner mit zwei Thai-Mädchen. Vor ihnen auf dem Tisch stehen unzählige leere Bierflaschen. Der eine Ami hebt seine Flasche hoch zum Gruss und prostet in Hugos Richtung.

«Cheers, my friend! What's your name? Where are you from? Come-on over and have a seat! We will share our beautiful thaigirls with you.»

Der Mann lacht verwegen. Hugo grinst verlegen.

«Yes. Thank you.»

Er steht auf und schiebt sich auf die Bank neben den einen Mann. Nachdem er sich an die Dunkelheit gewöhnt hat, sieht er, dass die Bar gut besucht ist. Um runde Holztische stehen Holzbänke in verschiedenen Formen und Grössen. Die ganze Einrichtung ist in einem dunklen Rotton gehalten.

«My name ist Hugo. I am a Swiss man.»

«Freut mich dich kennen zu lernen. Ich bin Steve und komme aus Kalifornien. Du bist zum ersten Mal hier, oder? Scheinst noch ein bisschen unsicher zu sein, was die Mädchen hier betrifft.»

Der Kerl grinst breit.

«Lass dir gesagt sein: Für ein paar hundert Baht machen sie alles für dich. Ein wahres Paradies! Da können unsere fetten, frustrierten und emanzipierten Weiber gleich einpacken.»

Hugo ist erstaunt über Steve's unzimperliche Meinung, aber er nickt freundlich und lacht. Hugo denkt, dass er froh wäre, wenn seine Frau Klara etwas – wie der Amerikaner gesagt hat – emanzipierter wäre. Wenn sie ihr eigenes Geld verdienen und nicht immer klagen, sondern ihr Leben in die eigenen Hände nehmen würde. Auch wenn sie sexuell etwas offener und experimentierfreudiger wäre. Jacky stolziert nun zu Hugo an den Tisch und stellt ihm eine Flasche Bier und ein Glas Whisky vor die Nase. Dabei bückt sie sich so, dass Hugo freie Sicht auf ihre Brüste hat.

«*Farang*, willst du da mal reinfassen?»

Sie packt Hugos Hand und führt sie in ihr Dekolleté. Hugo tastet ungeschickt nach ihren strammen Brüsten. Das erregt ihn irgendwie, ist ihm aber auch peinlich. Daneben grölt der Ami und fuchtelt mit seiner Bierflasche vor Hugos Nase rum.

«Ja, komm Jacky, zeig es unserem Greenhorn hier! Cheers!» Auch Hugo hebt sein Glas und leert den Whisky in einem Zug. Den bitteren Geschmack spült er mit einem grossen Schluck Bier hinunter.

«*Farang,* was bedeutet das?» fragt Hugo seinen neuen Freund Steve. Der erklärt ihm fachmännisch: «Das Wort stammt von *Farangse* – so wurden früher die Franzosen, die frühesten Besucher aus dem Westen, genannt. Heute wird das Wort für alle westlichen Ausländer gebraucht.»

Jacky, die Hugo nicht nach seinem Namen gefragt hat und ihn frech Papa oder eben *Farang* nennt, flötet: «Darf Jacky auch einen Whisky trinken?»

Ohne eine Antwort abzuwarten ruft sie den Frauen an der Bar etwas Unverständliches zu. Noch bevor Hugo etwas sagen kann, stehen wieder zwei randvolle Gläser vor ihnen. Und die Bardame hat gleich die ganze Flasche Whisky zum Nachschenken dagelassen. Jacky schmiegt sich eng an Hugo. Sie prostet ihm zu und gemeinsam leeren sie ihre Gläser. Jacky kichert. In ihrem spärlichen Englisch erzählt sie irgendwelche Geschichten, während sie die Gläser wieder und wieder füllt. Hugo versteht nur die Hälfte. Das liegt am schlechten Englisch von Jacky, aber auch daran, dass Hugo betrunken ist. Aber egal. Hugo geniesst einfach, dass er umschwärmt wird. Jacky kuschelt sich an ihn, haucht ihm Küsse ins Ohr. Ihre Zunge spielt zärtlich mit seinen Lippen. Sie massiert ihm die Schultern und drückt ihre spitzen, kleinen Brüste gegen seinen Bauch. Dazu verleiht ihm der Alkohol ein träges, zufriedenes Gefühl. Hugo hätte noch lange so dasitzen und sich verwöhnen lassen können. Aber auf einmal spürt er, wie sich Jackys Hand zwischen seinen Schenkeln zu schaffen macht. Behutsam fängt sie an, durch Hugos Jeans seinen Penis zu massieren. Zuerst passiert gar nichts. Es ist ihm peinlich. Er schaut verzweifelt im Lokal umher und prüft, ob sie auch nicht beobachtet werden. Beruhigt stellt er fest, dass niemanden zu interessieren scheint, was sie treiben. Im Gegenteil: In jeder Ecke sitzen Pärchen, die nur mit sich beschäftigt sind. Einige von ihnen ebenfalls in intimen Positionen. Hugo entspannt sich. Sein Glied wird steif. Das motiviert Jacky und sie fängt noch intensiver an zu kneten. Hugo ist erstaunt, dass er in seinem Zustand noch zu einer Erektion fähig ist.

Während die Lust auf Sex langsam von Hugos Körper Besitz ergreift, flüstert ihm Jacky ins Ohr: «Bumsen tu' ich für 1500 Baht, blasen macht 1000. Jetzt sofort? Auf dem Klo?»

Eigentlich hat sich Hugo so ein sexuelles Abenteuer ja etwas anders vorgestellt. Im Hotelzimmer, mit Champagner, Romantik und leidenschaftlichen Küssen. Steve, der Jackys Message auch ohne ihre Worte zu hören verstanden hat, grinst Hugo an.

«Na los, Bruder, gib's der Kleinen. Übrigens: Du kannst den Blow-Job ohne weiteres auf 500 Baht runterhandeln.»

Hugo merkt, dass er keine andere Wahl hat. Er sitzt in der Falle. Die beiden Amerikaner sitzen grinsend da und schauen ihn erwartungsvoll an. Ein Rückzieher wäre mehr als peinlich. Ausserdem ist er verdammt erregt. Die Kleine hört nicht auf, seinen Penis zu bearbeiten. Auf einmal springt Jacky auf.

«Komm, Papa! Los, komm mit! Ich zeig dir was!»

Sie zerrt ihn am Arm und führt ihn quer durch das Lokal in Richtung Toilette. Steve klatscht und feuert Hugo an: «Gib's ihr, Mann!»

Weitere Gäste im Lokal und einige der Barfrauen klatschen mit. Während Jacky Hugo in das kleine, sauer nach Pisse stinkende Männerklo drängt, knüpft sie ihm gekonnt und blitzschnell die Hose auf. Ohne die Toilettentür abzuschliessen, holt sie Hugos Penis aus seiner Unterhose, kniet sich vor ihn hin, nimmt seinen Schwanz in ihren Mund und fängt an ihn zu lutschen. Hugo versucht sich zu entspannen, aber es fällt ihm schwer. Auf einmal hält Jacky inne, in der rechten Hand immer noch Hugos Penis. Hugo schaut zu ihr herunter. Auf seinem Penis sind deutlich rote Rückstände ihres Lippenstiftes zu erkennen.

«Blasen 1000 Baht, okay?» flötet sie.

Hugo nickt geistesabwesend. Jacky grinst und entblösst dabei ihre Zahnlücke.

«Und jetzt entspann dich, Papa.»

Sie fängt wieder an zu lutschen. Hugo lehnt sich zurück an die Wand hinter ihm.

«Entspann dich, entspann dich» sagt er in Gedanken immer wieder zu sich.

Jacky bläst nicht schlecht. Soweit das Hugo überhaupt beurteilen kann. Sie ist die einzige Frau neben seiner Frau Klara, mit der er seit 35 Jahren verheiratet ist, die seinen Schwanz im Mund hat. Jetzt kreist Jackys Zunge um Hugos Eichel, Sekunden später verschwindet sein Penis wieder in ihrem Mund und Rachen. Hugos Gedanken werden immer wirrer und unkontrollierter. Er muss an die vielen ansteckenden Krankheiten denken, die er sich holen könnte. Und beichten könnte er Klara so einen Seitensprung auf keinen Fall. Sie würde ihn sofort verlassen. Haben seine Kumpels Klaus und Hans ihn nicht gewarnt und gesagt, er solle immer ein Kondom benützen? Auch dann, wenn ihm eine Frau nur den Schwanz lutscht? Auf einmal wird Hugo kotzübel. Sein ganzer Körper fühlt sich gleichzeitig heiss und kalt an. Er merkt, wie sein Glied erschlafft und seine Beine drohen unter ihm zusammenzusacken. Noch bevor Hugo realisiert, was mit ihm passiert, entleert sich der gesamte Inhalt seines Magens quer durch den kleinen Raum. Haarscharf an Jackys Kopf vorbei. Dunkelbraune, entfernt nach Whisky stinkende Kotze mit Resten von Reis und Hackfleisch darin. Jacky lässt von Hugos Penis ab und fängt entsetzt an zu kreischen. Verstört greift Hugo nach seinem Hemdsärmel und putzt sich damit so gut es geht den Mund. Instinktiv packt er seinen Penis zurück in die Unterhose und knüpft seine Jeans zu. Er klaubt das Portemonnaie aus seiner Hemdtasche, nimmt 2000 Baht heraus und wirft sie Jacky nach. Das Geld landet auf dem Boden. Es sollte reichen für die konsumierten Getränke und das Weitere. Fluchtartig verlässt Hugo das Lokal.

Vierter und Fünfter Tag

Das Foto | Käufliche Liebe, 2. Teil | Cindy

Das Foto

In ein Badetuch gehüllt verlässt Noi die Dusche und sucht im Hotelzimmer nach ihrem Kleid. Nur wenige Bewegungen und ihr Körper ist schweissüberströmt. In Pattaya ist es viel heisser als bei ihrer Ankunft in Bangkok. An einem Stand in der Stadt hat sie sich bequeme Sommerkleider aus Baumwolle gekauft. An leichte Kleidung hatte sie bei ihren Reisevorbereitungen gar nicht gedacht. Sie hatte lediglich Jeans und T-Shirts eingepackt. Heute will sie sich genug Zeit nehmen und sich um Kleider für ihren teuflischen Plan kümmern. Im neuen Strandkleid geht sie in die Hotellobby. Es ist erst neun Uhr morgens, aber der Jetlag lässt Noi nicht länger ruhen. An der Bar hocken bereits vier durstige Norweger und trinken Bier. Das *Theresa Inn* ist ein sauberes Mittelklassehotel. Es beherbergt viele Pauschaltouristen, die meisten von ihnen Skandinavier. Noi ist froh, dass sie sich dieses Hotel ausgesucht hat. In den meisten Hotels der unteren und mittleren Preisklasse wimmelt es von üblen Sextouristen. Nicht, dass im *Theresa Inn* keine Sextouristen wohnen würden, aber für Besuche von Prostituierten für eine Nacht oder wenige Stunden müssen die Herren eine so genannte Joiner Fee von einigen hundert Baht bezahlen. Für schnellen unverbindlichen Sex bevorzugen die Männer deshalb ein billiges Zimmer in einem Stundenhotel. Im Hinterhof des *Theresa Inn* befindet sich, zwischen Grünpflanzen gelegen, ein grosser Swimmingpool. Und in der Lobby, neben der Rezeption, hat es eine kleine gemütliche Bar. Am Abend spielt jeweils eine Band Hits der letzten drei Jahrzehnte. Jimmy, ein Allrounder, der scheinbar Tag und Nacht an der Bar oder der Rezeption arbeitet, grüsst Noi höflich. Gestern Abend sassen die beiden gemeinsam an der Bar und redeten. Jimmy war beeindruckt von Noi. Vor allem, weil sie einige Sprachkenntnisse in Thai erworben hatte. Touristen, die nach Pattaya kommen, sprechen in der Regel kein Thai oder nur wenige Floskeln. Jimmy hatte zuerst auch geglaubt, dass Noi eine

Thailänderin sei. Als sie ihm sagte, dass sie in der Schweiz aufgewachsen ist, konnte er das kaum glauben. Glücklicherweise fragte Jimmy sie nicht, was sie genau in Thailand mache. Noi hätte nämlich absolut keine Lust gehabt, ihren Seelenkram vor ihm auszubreiten. Aber für Thais ist ja ohnehin klar, dass Ausländer ihr Land besuchen, um Ferien zu machen. Noi war aufgefallen, dass sich viele Thais englische oder amerikanische Vornamen geben. Wahrscheinlich, weil sie es mit Touristen zu tun haben, die ihre thailändischen Originalnamen nicht aussprechen können. Noi wollte von Jimmy – der mit richtigem Namen Kwanthawee heisst – wissen, wie er lebt. Ob er Spass an seiner Arbeit hat, ob er Familie hat und wie es ihm in Pattaya gefällt. Jimmy ist, wie wahrscheinlich die meisten Bewohner dieser Stadt, nicht in Pattaya aufgewachsen. Er stammt aus Mae Chan. Das ist eine kleine Stadt im Norden, nur einige Kilometer vom Goldenen Dreieck entfernt. Die Region, in welcher die Länder Thailand, Burma/Myanmar und Laos aneinander grenzen. Jimmy ist der jüngste Sohn eines kinderreichen Clans. Wie Noi aus seinen Erzählungen heraushören konnte, hatte er eine privilegierte Position innerhalb der Familie. Seine Eltern, Brüder und Schwestern konnten genug Geld auftreiben, um ihren Jüngsten auf eine Hotelfachschule in Bangkok zu schicken. Dort lernte er die englische Sprache und vieles über die westliche Kultur. Noi hat erfahren, dass Jimmy während der Hochsaison mindestens 15 Stunden täglich arbeitet. Schlafen und essen kann er im *Theresa Inn*. Das Geld, welches er verdient, spart er für seine Hochzeit. Und einen Teil schickt er nach Hause. Noi ist aufgefallen, dass Jimmy nichts Negatives über sein Heimatland erzählt. Auf die öffentliche und omnipräsente Prostitution angesprochen, weicht er aus. Die Thailänderinnen seien anständige Mädchen, hat er gesagt. Die meisten von ihnen würden so etwas nie tun. Noi weiss, dass Prostituierte in Thailand verachtet und stigmatisiert werden, auch wenn dies nicht offensichtlich ist.

Vor allem Fremden gegenüber lassen sich die Thais ihre Verachtung für die Barladies nicht anmerken. Vieles wird verdrängt und ignoriert. So auch die Tatsache, dass Familien im Norden und Nordosten des Landes ihre Töchter an Zuhälter verkaufen für lausige 8'000 bis 15'000 Baht. Dass junge Mädchen aus dem ganzen Land zum Geld Verdienen in den Süden geschickt werden. Dort bleibt ihnen oft nichts anderes übrig, als sich zu prostituieren. Als so genannte Barladies arbeiten sie in einer Bar, und wenn ein Tourist das Mädchen mit auf sein Zimmer nehmen will, muss er dem Besitzer des Lokals eine Auslösesumme zahlen. Noi hat gelesen, dass besonders jungfräuliche Mädchen sehr beliebt sind. Sex mit Jungfrauen bringe alten Männern frische Kraft, wird gesagt. Die Mädchen erzählen daheim nicht die Wahrheit über ihre Arbeit. Sie sagen, das Geld, das sie heimschicken, sei Trinkgeld. Und die Polizei schaut tatenlos zu und kassiert Schweigegeld. Andererseits fragt sich Noi: Warum soll eine Thailänderin zwölf Stunden am Tag für einen kleinen Lohn auf dem Reisfeld oder in einer Fabrik schuften, wenn sie in Pattaya oder auf Phuket als Prostituierte täglich ein Vielfaches verdienen kann? Noi möchte darüber nicht urteilen. Schliesslich weiss sie fast nichts über dieses Volk.

Noi verlässt das klimatisierte Hotel und wird von grellem Sonnenlicht empfangen. Es ist extrem heiss. Sie setzt die Sonnenbrille auf. Der Eingang des *Theresa Inn* befindet sich direkt an der grossen Hauptstrasse, der Pattaya 2nd Road. Autos und Mofas brausen vorbei. Verkehrsregeln gibt es wenige und die vorhandenen werden nicht eingehalten. Wer die Strasse überqueren will, tut dies auf eigenes Risiko. Noi verzichtet darauf und setzt sich zuerst in die einladend aussehende Imbissbude *Daisy,* welche sich gleich neben dem Hotel befindet. Schon gestern hat sie in diesem Lokal gefrühstückt. Hier gibt es die besten Sandwiches zu unglaublich günstigen Preisen. Noi ist aufgefallen, wie sehr hier die Preise variieren. Bei den Ablegern der grossen

Ketten – *Spaghetti Factory, Sam's Pizza, Burger King* oder dem *Hardrock Café* – sind die Preise schon fast auf europäischem Niveau. In den kleinen, von Thais geführten Kneipen hingegen kann man für einige Baht ausgezeichnet essen. Noi bestellt sich ein Clubsandwich. Das *Daisy* scheint jederzeit bis auf den letzten Platz besetzt zu sein. Auch viele Ausländer essen hier. Noi schätzt, dass 90 Prozent der Touristen in Pattaya Männer sind. Die anderen zehn Prozent sind Paare und Familien, vor allem aus skandinavischen Ländern. Es besteht kein Zweifel darüber, was diese Männer hier treiben. Ausnahmslos sind sie auf der Suche nach sexuellen Abenteuern und Ferienbekanntschaften. An der Pattaya Beach Road, welche dem Meer entlang führt, und am *Strip*, der lärmigen Fussgängerpassage im südlichen Teil der Stadt, reiht sich Bar an Bar. Überall treiben sich Barladies, also junge aufreizend gekleidete Asiatinnen herum. Sie pfeiffen oder rufen den männlichen Touristen nach. Folgen ihnen frech, packen sie am Arm oder kneifen sie in den Po. So machen sie die Männer auf sich aufmerksam. Und hoffen, dass einer bleibt und sich verführen lässt. Die Frauen arbeiten mit den Besitzern der Bars zusammen. Das Mädchen animiert den Mann dazu, möglichst viel zu konsumieren. Dafür kriegt sie ihren festen Platz in der Bar. Die Barladies sind gegenüber den Touristen in der Überzahl: Auf einen Mann kommen etwa 10 Prostituierte. Das drückt den Preis. Sobald die Nachfrage nach etwas entsteht, verdoppelt und verdreifacht sich das Angebot. Das gilt nicht nur für die Prostitution. Auch das Angebot an Hotels, Stundenhotels, Einkaufsmärkten, Striplokalen, Gogo-Tänzerinnen, Seafood-Restaurants und so weiter ist zu gross. Ein anderes Beispiel: die Verkäufer und Verkäuferinnen am Strand. Gestern Nachmittag machte Noi einen Ausflug an die südlich von Pattaya gelegene *Jomtien Beach*. Dort ist das Wasser sauberer als in Pattaya, es hat keine lärmige Wasserscooter und weniger Touristen welche die Liegestühle bevölkern. Es vergehen jeweils keine fünf Minuten, bis jemand vorbeistapft und lauthals Eiskrem, Früchte, frittierte Shrimps oder Sandwiches zum Verkauf anpreist. Dieses Überangebot wirkt sich negativ auf die Stimmung hier aus. Kneipen sind häufig leer und die vielen Verkäuferinnen und Verkäufer am Strand müssen sich mit sehr wenig zufrieden geben.

Hungrig fällt Noi über ihr Sandwich her. Heute Nachmittag wird sie sich mit David treffen. Was er ihr wohl zu erzählen hat? Wie er wohnt? Wie er aussieht? Ob sie ihm vertrauen kann? Oder ob er bloss versuchen wird, sie über den Tisch zu ziehen? Noi ist unsicher. Es ist ihr zweiter Tag in Thailand und sie weiss noch nicht, wie weit sie den Menschen hier trauen soll. Pattaya ist eine Traum- und Scheinwelt, dominiert von der rücksichtslosen Energie konsumfreudiger männlicher Touristen. Laute, rüppelhafte Kerle, für die alles käuflich ist. Auch die Liebe einer Frau. Noi schlingt den letzten Bissen ihres Sandwichs herunter, streut einige Münzen auf den Tisch und macht sich auf den Weg in Richtung Strand. Obwohl inzwischen eine Kläranlage gebaut wurde, sieht das Meerwasser in Pattaya nicht sehr einladend aus. Auch die Strandpromenade wurde angeblich saniert, eine neue Schiffsanlegestelle gebaut. Moderne Einkaufszentren und Kinos sind entstanden. Sie sollen Familien und Pauschaltouristen anlocken. Noi zweifelt daran, dass es gelungen ist, Pattayas Image aufzupolieren. Zu offensichtlich ist die allgegenwärtige Prostitution. Auf der Suche nach geeigneter Kleidung für ihr Vorhaben schlendert Noi an der Pattaya Beach Road entlang. Aufdringlich wird sie an den Marktständen von Verkäufern belagert. Sich in Ruhe umzusehen ist ein Ding der Unmöglichkeit. Die Leute möchten ihre Ware verkaufen und schrecken nicht vor neugierigen Fragen zurück. Sie möchten wissen, woher Noi kommt, ob sie Englisch spricht, ob sie Asiatin ist. Höflich beantwortet Noi die vielen Fragen. Weil es erst Vormittag und noch ruhig ist in der Stadt, haben die Händler mehr als genug Zeit zum Plaudern. Noch sieht Noi keine besoffene erlebnishungrige Typen auf der Suche nach dem ultimativen sexuellen Kick. Der Pöbel schläft noch. Noi schlendert die Strandstrasse entlang und geht stadtauswärts zum Busbahnhof, an welchem sie vor zwei Tagen angekommen ist. An den Verkaufsständen gibt es Frauenkleider in allen Varianten zu kaufen. Auch elegante und freizügige Sachen. Nur so etwas richtig nuttenhaftes kann Noi nicht finden. Die wenigen Touristinnen scheinen mehr auf sportliche Kleidung zu stehen: *Nike* und *Adidas*-Imitationen werden allerorts günstig angeboten. Entlang der North Road stadtauswärts findet Noi endlich das, was sie sucht: einen Markt, an welchem die in Pattaya heimischen Leute einkaufen. Dort werden aufreizende und freizügige Frauenkleider in allen Varianten angeboten. Klar, die Prostituierten müssen ja ihre Klamotten auch irgendwo kaufen, denkt Noi beim Anblick der Sachen. Sie wühlt sich durch die Oberteile: glänzende Kunstseide, Tüll, Netzstoffe und Plüsch. Sie schnappt sich drei Stück und kauft auch gleich eine dunkelrote Federboa dazu. Kann sein, dass sie mit diesem Teil etwas dick aufträgt, oder es gar nicht zum Einsatz kommt, aber was soll's. Die Dinge sind ja so günstig. An einem Stand, an dem Perücken in allen Farben und Frisuren und dazu Accessoires wie Haarspangen, Haargummis, Haarteile und vieles mehr angeboten wird, verbringt sie fast eine Stunde. Noi überlegt, was sie mit ihren Haaren anstellen könnte. Die Thailänderinnen tragen die Haare mindestens schulterlang. Nois Haare sind burschikos kurz geschnitten. Sie stehen ihr gut so und sind pflegeleicht. Aber wenn sie für eine Thailänderin gehalten werden will, muss sie sich eine Perücke kaufen. Noi ist happy. Hier gibt es hunderte von Perücken und Haarteilen. Alles echte Haare und supergünstig. Der Perücken-Stand wird von einer alten, gebrechlichen Frau geführt. Sie sitzt gekrümmt auf einem kleinen Hocker und ruft Noi etwas auf Thai zu. Noi versteht kein Wort. Die Frau spricht nicht nur sehr schnell; ihr fehlen auch die meisten Zähne. Noi nähert sich der Frau und lacht sie an.

«Entschuldigen sie bitte. Ich kann sie nicht verstehen. Wissen sie, ich lebe nicht in Thailand und spreche fast kein Thai.»

Die alte Frau steht mühsam von ihrem Stuhl auf. Mit der linken Hand stützt sie sich immer noch ab. Sie sieht Noi direkt ins Gesicht und tätschelt ihr mit der alten schrumpligen Hand die Backe.

«Du bist ein wunderschönes Mädchen. Deine Haut ist so hell. Das gefällt mir.»

Noi wurde in den letzten zwei Tagen immer mal wieder wegen ihrer Hautfarbe bewundert. Eine Asiatin mit heller Haut. Noi versucht den Menschen jeweils zu erklären, dass die Leute in der Schweiz, wo sie herkommt, gerne brauner wären und deshalb ins Solarium gehen oder sich stundenlang in die Sonne legen würden. Noi macht einen kleinen Knicks und faltet die Hände zum *Wai*-Gruss, wie sie das bei den Einheimischen gesehen hat. Sie sagt: «Vielen Dank für das Kompliment. Ich hätte gerne diese schwarze Perücke da und diese Haarspangen.»

Noi streckt der Frau ihr Körblein entgegen, in welchem sie die Sachen gesammelt hat.

«Wirklich ein wunderschönes Mädchen.»

Die Frau murmelt noch etwas vor sich hin, das Noi nicht versteht.

«Macht 470 Baht.»

Noi streckt ihr eine 500 Baht-Note entgegen.

«Ist schon recht so. Behalten Sie den Rest. Bitte.»

Die alte Frau verbeugt sich vor Noi, so tief, wie es ihr alter Rücken gerade noch zulässt. Noi schlendert weiter durch den Markt. Allmählich gelangt sie zur Erkenntnis, dass das grösste Problem ihr erst noch bevorsteht: der Hosen- und Kleiderkauf. Die Thailänderinnen sind klein und zartgliedrig, so dass die Kleider und Hosen Noi wahrscheinlich nicht passen werden. An einem Stand findet sie Jeans mit Paillettenmuster in allen Farben und Formen. Ausserdem gibt's dort Hosen mit Gold- und Silbernähten, die locker über den Hüften sitzen. Noi schnappt sich ein gross geschnittenes Exemplar und schlüpft hinein. Das geht problemlos.

Noi trägt einen weiten Sommerrock und darunter ihren Bikini. Die Hose sitzt über den Hüften wie angegossen. Nur die Beine sind zu lang.

«Entschuldigen sie, haben sie Hosen in dieser Grösse auch mit kürzeren Beinen?» fragt Noi.

Der Mann am Stand schaut grinsend zu ihr hinüber. In seinem Mundwinkel steckt ein Zahnstocher.

«Nein. Vielleicht finden sie am Touristenmarkt welche.»

Noi überlegt kurz.

«Ist schon okay» sagt sie, packt drei Paar Hosen in ihrer Grösse und legt sie vor dem Mann auf den Tisch.

«Ich nehme sie, vorausgesetzt sie kürzen mir die Hosenbeine ein Stück.»

Noi zeigt dem Mann mit Daumen und Mittelfinger an, um welcher Länge sie die Hose gekürzt haben möchte. Ohne die gewünschte Kürzlänge auf der Hose zu markieren, sagt der Mann: «Kein Problem. Das kann meine Frau für sie machen. Kostet aber extra.»

Die beiden vereinbaren einen Termin für den nächsten Tag, an welchem Noi die Hosen abholen kann. Sie hinterlässt eine Anzahlung von 200 Baht. An einem anderen Stand kauft sie sich einen roten Minirock und ein schwarzes Kleid aus Stretch-Stoff. Das Schwarze reicht ihr bis knapp an die Waden. Vermutlich bedeckt es bei den Thailänderinnen das ganze Bein. Beim Verlassen des Marktes verrät Noi ein Blick auf die grosse Uhr beim Busbahnhof, dass sie bereits in einer Dreiviertelstunde bei David sein muss. Scheisse, denkt sie. Sie muss sich beeilen, wenn sie nicht mit ihren Einkaufstaschen bei ihm auftauchen will. Noi will nicht, dass er ihre Einkäufe sieht und gar noch ihren Plan errät. Es bleibt ihr nur eines übrig: Mit dem Taxi zuerst kurz zurück ins Hotel fahren, die Taschen im Zimmer abladen und dann gleich weiter zu David.

Das Taxi kämpft sich langsam durch den stockenden Verkehr stadtauswärts und Noi bekommt zum ersten Mal einen Eindruck, wie es ausserhalb des Touristenzentrums Pattaya aussieht. Als Noi von Bangkok hierher fuhr war es bereits dunkel und sie hat von der Landschaft nicht viel gesehen. Entlang der Hauptstrasse stehen mehrstöckige Betonklötze. Sie sind schwarz von den Emissionen der Autos und Fabriken. Im Erdgeschoss befinden sich Geschäfte, in den oberen Stockwerken Wohnungen mit kleinen Fenstern, die meisten ohne Balkone. Landeinwärts, etwas zurückversetzt, stehen kleine, armselige Betonhütten und einfache Holzhäuser. Oft sind sie etwas erhöht auf Betonklötzen oder Holzpfählen gebaut. Nachdem das Taxi einige Minuten der Hauptstrasse entlang gefahren ist, biegen sie jetzt in eine kleine Seitenstrasse ein. Die Strasse ist steinig und das Taxi holpert langsam vorwärts. Kinder spielen am Strassenrand Fussball oder fahren auf klapprigen Fahrrädern. Das Taxi muss Hühnern und Hunden ausweichen. Dann fahren sie in Hubbon ein, ein kleines Dorf, etwa zehn Kilometer nordöstlich von Pattaya gelegen. Das Taxi hält am Strassenrand vor einem kleinen Haus und wirbelt beim Bremsen Staub auf. Ein kleines, aus einem Fenster des ersten Stock baumelndes Plastikschild mit der englischen Aufschrift *David Bruster. detective. mandats of any kind* bestätigt, dass der Taxifahrer Noi an den richtigen Ort gebracht hat. Hier also wohnen David und seine Familie. In diesem gemütlichen wirkenden, rustikalen Holzhaus. Noi drückt dem Fahrer die vereinbarten 100 Baht in die Hand.

«Besten Dank. Warten sie hier bitte auf mich. Ich werde in einer Stunde zurück sein. Dann kriegen sie nochmals 200 Baht, wenn sie mich zurück fahren.»

Der Taxifahrer nickt mit einem selbstgefälligen Grinsen im Gesicht.

«Kein Problem, Lady, werde mir etwas zu Essen holen und dann hier warten.»

Noi steigt aus und geht über die Strasse zum Haus. Im Vorgarten sitzt eine alte Frau, die in ihren Armen einen Säugling wiegt.

«Guten Tag. Mein Name ist Noi. Ich suche David.»

Die Frau winkt Noi mit der rechten Hand, im linken Arm hält sie das nackte Baby. Den Kopf in Richtung Haus drehend ruft sie: «Tik! Tik! Eine junge Frau ist hier und sie will...»

Mehr kann Noi nicht verstehen. Die Frau spricht in schnellem Thai. Ein junger Mann streckt seinen Kopf aus dem Fenster im ersten Stock. In brüchigem Englisch ruft er Noi zu: «Hallo, Lady, kommen sie herein. Ich bin gleich unten.»

Die Hände zum *Wai*-Gruss gefaltet geht Noi an der alten Frau vorbei in das Haus. Wie bei den meisten Häusern gleicht das Erdgeschoss einer Garage. Es ist zur Strasse hin offen. Auf einem grossen flauschigen Teppich sitzen zwei Frauen, eine von ihnen hochschwanger, und zwei kleine Mädchen im Vorschulalter. Im Fernseher läuft ein thailändischer Musik-Videoclip. Eine reichlich geschmückte Sängerin steht vor einem Tempel, bewegt anmutig ihre Hände und singt in einer für westliche Ohren merkwürdig schrill klingenden Tonlage. Der junge Mann, den sie Tik nennen, kommt die Treppe herunter. Er verbeugt sich.

«Mein Vater erwartet sie schon. Kommen sie bitte mit.»

Noi versucht, den Blick einer der beiden Frauen zum Gruss zu erhaschen, schafft es aber nicht. Sie gibt nach und folgt Tik die Treppe hinauf. Dieser junge Bursche ist also Davids Sohn. Seine Haut ist ähnlich weiss wie Nois. Die asiatische Gesichtsform und die dunklen Haare hat er aber eindeutig von seiner thailändischen Mutter. Noi schätzt ihn auf höchstens 17 Jahre. Noi folgt Tik in ein kleines Büro. Zwei Tische und einige Stühle stehen darin. Auf den Tischen herrscht ein hoffnungsloses Chaos. Hunderte bekritzelter Blätter und Dossiers liegen darauf und stapelweise Unterlagen sind auf dem Boden verstreut. Auf zwei dicken Büchern steht ein alt aussehender Computer. Das Gehäuse ist vergilbt und auf dem Bildschirm klebt eine feuchte Staubschicht. Bei dieser hohen Luftfeuchtigkeit, den tropischen Temperaturen und weil die Häuser oft nicht klimatisiert sind, leiden die elektronischen Geräte. Ein grossgewachsener, schlanker Mann sitzt am Schreibtisch und kritzelt etwas auf einen Block. Als er Noi und Tik eintreten hört, hebt er seinen Kopf: «Das bist du also. Anoucha, äh Noi. Hallo! Was für eine Freude, dich zu treffen. Du siehst gut aus.»

Er erhebt sich, grinst frech und reicht ihr die Hand. David scheint so um die Fünfzig zu sein. Aus seinem sonnengebräunten, faltigen Gesicht leuchten zwei himmelblaue Augen. Seine feinen hellbraun-grau melierten Haare sind ausgetrocknet von der Sonne und stehen wild vom Kopf ab.

«Hallo, David. Freut mich auch, dich kennenzulernen» erwidert Noi freundlich und drückt dem Mann die Hand.

«Möchtest du etwas trinken, einen Tee? *Mekong-Whisky?*» fragt David, und ohne Nois Antwort abzuwarten, sagt er: «Tik, bring uns etwas zu trinken.»

«Vielen Dank, David, aber...»

Noi muss schmunzeln und sagt:«Für Whisky ist es mir noch zu früh, aber einen Tee trinke ich gern.»

«Setz dich doch, Noi. Du hast so einen langen Weg auf dich genommen. Ich möchte dich nicht warten lassen.»

Noi merkt, wie sich ein Gefühl zwischen Vorfreude und Nervosität in ihr ausbreitet. David steht auf und schiebt ihr seinen Stuhl hin. Erwartungsvoll setzt sie sich. David räumt mit einem Wisch diverse Unterlagen von einem zweiten Stuhl auf den Boden, rückt ihn neben Noi und setzt sich zu ihr. Er öffnet die Schublade des Bürotisches und nimmt eine Mappe heraus.

«Das Foto, das du mir geschickt hast, war sehr hilfreich.»

Er fingert nach einem Foto und legt es vor Noi auf den Tisch. Darauf ist ein kleiner Junge zu sehen. Seine Mutter kniet hinter ihm und hat beide Arme um ihn geschlungen. Sie stehen vor einer Kreuzung auf dem Fussgängerweg. In der Mitte der Kreuzung ist ein Kreisel, um welchen die Autos fahren. In der Fläche des Kreisels befinden sich farbige Blumenbeete und ein kleiner Turm mit einer Uhr. An der Strasse, die links vom Kreisel wegführt, kann man einige Händlerinnen erkennen, die hinter ihren zum Verkauf aufgetürmten Bergen von Früchten und Gemüsen am Boden sitzen. Der Junge auf dem Foto ist Nois älterer Halbbruder Sanan, sagt Nois Adoptivvater Koni. Sanan muss heute etwa um die Dreissig sein. Noi ist vierundzwanzig. Es ist das einzige Foto, das Noi von ihm und ihrer Mutter Ratana besitzt. Stolz zeigt David mit dem Finger auf die Turmuhr.

«Dieser Turm steht in Chiang Rai, an der Yedyot Road. Da bin ich ganz sicher.»

Er blickt zufrieden in Nois erstauntes Gesicht.

«Du fragst dich, woher ich das weiss? Ich war vor einigen Jahren einmal geschäftlich in Chiang Rai, als ich den Sohn eines Klienten zurückbringen musste. Der Junge war homosexuell und nach Pattaya abgehauen. Ich glaube, seine Eltern haben ihn daraufhin ins Kloster gesteckt. Deshalb kenne ich diesen Platz.»

«Und? Hast du etwas über sie herausgefunden?»

«Ja. Dieser Klient schuldete mir noch einen Gefallen und hat für mich etwas nachgeforscht.»

«Und?»

Noi platzt fast vor Neugier. In diesem Moment kommt Tik mit einem Tablett zurück. Darauf steht eine Thermosflasche, mehrere Beutel Schwarztee, Crèmepulver, einige Zuckerbriefchen und eine kleine Flasche *Mekong-Whisky*. Während Noi ihren Tee aufgiesst, nimmt David die Whiskyflasche zur Hand. Er schraubt sie auf, und ohne sich die Mühe zu nehmen, die Flüssigkeit in ein Glas zu giessen, setzt er zum Trinken an. Wohlig lässt er sich das teuflische Getränk in den Magen rinnen. Dann erzählt er weiter:

«Auf die Behörden hier in Thailand ist kein Verlass. Die wussten nichts von einer Ratana Chanchai. Wen wundert's: Bei so vielen illegalen Einwanderern aus den burmesischen Grenzgebieten kann schon mal der Überblick verloren gehen.»

David lacht wieder sein freches Grinsen.

«Mein Klient – nennen wir ihn Sam – hat sich in der Stadt umgehört. Und tatsächlich wohnte dort einmal eine Familie Chanchai. Sie war kinderreich, so dass nicht alle Nachkömmlinge zur Schule gehen konnten. Deine Mutter war wohl eine von denen, für die es nicht gereicht hatte. Vielleicht deshalb wusste die städtische Verwaltung nichts von ihr. Sie muss eines der jüngsten Kinder gewesen sein. Sie hat nie geheiratet. Als sie mit sechzehn schwanger wurde und einen unehelichen Sohn gebar, war das nicht mehr möglich. Welcher thailändische Mann will schon eine Frau mit einem unehelichen Kind? Undenkbar.»

David schüttelt den Kopf. Noi vermutet, dass Ratana von einem verheirateten Mann geschwängert wurde. Denn wäre er ledig gewesen, hätte er sie doch sofort heiraten müssen. David erzählt weiter: «Ratana kümmerte sich mit Hilfe ihrer Familie um das Kind. Es kam ja nicht mehr darauf an, noch ein weiteres Maul zu stopfen.»

Noi sagt ungeduldig: «Und? Lebt sie noch? Wo ist sie heute? Hast du etwas über meinen Vater herausgefunden?»

Mir ruhiger Stimme sagt David: «Langsam, junge Frau, ich erzähle es dir ja.»

Er setzt die Whiskyflasche an, nimmt noch einen tiefen Schluck und rülpst laut.

«Ich weiss nicht, ob dich die Neuigkeit freuen wird. Ich habe dir ja in meinem Mail schon in Aussicht gestellt, dass du bei mir in Pattaya am richtigen Ort bist.»

David macht ein ernstes Gesicht. Eine dumpfe Ahnung, die, wenn Noi ehrlich ist, schon länger in ihr geschlummert hat, hämmert in ihrem Kopf.

David erzählt: «Als Ratana achtzehn Jahre alt war, starb ihr Vater und die Familie drohte in die totale Armut abzurutschen. Ausserdem musste sie ein furchtbar schlechtes Gewissen wegen ihrem unehelichen Kind gehabt haben. Das erzählten die alten Leute in Chiang Rai meinem Klienten Sam. Ob Ratana von ihren Eltern geschickt wurde, oder ob sie freiwillig in den Süden ging, das weiss ich nicht. Nur, dass sie seit ihrer Abreise jede Woche Geld nach Hause schickte, fast zwanzig Jahre lang.»

David macht eine Pause, damit Noi die Neuigkeiten verdauen kann. Eine Weile sind beide still. Dann sagt Noi: «Wie lange ist das her? Was macht sie heute? Ist sie also immer noch in Pattaya?»

David zuckt mit den Schultern.

«Darling, ich weiss nicht, wo sie jetzt ist. Seit gut fünf Jahren fehlt jede Spur von ihr. Aber ich weiss von einem Kollegen, der ein Dutzend Bars in Bangkok und Pattaya besitzt, dass sie jahrelang an der gleichen Adresse in Pattaya gewohnt hat. Um genauer zu sein: Sie wohnte und arbeitete in einem kleinen Stundenhotel an der South Pattaya Road. Es gibt dort eine Frau, die deine Mutter anscheinend gut kannte. Ich dachte mir, dass wir zwei da morgen zusammen hinfahren um herauszufinden, wo Ratana sich jetzt aufhält. Leider muss ich dir sagen, dass ich nicht mehr für dich tun konnte. Der Vorschuss war etwas knapp, und reichte nicht aus für alle Spesen und Nachforschungen. Wenn wir also zusammen dorthin fahren, brauche ich mindestens nochmals 200 Dollar.»

Davids Lippen kräuseln sich wieder zu diesem frechen Grinsen. Noi kann es kaum fassen. Ihre dunkle Vorahnung bestätigt sich. Sie ist die Tochter einer Prostituierten. Liebte Ratana Nois Vater oder war die Nacht, in der sie gezeugt wurde, nur eine Dienstleistung an einem Kunden?

Zerknirscht sagt sie: «Du kriegst die 200 Dollar. Und wenn wir sie finden nochmals die gleiche Summe. Mehr nicht.»

David überlegt eine Sekunde.

«Gut, einverstanden. Aber du weisst, dass du mir noch mehr Geld schuldest. Ich habe dir den Ausweis und diese hochgiftige Essenz besorgt, die du unbedingt haben wolltest. Das war nicht einfach. Für diese Dinge musst du mir nochmals 700 Dollar hinblättern. Und ich will absolut nicht wissen, was du damit vorhast.»

Er öffnet wieder die Schublade an seinem Schreibpult und zückt ein verschlossenes Couvert. Darin befindet sich ein gefälschter thailändischer Personalausweis.

«Ich kenne den Namen der gefälschten Identität nicht und dabei wird es bleiben. Verstanden?»

Noi nickt dankbar und nimmt das Couvert in die Hand ohne es zu öffnen.

«Klar.»

Auch ihr ist es recht, wenn David die Identität der Unbekannten nicht kennt, mit welcher sie sich zu tarnen gedenkt. Dann greift David nochmals in die Schublade, nimmt ein kleines Glasflakon mit Pipettenverschluss hervor und reicht es Noi. Leise flüstert er: «Du musst sehr, sehr vorsichtig sein mit der Blausäure. Nur schon das Riechen an der Essenz kann dich töten. Und ich warne dich: Wenn jemals jemand erfahren sollte, dass du das Wässerchen von mir hast, werde ich unangenehm.»

David nimmt noch einen tiefen Schluck aus der Whiskyflasche.

«Und ich kann sehr unangenehm werden» droht er mit ruhiger Stimme.

Das kann sich Noi vorstellen. David scheint ein netter Kerl zu sein. In geschäftlichen Dingen aber knallhart. Gedankenversunken nippt sie an ihrem Tee, den sie noch nicht angerührt hat. Er schmeckt bitter und abgestanden. Sorgfältig lässt Noi das Fläschchen und das Couvert in ihrer Tasche verschwinden. Dann zückt sie die Geldbörse mit den Dollarnoten, öffnet sie und zählt das Geld. Sie legt 1000 Dollar auf den Tisch.

«Den Rest kannst du behalten. Vorerst.»

Käufliche Liebe, 2. Teil

Das kleine gelbe Telefon neben dem Bett klingelt schrill. Hugo hat die Rezeption am Vorabend gebeten, ihn zu wecken. Hugo schreckt aus dem Schlaf auf. Es ist halb neun Uhr morgens. Seine Glieder wiegen schwer im durchgelegenen Bett. Hugo hat schlecht geschlafen. Er kommt mit der Zeitumstellung nicht klar. Kann nur mit Hilfe von Tabletten ein- aber kaum durchschlafen. Den gestrigen Tag hat Hugo damit verbracht, sich Bangkok etwas genauer anzusehen. Zurück ins *Red Lips* ist er nicht gegangen. Er schämt sich und auch die Lust auf schnellen Sex ist ihm vorerst vergangen. Einen kurzen Moment hatte er noch überlegt, ob er sich bei Jacky für sein Benehmen entschuldigen sollte. Er zweifelte aber, ob das angebracht gewesen wäre. Schliesslich hatte er ihr eine Menge Geld gegeben. Für 2000 Baht müsste Jacky sonst wohl mehr tun.

Hugo steht auf und streckt Arme und Beine. Sein Mund ist ganz trocken und die Zunge fühlt sich pelzig an. Er hätte jetzt gerne einen Schluck Wasser, leider hat er nicht daran gedacht, welches zu kaufen. Er öffnet den Kühlschrank. Auch dort: kein Wasser mehr. Hugo nimmt den letzten Orangensaft heraus, köpft die Flasche und trinkt sie leer. Besorgt schaut er das Zimmer an. In fünfundvierzig Minuten fährt der Bus nach Pattaya ab. Bis dahin muss er seine Sachen zusammenräumen und in den Koffer packen. Ordnung war noch nie Hugos Stärke. Zu Hause sorgt immer Klara dafür, dass alles aufgeräumt und sauber ist. Hugo zündet sich eine Zigarette an. Eigentlich hatte er das Rauchen ja vor zwölf Jahren aufgegeben. In den letzten Tagen konnte er es sich aber nicht mehr verkneifen. Alleine in einer fremden Stadt, weit weg von seiner Familie. Einmal süchtig, immer süchtig. Die Zigarette zwischen den Lippen fest eingeklemmt, sammelt Hugo seine dreckigen Kleider von Teppich, Bett und Boden auf, füllt sie in eine Plastiktüte und stopft diese in den Koffer. In Pattaya würde er sich die Sachen waschen lassen. Die sauberen Kleider aus dem Schrank faltet er ordentlich zusammen und verstaut sie ebenfalls im Koffer.

Hugo ist froh, endlich aus dieser Stadt raus zu kommen. Weg von Bangkok! Noch nie zuvor in seinem Leben wurde Hugo so abgezockt und verarscht. Alle haben es auf sein Geld abgesehen: gierige Barladies, die Taxifahrer, scheinbar hilfsbereite Passanten und – das ärgert Hugo am meisten – ein gerissener *Tuk-Tuk*-Fahrer. *Tuk-Tuks*, das sind kleine Motorräder mit einem Anhänger, auf welchem Touristen Platz nehmen können. Die Anhänger sehen wie kleine Kutschen aus und sind oft hübsch geschmückt. *Tuk-Tuks* fahren langsam, höchstens etwa vierzig Stundenkilometer. Die Verkehrsmanöver dieser flinken Gefährte sind halsbrecherisch. Im übermächtigen Autoverkehr droht einem als *Tuk-Tuk*-Passagier nicht nur ein tödlicher Verkehrsunfall; auch die Lunge leidet. Deshalb tragen viele *Tuk-Tuk*-Fahrer einen Mundschutz. Der grosse Vorteil: *Tuk-Tuks* sind klein, wendig und kommen in Bangkoks immerwährender Rushhour oft schneller ans Ziel als ein Taxi.

Wie viele Touristen in Bangkok hat auch Hugo auf seiner *Tuk-Tuk*-Fahrt keine guten Erfahrungen gemacht. Hätte er den Reiseführer genauer studiert, wäre er gewarnt gewesen. Dort steht nämlich drin, dass man *Tuk-Tuk*-Fahrern nicht trauen soll. Läppische fünfzig Baht verlangte der Fahrer für die Stadtrundfahrt zu allen Sehenswürdigkeiten im Herzen von Bangkok. Zum *Wat Phra Kaeo* und *Grand Palace* – dem Tempel mit dem smaragdenen Buddha und dem königlichen Palast – sollte die Tour gehen. Dann zu weiteren Tempeln, zum Beispiel dem *Wat Pho* mit seinem liegenden Buddha. Danach zum *Golden Mount*, einem Tempel auf einem kleinen Hügel mitten in der Stadt gelegen, von welchem aus man eine wunderbare Aussicht hat. Anschliessend zum grossen Park namens *Sanam Luang* und schliesslich nach *Chinatown*. Alles inklusive zum Preis von fünfzig Baht. Das kam Hugo schon etwas merkwürdig vor. Das deckte ja kaum die Auslagen des Fahrers für das Benzin. Zuerst dachte Hugo, er habe den Fahrer falsch verstanden. Als er ihn dann nochmals nach dem Preis fragte, bestätigte jener: «Jawohl, Sir, fünfzig Baht. Mehr nicht.»

Hugo wähnte sich vorerst in Sicherheit. Er beklagte sich auch nicht, als der *Tuk-Tuk*-Fahrer ihn zwischen den Sehenswürdigkeiten abwechslungsweise in ein Geschäft für edle Stoffe, zum Juwelier oder in einen Souvenirshop karrte. Der Fahrer erklärte Hugo, dass er von diesen Geschäften Benzingutscheine kriege, wenn er ihnen Touristen bringe. So liess sich Hugo das – dem Fahrer zuliebe – gefallen und er häuchelte Interesse an den angebotenen Waren. Dann aber fuhr ihn der Mann in eine merkwürdige Gegend. Hugo verlor die Orientierung. Das Quartier, in welches ihn der *Tuk-Tuk*-Fahrer chauffierte, wirkte ärmlich und heruntergekommen. In einer dreckigen, stinkigen Seitengasse hielt er an. Dort erleichterte er Hugo um 500 Baht. Er drohte Hugo, ihn in dieser Gegend alleine zurück zu lassen, wenn er nicht bezahle. Wäre Hugo mutiger gewesen, hätte er den Fahrer stehen lassen und sich ein Taxi oder sonst jemanden gesucht, der ihn hätte zurück fahren oder ihm den Weg zeigen können. Aber das traute er sich nicht zu und der *Tuk-Tuk*-Fahrer spürte das. Die 500 Baht reichten dann gerade mal für die Rückfahrt bis zum königlichen Palast. Dieser war, nachdem Hugo die ganze Herumfahrerei sehr viel Zeit gekostet hatte, für Besucher bereits geschlossen. Der königliche Palast, das wurde Hugo im Hotel gesagt, sei die wichtigste und schönste Sehenswürdigkeit in Bangkok. Wenn einem nicht viel Zeit für die Stadtbesichtigung bleibe, solle man immerhin den Palast besuchen. Ausgerechnet! Hugo, der Pechvogel, hat zwar einen Haufen Krimskrams in der alten Gegend um den Fluss *Chao Phraya* gesehen. Nur den königlichen Palast nicht. Zudem musste er später doch noch ein Taxi zurück ins Hotel nehmen, welches ihn nochmals 300 Baht kostete. Ebenfalls zu viel Geld für die kurze Fahrt, aber Hugo mochte nicht streiten.

Nachdem Hugo seine sieben Sachen eingepackt hat ruft er die Rezeption an. Die sollen jemanden raufschicken, der sein Gepäck abholt. Hugo ist frustriert. Nicht nur wegen dem *Tuk-Tuk*-Erlebnis. Auch das mit den Frauen hier fällt ihm nicht leicht.

Diese *billigen* Prostituierten wie Jacky interessieren ihn nicht. Er wünscht sich ein einfaches Mädchen. Aber wie soll er so eine kennen lernen? Hugo hat in der Zwischenzeit aus der Lektüre des Reiseführers *Alleinstehender Mann unterwegs in Thailand* gelernt, dass es zwei Formen von Beziehungen zwischen männlichen Touristen und Thailänderinnen gibt. Das eine sind die so genannten *Short-Time*-Beziehungen. Diese dauern wenige Stunden bis maximal eine Nacht. Dort geht es ausschliesslich um Sex gegen Geld. Dann gibt es die *Long-Time*-Geschichten. Das heisst, der Tourist führt mit der thailändischen Lady eine längere Beziehung. Sie wohnt bei ihm im Hotel. Er führt sie aus, kauft ihr schöne Dinge und so weiter. Hugo ist klar geworden: Er ist ein Mann, der sich eine längere Beziehung wünscht. Mit einem unschuldigen Mädchen und nicht mit einer durchtriebenen Nutte. Ein sogar für thailändische Verhältnisse klein gewachsener Mann klopft an die bereits offene Zimmertür: «Sir. Ich komme ihr Gepäck holen. Der Bus wartet.»

Der Bus, der Hugo nach Pattaya bringt, ist ein geräumiger, gut klimatisierter Zehn-Plätzer. Hugo bezahlt dem Fahrer die 300 Baht für die Fahrt und nimmt in der hintersten Sitzreihe Platz. Der kleine Page hieft währenddessen sein Gepäck in den Kofferraum. Der Beifahrersitz und zwei Plätze in der mittleren Sitzreihe sind schon besetzt. Die drei Männer drehen ihre Köpfe freundlich nickend zu Hugo um. Ein junger Mann in der mittleren Sitzreihe grüsst Hugo euphorisch in englischer Sprache: «Hello my friend. I suppose you are travelling to pattaya?! There is only one thing to say: good choice! Girls, girls, girls! You know what I mean.»

Dazu macht er eine vielsagende Handbewegung. Er klopft mit der flachen rechten Hand auf die linke Faust. Die beiden Männer in der Mitte grinsen und klatschen laut in die Hände.

«Yeah!»

Der alte Mann auf dem Beifahrersitz stimmt in das Gelächter ein. Mit einem breiten amerikanischen Akzent stellt er sich vor:

«Hi stranger! My name is Jeremy and I am from Las Vegas, the United States of America. And where are you from? Is it the first time you are in Thailand?»

Die Antwort vorweg nehmend, spricht er weiter.

«Kein Problem, mein Freund. Jerry weiss, wie der Hase läuft und zeigt dir gerne, was in Pattaya abgeht. Hast du schon ein Hotel gebucht?»

Hugo schüttelt den Kopf. Der Bus setzt sich in Bewegung. Die beiden jungen Männer in der mittleren Reihe unterhalten sich in einem britisch klingenden Dialekt. Der eine packt Bierbüchsen aus seiner Tasche.

«Los, Jungs, trinken wir, solange das Zeug noch kalt ist!»

Auch Hugo wirft er eine Dose zu. Der nickt freundlich, prostet den anderen zu und lässt das Bier dankbar die Kehle hinunter rinnen. Es ist heisser geworden und Hugo, der kein grosser Wassertrinker ist, versucht vergeblich, seinen Flüssigkeitsbedarf mit Bier auszugleichen. Zu Hause redet Klara ihm ins Gewissen. Sie sagt, dass es sehr wichtig sei, genug Wasser zu trinken. Aber was soll's. Klara ist weit weg. Hugo kann tun und lassen was er will. Der Bus schlängelt sich durch einige Sois, Querstrassen zur Sukhumvit Road, und hält vor zwei weiteren Hotels. Weitere drei Touristen nehmen im Bus Platz. Zu Hugos Linker sitzt jetzt ein stiller skandinavisch aussehender Mann. Rechts von ihm hat ein gutaussehender, lebhafter, junger Italiener Platz genommen. Ein weiterer Amerikaner sitzt in die vordere Reihe. Der Skandinavier spricht während der Fahrt kein Wort. Er hat seinen Kopf in ein Buch gesteckt. Am Jungen, der auf dem Umschlag abgebildet ist, erkennt Hugo, dass es sich um einen *Harry-Potter*-Band handelt. Auch seine jüngere Tochter Melanie ist ganz verrückt nach den Abenteuern des Zauberlehrlings. Hugo versucht, so gut es seine Englischkenntnisse erlauben, der Konversation zu folgen. Der alte Amerikaner scheint ein netter Kerl zu sein. Er redet auf Hugo ein.

«Wenn du noch keine Bleibe hast, dann empfehle ich dir das *Theresa Inn*. Ein gepflegtes Hotel im Zentrum und nicht weit entfernt vom Strand. Sehr sauber. Sehr streng. Sie kontrollieren gut, ob die Lady, die du über Nacht auf dein Zimmer nimmst, in Ordnung ist. Billige, kranke Nutten lassen sie nicht rein. Es ist schliesslich eine Frage der Ehre, dass dein Mädchen sauber ist. Und des Geldes, *of course*. Aber davon habt ihr Schweizer ja genug. Vom Geld, meine ich. Glaub mir, die Mädchen fühlen sich wie Königinnen, wenn sie in so einem tollen Hotel wohnen dürfen. Dann machen sie es dir umso besser. Denn viele Kerle sind geizig und pleite. Da reicht es nur für einen kurzen Ritt im Stundenhotel.»

Der alte Mann, der sich Jerry nennt, grinst, so dass die Falten in seinem Gesicht ganz furchig werden.

«Wobei, wenn ich so darüber nachdenke – für eine schnelle Nummer ist das nahe gelegene *Dollhouse* auch nicht schlecht. Die vermieten günstige saubere Zimmer.»

Hugo gibt zu, dass er sich noch keine Gedanken darüber gemacht hat, wo er übernachten wird. Natürlich hat er nichts dagegen, wenn ihm Jerry etwas auf die Sprünge hilft. Hugo möchte aber nicht, dass es den Anschein macht, er sei unselbständig und ungenügend informiert. Deshalb sagt er cool: «Ja, das *Theresa Inn* klingt nicht schlecht. Ich werde da mal nachfragen, ob sie noch Zimmer frei haben.»

Grosszügig verspricht ihm der Alte: «Keine Sorge, Bruder. Ich werde schon noch ein Zimmer für dich organisieren.»

Den Kopf zum Italiener gewendet, plaudert er munter weiter: «Und du, mein Junge, wie steht's mit dir? Soll ich dir auch ein paar Tipps geben, wo die schärfsten Bräute zu finden sind?»

Der Italiener lacht laut.

«Warum nicht! Schliesslich bin ich beruflich unterwegs und muss recherchieren» erwidert er wichtigtuerisch und in holprig klingendem Englisch. Die zwei Engländer brechen in schallendes Gelächter aus.

«So einen Beruf möchten wir auch haben. Bums-Recherche, hehehe!»

«Das ist kein Witz» verteidigt sich der Italiener scheinbar beleidigt: «Ich arbeite für ein Reisebüro in Mailand, das auf die Bedürfnisse des anspruchsvollen Herrn ausgerichtet ist. In Thailand-Angeboten sind wir stark. In letzter Zeit sind jedoch die Buchungen für Pattaya zurückgegangen. Nun prüfe ich vor Ort, was der Grund dafür sein könnte und wie wir unsere Angebote in Zukunft optimieren können.»

Brian, der kleinere der beiden Engländer, erwidert amüsiert: «Und da lassen sie dich probeweise rumvögeln? Nicht schlecht! Ich nehme ja nicht an, dass ihr Pattaya aus dem Angebot streichen werdet?»

Mit dem Augenzwinkern eines frechen Schuljungen kontert der Italiener, der Gianni heisst: «Ist alles eine Frage der Verrechnung von Spesen. Das leibliche Vergnügen wird unter der Kategorie Repräsentationsspesen verbucht.»

In der Zwischenzeit hat der Bus die grosse Autobahn erreicht und braust in hohem Tempo in Richtung Südosten, vorbei an zahlreichen Dörfern und kleinen Städten. Zeitweise kann Hugo das Meer sehen. Er ist überglücklich, dass er auf dieser Busfahrt einige Kontakte knüpfen kann. Das macht ihm Mut. In Bangkok hat er sich einsam gefühlt und er hat gespürt, wie Heimweh von ihm Besitz zu ergreifen drohte. Hugo ist zuversichtlich, dass er in Pattaya nicht mehr alleine durch die Stadt ziehen muss. Er bewundert die anderen Männer im Bus. Wie locker und ohne Scheu sie über die Mädchen reden. Hugo hofft, dass er mit ihnen Pattaya unsicher machen kann und es ihm dann einfacher fallen wird, Mädchen kennen zu lernen. Und auch alles Weitere. Nach einer Stunde Fahrt wird Jeremy plötzlich unruhig. Nervös rutscht er auf seinem Sitz hin und her. Er bittet den Fahrer, so bald als möglich anzuhalten. Mit einem scheinbar coolen Lachen im Gesicht gesteht er: «Ich muss dringend auf die Toilette. Das hängt mit meiner Diabetes zusammen. Blasenschwäche ist eine Nebenwirkung der Insulin-Tabletten. Der Vorteil jedoch ist, dass ich mir nicht mehr Insulin spritzen muss.»

Hugo ist beeindruckt von diesem Mann. Er muss um die siebzig Jahre alt und weit gereist sein. Wie ungezwungen er mit seiner Krankheit umgeht! Der thailändische Fahrer nickt verständnisvoll.

«Alles klar. Machen wir Pipi-Pause.»

Der Bus bremst brüsk ab und hält links am Strassenrand. Dort steht ein Gebäude mit einer Zapfsäule. Es soll eine Autobahnraststätte sein. Ein auf Betonpfählen befestigtes Blechdach spendet etwas Schatten. Davor einige Parkplätze. Alte Frauen sitzen auf dem Boden und verkaufen merkwürdig aussehende thailändische Snacks: getrocknete Tintenfische, süsse und salzige Küchlein aus Bohnenmehl, Krevettenchips, gebratene und frittierte Hühnchen und in Butter, Honig und Zucker eingelegtes weisses Toastbrot. Auch Hugo muss mal. Das Klo befindet sich hinter der Blechkonstruktion in einem kleinen Holzhaus. Hugo öffnet vorsichtig die alte Tür. Sie knarrt. Ein beissender Geruch, ein übles Gemisch aus Pisse und Kacke, steigt ihm in die Nase. Es ist finster, die Toilette ekelerregend und dreckig. Hugo fällt es schwer, zu erkennen, wo sich das Loch im Boden befindet, welches zum Reinpinkeln gedacht ist. Mit jeder Bewegung scheucht er unzählige Fliegen und sonstiges Ungeziefer auf. Die Viecher schwirren Hugo um den Kopf. Er darf gar nicht daran denken, wo diese Fliegen ihren Rüssel vorher schon reingesteckt haben. Hugo spürt, wie Übelkeit in ihm hoch kommt. Schnell verlässt er das Klo, atmet einige Male tief durch. Dann pinkelt er an einen etwas weiter hinten gelegenen Baum. Danach geht er zurück zum Wagen. Unterwegs kauft er einer alten Frau einen von der Sonne zerlaufenen Schokoladenriegel ab und steigt wieder in den Bus ein. Weil die Klimaanlage während der Pinkelpause abgestellt war, herrscht jetzt eine fast unerträgliche Hitze. Hugo lässt sich wieder in seinen Sitz plumpsen. Der zweite Teil der Reise führt sie über weite Strecken dem Meer entlang. Brian und Curt, die beiden Engländer, haben während der Pinkel-Pause nochmals zehn Büchsen Bier gekauft. Den Rest der Fahrt geniessen die Männer stumm im lauschigen Dunst des Alkohols. In Pattaya angekommen, kurvt der Bus direkt in die Pattaya 2nd Road und macht zuerst beim *Theresa Inn* Halt. Jerry und Hugo steigen aus. Die Anderen bleiben sitzen. Sie werden auch noch zu ihren Hotels gefahren. Bevor sich die Mannschaft trennt, verabreden sich Jerry und Hugo mit Brian, Curt und Gianni für den späteren Abend im *Tikis*. Gemäss Gianni ist es das In-Lokal der Stunde an der belebten Soi 8, die Hauptrennstrecke für Nachtschwärmer. Gianni schwärmt: «Eine Menge Kerle die aussehen wie Weiber. Es sind Transen, also Umgebaute. Scharfe Bräute. Unschlagbar im Tanzen und die Stimmung anheizen. Und gefährlich. Wenn die einen anmachen, da könnte man schwach werden. Aber richtige Männer lassen sich nicht verarschen. Wir sind ja schliesslich keine Schwuchteln.»

Hugo sagt bereitwillig zu. Klar wird er sich der Clique anschliessen. Etwas misstrauisch ist er, was dieses merkwürdige Lokal betrifft. Er nimmt sich vor, gut auf sich aufzupassen. Zu oft hat er Geschichten gehört über Transvestiten, die einen Mann verführt haben und der merkte erst, dass er es mit einem Kerl zu tun hatte, als er *ihr* an die Wäsche ging. Nein danke. Darauf ist Hugo überhaupt nicht scharf. Aber was soll's. Immerhin muss er jetzt nicht mehr alleine durch die Bars ziehen. Jerry und Hugo betreten das *Theresa Inn*. Jimmy, Allrounder und zuständig für die Rezeption und die kleine Bar der Hotellobby, stürmt auf Jerry zu und umarmt ihn wie einen alten Freund.

«Schön, dass es dich noch gibt, Jerry und dass du uns dieses Jahr wieder besuchst!»

Auch Jerry scheint erfreut zu sein, den jungen Mann wieder zu treffen.

«Hey, Jimmy, you are looking good! How are you? And how is your little girlfriend? Listen, I brought a friend from Switzerland with me. Do you still have rooms?»

Jimmy nickt höflich.

«Kein Problem, Jerry. Wir sind zwar so gut wie ausgebucht. Aber für einen Freund von dir kann ich ein Zimmer frei machen. Ein ruhiges mit Balkon auf den Hinterhof.»

Ein Glück für Hugo. Jerry scheint hier Stammgast zu sein. Die beiden Neuankömmlinge lassen an der Rezeption ihre Personalien aufnehmen und zeigen ihre Pässe. Hugo gibt bei dieser Gelegenheit seine dreckige Wäsche zur Reinigung ab.

«*Uuugo*, mein Freund.» – Jeremy betont den Buchstaben *U* in Hugos Namen ausgedehnt, so wie es Amerikaner tun – «Ich muss mich eine Weile hinlegen. Ich bin ein alter Mann. Aber wir sehen uns ja heute Abend.»

«Kein Problem, Jerry. Ruh dich aus. Ich gehe etwas essen und später an den Strand.»

Hugos Magen knurrt. Er braucht dringend etwas Rechtes zu futtern. Bei der Ankunft hat er gesehen, dass sich neben dem Hotel ein kleines Imbisslokal befindet. Mal sehen, was sie dort anbieten. Während Jimmy Hugos Gepäck auf sein Zimmer bringt, steuert Hugo auf das *Daisy* zu.

Cindy

Vorsichtig breitet Noi ihre Sachen vor sich auf dem Bett aus. Das schwarze Kleid aus Stretch-Stoff, ein dicker silberner Gurt mit eingestanzten Sternen aus Metall, die schwarze Langhaarperücke, ein kleines rotes Handtäschchen aus Lack, die Haarspangen, Ohrringe – leuchtend blaue Kreolen –, ihr Schminketui mit Lidschatten in allen Farben, Parfum, Deodorant, Haargel sowie die neuen künstlichen Wimpern. Sie muss vorsichtig sein. Als sie heute am frühen Nachmittag die Hotellobby betrat, konnte sie beobachten, wie ein Schweizer eincheckte. Sie erkannte ihn als Landsmann, als er Jimmy an der Rezeption seinen rotweissen Pass entgegenstreckte. Nicht, dass es in Pattaya keine Schweizer

Touristen gäbe und Noi das grundsätzlich stören würde, aber in ihrem Hotel hatte sie bisher noch keine Landsleute getroffen. Sie will unentdeckt bleiben. Die Schweiz ist ein kleines Land, da kennt jeder jemanden, der jemanden kennt, den man selber auch kennt. Nicht auszudenken, was passieren könnte, wenn dieser Typ ihr auf die Schliche kommen würde, denkt Noi. Sie schaudert bei dem Gedanken, dass ihr richtiger Vater höchstwahrscheinlich auch ein Sextourist war. Eine flüchtige Bekanntschaft ihrer Mutter, ein perverser Macho, ein unbekannter Geld- und Samenspender. Ekelhaft. Sie fand es ja schon immer merkwürdig, dass sie, eine Thailänderin, so gross und ihre Haut so hell ist. Wenn ihre Mutter tatsächlich als Prostituierte in Pattaya gelebt hat – was sich erst noch definitiv herausstellen muss – ist die Wahrscheinlichkeit gross, dass sie von einem weissen Mann gezeugt worden ist. Das wäre die logische Erklärung dafür, dass sie so europäisch aussieht. Sie fragt sich, ob ihre Eltern, Koni und Marlis, dies bei ihrer Adoption wussten. Wollten sie Noi vor der brutalen Wahrheit schützen? Was nur soll sie tun, wenn sich nun definitiv herausstellen sollte, dass sie die Tochter einer thailändischen Nutte und ihrem Freier ist? Nois Herz rast. Sie darf sich nicht aufregen. Noch weiss sie nichts Definitives.

Sie prüft ein letztes Mal die ausgelegten Gegenstände. Es fehlt nichts. Dann packt sie die Sachen sorgfältig in ihre Strandtasche. Auch die kleine Handtasche aus Lack. Einige 100 Baht-Scheine steckt sie in ihren Büstenhalter. Ihre Schweizer Identitätskarte versteckt sie im Kühlschrank, zwischen dem Schokoriegel und der Whiskyflasche. Noi schlüpft in ihre flachen Damenschuhe aus schwarz glänzendem Leder. Hochhackige Schuhe kann sie nicht tragen, wenn sie für eine echte Thailänderin gehalten werden will. Noi ist mit ihrer Grösse von 172 Zentimetern sowieso schon grösser als die meisten Frauen hier. Die Strandtasche unter dem rechten Arm eingeklemmt, verlässt sie das Hotel. Bestens vorbereitet. Dass die Toilette des *Daisy* wie geschaffen für ihren Plan ist, ist ihr schon am ersten Tag hier aufgefallen.

Das *Daisy*-Damenklo befindet sich in einer dunklen Seitengasse, an der es keine weiteren Eingänge in Häuser oder sonstige Nischen gibt, in denen sich Leute aufhalten könnten. Mit einem letzten kritischen Blick zurück in die schmutzige Gasse verschwindet Noi in der Toilette. Es ist eng und stickig. Sie stellt die Strandtasche vor sich auf den Boden, öffnet sie und zerrt das enge schwarze Kleid heraus. Umständlich entledigt sie sich ihrer Jeans und ihres T-Shirts und schlüpft in das Kleid. Dann nimmt sie die Schminksachen hervor. Mit dem Eyeliner zieht sie einen dicken schwarzen Lidstrich. Vorsichtig verteilt sie etwas orangen und roten Lidschatten um die Augen. Erdige, rote Farben stehen ihrem asiatischen Gesicht gut. Die Backen pudert sie mit etwas Rouge. Am schwierigsten sind die künstlichen Wimpern. Aus einer kleinen Tube schmiert sich Noi etwas Klebeflüssigkeit auf die Lider. Mit ruhiger Hand versucht sie, die Kunstwimpern auf die Augenlider zu drücken. Schliesst die Augen, damit der Leim trocknen kann. Fertig ist das Make-Up. Dann stülpt sie sich die Perücke über. Die geraden Haare fallen ihr wild ins Gesicht. Mit Hilfe der Haarspangen und etwas Gel bringt sie ihre Frisur in Form, so dass die Haare das Gesicht nur noch ein wenig umspielen. Geheimnisvoll sieht sie aus. Schon jetzt wird es heiss unter der Perücke. Noi steckt die Ohrringe an und sprayt Deodorant unter die Arme. Dann etwas Parfum. Es versprüht einen schweren, blumigen Duft. Ein kurzer Blick in die Lacktasche – der gefälschte Ausweis und das Glasflakon mit der hochgiftigen Essenz sind noch da – es kann losgehen. Noi packt ihre Jeans und das T-Shirt in die Strandtasche, knüllt sie zusammen, so dass sie möglichst klein wird, und legt sie auf den Spülkasten. Von Jimmy weiss Noi, dass das *Tikis* im Moment das angesagteste Lokal der Stadt ist. Die Bar ist der Treffpunkt von Transsexuellen und Transvestiten, den so genannten *Ladyboys*. Es sind Männer, die sich wie Frauen kleiden oder als Frauen leben. Einige haben sich durch Hormone und Operationen dem weiblichen Idealbild körperlich angenähert. Sie tragen ausgefallene Kleider, tanzen auf Bartheken und kleinen improvisierten Bühnen oder ziehen durch die Bars. Sie lassen sich für hundert Baht oder mehr fotografieren, begrapschen und weitere Dienste sind – falls gewünscht – nicht ausgeschlossen. Die *Ladyboys* sehen meistens ebenso zartgliedrig und sexy aus wie die weiblichen Barladies. Wo sich Touristen aufhalten, sind auch *Ladyboys* anzutreffen. In Bangkok, Pattaya oder auf Phuket, der beliebten Ferieninsel im Süden des Landes. Noi weiss, dass sie vorsichtig sein muss. Die Frauen, die in Pattayas Strassen arbeiten, sind zahlreich. Der Konkurrenzkampf ist gross. Und die Barladies haben in den Bars ihre festen Reviere. Auf keinen Fall kann sie es sich erlauben, einfach in die nächstbeste Bar zu marschieren und auf einen Freier zu warten. Noi hofft, dass sie sich im *Tikis* unter die Gästeschar mischen und untertauchen kann. Denn das *Tikis* wird von unterschiedlichen Gästen besucht. Nicht nur Freier und Nutten, sondern auch schwule Touristen, schaulustige Familien und harmlose Pauschaltouristen treiben sich dort herum. Der Laden soll immer gerammelt voll sein. In Pattaya keine Selbstverständlichkeit. Es spielt auch keine Rolle, ob sie für einen *Ladyboy* gehalten wird oder für das, was sie ist: eine Frau im anatomischen Originalzustand. Sie schlendert die Pattaya Beach Road entlang und versucht, gebührend mit dem Arsch zu wackeln. Das ist gar nicht so einfach. Noi gibt sich Mühe und verteilt nette Lächeleinheiten zu ihrer Linken und Rechten. Es ist drückend heiss und feucht. Hin und wieder bleibt ein Mann stehen und nickt ihr anerkennend zu. Die Strassen sind belebt, tausende von Touristen sind unterwegs. Am Strassenrand sind Stände aufgebaut. Die Händler führen ihre Ware vor. Wenn Touristen irgendwo Halt machen, werden sie so lange verbal attackiert, bis sie entweder etwas kaufen oder zügig das Weite suchen. Zwischen den Märkten und in den Verbindungsstrassen zur Pattaya 2nd Road gibt es unzählige Bars und Restaurants. Während Noi kurz vor einer Kneipe stehen bleibt und die Menükarte studiert, zwickt ihr ein Mann im Vorbeigehen und von den anderen Passanten unbemerkt, kräftig in den Hintern. Sie erschrickt, dreht sich instinktiv um und möchte den Übeltäter zurechtweisen. Da wird ihr blitzartig bewusst, dass sie solche Reaktionen mit ihrer Aufmachung provoziert. Provozieren möchte! Und das ist gut so. Offensichtlich funktioniert es. Der Mann bleibt stehen und grinst sie an. Mit einem verwegenen Lächeln streicht er mit seiner Hand über ihre Backe.

«Du hübsches kleines Ding! Sowas wie dich habe ich hier noch selten gesehen.»

Der Typ ist ekelerregend. Eine spindeldürre Gestalt mit viel zu kurzem Hals, schmalen Lippen und äusserst spärlichem Haarwuchs. Er spricht Englisch mit osteuropäischem Akzent.

«Ja ja, ich weiss. Ihr Mädchen versteht fast kein Englisch. Aber in der Körpersprache werden wir uns verstehen, du und ich. Was meinst du? Du jetzt sofort ficki ficki mit mir?»

Den letzten Satz spricht der Mann langsam und akzentuiert aus. Um seinen Worten Nachdruck zu verleihen, macht er eine typische Handbewegung. Er steckt den rechten Zeigefinger in ein symbolisches Loch, welches er mit Daumen und Zeigefinger der linken Hand formt. Ach du Schreck, worauf habe ich mich da eingelassen, denkt Noi. Sie realisiert erst jetzt so richtig, wie verwegen ihr Plan ist. Und wie gefährlich. Noch während sie überlegt, wie sie sich aus dieser Situation retten soll, packt sie der Typ um die Hüften.

«Ist sie etwas schüchtern, die Dame? Da muss ich wohl nachhelfen.»

Er nähert sich. Noi spürt seinen Atem an ihrem Hals. Er streckt seine Zunge aus dem Mund und macht schnelle, obszöne Leckbewegungen. Er drückt sein Becken gegen Nois Hüften. Sie spürt, dass er eine Erektion hat. Instinktiv und reflexartig lässt Noi ihr Knie nach oben schnellen. Mit voller Wucht trifft sie sein bestes Stück. Der Mann stösst einen schrillen, lauten Schrei aus und lässt augenblicklich von ihr ab. Dann sackt er zusammen. Noi weiss, dass sie jetzt schleunigst verschwinden muss.

Ein Glück, dass sie flache Schuhe an hat. So schnell wie sie ihre Beine tragen können, rennt sie davon.

Punkt 21 Uhr macht es sich Hugo an der Bar des *Theresa Inn* bequem und bestellt ein *Singha*. Wohlig lässt er sich die kalte Flüssigkeit die Kehle hinunter laufen. Hugo ist überwältigt. Überwältigt von dieser Stadt, von der Freundlichkeit der Menschen. Vor allem die Frauen haben es ihm angetan. Noch nie zuvor hat er so viele schöne junge Frauen auf einmal gesehen. Und alle wollen offensichtlich nur das eine: einen reifen, erfahrenen Mann. Jerry hat Recht. Die Girls hier sind eine Wucht. Hugos Abenteuerlust ist zurückgekehrt. Während er es sich am Nachmittag am Strand bequem gemacht hat, wurde er von drei Frauen auf einmal angesprochen. Sie unterhielten sich mit ihm in spärlichem, aber charmantem Englisch. Abwechslungsweise setzten sie sich zu ihm – jeweils eine links, eine rechts und die dritte auf seinen Schoss. Hugo war überrascht, wie gut sie sich auch untereinander verstanden haben. Keine Spur von einem Konkurrenzkampf. Es sind einfache und liebevolle Mädchen. Sie haben gemeinsam einen wunderbaren Nachmittag verbracht. Die Mädchen haben Witze und Mätzchen mit ihm gemacht. Ein bisschen reizten sie ihn natürlich schon, aber das gehört ja zum Flirt-Spiel dazu. Dennoch fühlte sich Hugo nicht unangenehm bedrängt oder unter Druck gesetzt. Er hatte die Situation voll unter Kontrolle. Als er aufbrechen musste, wollten sie ihn zuerst nicht gehen lassen. Er machte ihnen klar, dass er sich noch mit seinen Freunden treffen müsse. Die Mädchen waren enttäuscht und haben fast geweint. Wollten wissen, wann sie ihn wiedersehen würden. Wollten Hugos Freunde kennenlernen. Am liebsten wären sie mit ihm gegangen. Sie haben erzählt, dass sie in Pattaya zur Schule gehen, um Kosmetikerin zu werden und dass sie jeden Nachmittag für ein paar Stunden an den Strand gehen. Hugo musste ihnen versprechen, dass er sie wieder besuchen würde. Beim nächsten Mal würde er allerdings seine neuen Freunde mitbringen. Alles verlief unkompliziert, ohne dass sie Geld von ihm verlangten. Dennoch steckte er jeder zwei 100 Baht Noten zu. Zum Abschied bekam er eine Menge zärtlich-verspielter Küsse.

Jerry kommt die Treppe herunter, welche zu dem grossen Hotelkomplex und den Zimmern führt. Er gesellt sich zu Hugo an die Bar.

«Guten Abend, mein Freund. Wie geht es dir? Einen schönen Tag am Strand verbracht? Schon heisse Mädchen kennengelernt?»

«Guten Abend, Jerry! Ja, stell dir vor, gleich drei haben sich für mich interessiert. Und sie wollten nicht einmal Geld von mir.»

«Wart's ab, Bruder. Irgendwann wollen sie alle Geld. So naiv, wie sie aussehen, sind sie nicht.»

Jerry winkt Jimmy, dem Barman, und signalisiert ihm, dass er ein Bier möchte. Hugo bestellt sich noch ein *Singha*.

«Weisst du, Jerry, ich muss dir etwas gestehen. Ich hatte ein Erlebnis. Mit einem Mädchen in Bangkok. Das war irgendwie gar nicht so, wie ich es mir erhofft hatte. Gar nicht schön. Ich glaube, ich bin eher der romantische Typ. Verstehst du? Ich habe nichts dagegen, wenn eine Frau die Initiative ergreift. Im Gegenteil. Ich bin sogar etwas schüchtern und mag das. Aber so auf die Schnelle – hophop und jetzt Geld her – gefällt es mir nicht. Ich will endlich wieder einmal das Gefühl haben, dass ich so richtig begehrt werde. Nicht nur schnellen Sex gegen Geld. Verstehst du, was ich meine?»

Jerry nimmt einen tiefen Schluck aus seinem Bier.

«Oh Gott, *Uuugo*, eines musst du lernen. Im Leben kriegst du nichts umsonst. Alles hat seinen Preis. Du bist der romantische Typ. Kein Problem. Dann suchen wir eine Frau für dich, die sich in Romantik auskennt. Die so romantisch ist, dass du danach nicht mehr weisst, wo dir der Kopf steht vor lauter Romantik. Aber du musst auch bereit sein, etwas dafür springen zu lassen.

Dazu kommen dann noch Geschenke: einen Bikini da, ein Abendkleid dort. Diese Weiber wissen schon, wie sie es anstellen müssen. Kapiert?»

Jerry klopft Hugo mit der flachen Hand auf die Schulter.

«Schau mich an. Ich bin schon zum siebten Mal hier in Pattaya. Und ich komme immer wieder. Die Mädchen hier geben mir alles, was ein Mann in meinem Alter braucht. Was soll ich mich mit diesen alten, besserwisserischen, fetten Weibern zu Hause herumschlagen, wenn ich hier für einige hundert Baht die schärfsten Bräute flachlegen kann. Vielleicht findest du, das klingt banal, aber schau: Ich bin der Regisseur in einem Film und ich bestimme, was gespielt wird, zu welcher Zeit, wie lange und wann die Szene beendet ist. Glaub nicht, dass ich in meinem Alter noch häufig einen hochkriege. Ich bin immerhin schon Zweiundsiebzig. Aber darauf kommt es nicht an. Wenn ich es will, dann massieren und lecken mich vier Girls die ganze Nacht hindurch. Bis ich eingeschlafen bin. Bis ich am nächsten Morgen wieder aufwache. Das nenne ich privilegiert sein. Und sag mir jetzt nicht, ich sei ein dummer Macho. Das würde jeder Mann wollen, wenn er könnte.»

Jerry grinst zufrieden.

«Und weisst du was? Dieses Jahr werde ich mir eine suchen, die ich mit nach Hause, nach Las Vegas nehmen kann. Ein junges, hübsches, hilfsbereites Mädchen. Ich bin ein alter kranker Mann und mache es nicht mehr lange. Das Mädchen soll mich pflegen und mir ergeben sein, bis der liebe Gott mich holt. Wenn ich einmal über dem Jordan bin, dann erbt sie alle meine Kohle. Mit der Summe aus meiner Lebensversicherung kann sie sich ein schönes Leben machen. Die ganze Welt steht ihr dann offen. Das ist meine Form von Entwicklungshilfe. Welche Frau von hier kriegt schon so eine Chance? Sag mir das, Hugo!»

Hugo ist beeindruckt. Wie unverkrampft Jerry mit den Themen Tod, Sexualität und Mädchen umgeht.

«Jerry, ich glaube, du machst das vollkommen richtig.»

Jerry nickt allwissend.

«Na, dann los, *Uuugo*, gehen wir uns die richtigen Mädchen aussuchen! Lass schon, ich übernehme das.»

Jerry legt zwei Hunderter auf die Bartheke und die Männer verlassen das Hotel.

Als Noi im *Tikis* ankommt, ist bereits die Hölle los. Die Bar ist klein. Beissender Geruch, eine Mischung aus billigem Parfum, abgestandenem Bier und Zigarettenrauch, steigt ihr in die Nase. Die breite Bartheke hat eine ovale Form. An beiden Enden befinden sich Stahlstangen, um die abwechselnd langbeinige *Ladyboys* in schillernden Abendkleidern divenhaft kreisen. Ihre hart wie Tennisbälle aussehenden Silikonbrüste wippen im Takt der lauten Musik. Es sieht fast so aus, als wollten sie sich jeden Moment selbstständig machen und aus dem grossen Dekolleté hüpfen. Selbstbewusst schwenken sie ihre Hinterteile. Ihre meist sehr knappen Röcke lassen das Publikum immer mal wieder einen Blick auf das Höschen erhaschen. Die *Ladyboys* haben alle ein Plastikschild angeheftet, auf welchem eine Ziffer zwischen eins und zehn steht. Die Leute an der Bar können so ihren Lieblings-*Ladyboy* wählen. Die Bar ist voller Menschen und es ist noch heisser als auf der Strasse. Einige Ventilatoren surren, aber das nützt nicht viel. Gegen diese Temperaturen und die Feuchtigkeit ist kein Kraut gewachsen. Ein Animator ist dabei, der Meute ein Spiel zu erklären: Mittels Applaus sollen die Gäste ihrer Zustimmung zu einer Kandidatin Ausdruck verleihen. Die Schönste von ihnen wird dann versteigert und der Meistbietende darf sie für den Rest des Abends behalten. Und wahrscheinlich, denkt Noi für sich, alles mit ihr machen, was er will. Sie drängt sich durch die Menge. Ganz hinten im Lokal hat es einige Stehtische. Dort nimmt sie unauffällig auf einem Barhocker Platz. Nun muss sie sich nur noch ein Opfer aussuchen. Oder warten, bis der Berg zum Propheten kommt.

Als Jerry und Hugo im *Tikis* auf Brian, Curt und Gianni treffen, scheinen die drei schon mehr als genug getrunken zu haben und in bester Laune zu sein. Brian und Curt sitzen an der grossen runden Bar. Sie winken Hugo und Jerry zu.

«Hey ihr zwei! Hier sind wir! Hier geht die Post ab. Kommt auch zu uns!»

Weiter hinten an der Bar steht Gianni, seine Zunge steckt fest in der Mundhöhle einer Barlady. Mit der rechten Hand befummelt er ihren linken Busen. Hugo und Jerry gesellen sich zu den beiden Engländern und setzen sich an die Bar. Brian zupft Jerry am Hemd: «Schaut her! Gianni hat sich schon eine geangelt. Bin ja gespannt, ob das ein Männlein oder ein Weiblein ist. Wir nehmen noch Wetten entgegen.»

Und in Giannis Richtung brüllt er: «Du warst noch nicht mit der Hand im Höschen, oder Gianni?»

Gianni dreht sich zu seinen Kumpels um.

«Nee, sie lässt mich nicht. Nur für drei Hunderter. Ist das eine lohnenswerte Investition, was meint ihr?»

Nach einer kurzen Pause gibt er sich die Antwort gleich selber.

«Wohl eher nicht, denn wenn sie unten ein Kerl ist, dann war das Geld für die Füchse.»

Gianni und Brian brüllen vor Lachen. Für Hugos Geschmack ist es viel zu laut und zu eng in diesem Lokal. Aber seinen neuen Freunden scheint es hier zu gefallen, deshalb beklagt er sich nicht. Jerry bestellt ihm ein *Singha*. Während Brian neben ihm ganz plötzlich übermütig zu einem *Ladyboy* auf die Bartheke steigt, ihm mit der einen Hand Geld in den Ausschnitt steckt und ihm mit der anderen kurz zwischen die Beine greift, lässt Hugo seinen Blick über die Menge schweifen. Wo er hinschaut, sieht er wunderschöne junge Frauen. Hugo überlegt sich, wie man am einfachsten herausfindet, ob eine wirklich eine Frau ist. Ohne einige hundert Baht investieren zu müssen.

In der Zwischenzeit hat Brian die prallen, kunstoffharten Brüste des *Ladyboys* aus dem engen Büstenhalter geploppt und schleckt wie wild an den grossen dunkelbraunen Nippeln. Der *Ladyboy* scheint es offensichtlich zu geniessen. Curt juchzt vergnügt.

«Schaut her! Brian ist eine Schwuchtel. Der treibt's mit einer Transe!»

Gianni klatscht Beifall und Hugo und Jerry stimmen mit ein.

«Ist hier noch ein Platz frei?»

Ein kleiner Mann nähert sich Noi.

«Aber klar, komm setz dich zu mir» entgegnet Noi, während sie ihren Barhocker frei macht.

«Das ist nicht nötig. Bleib sitzen. Ich kann stehen» sagt der Mann höflich.

«Kein Problem, ich kann mich ja an dich lehnen.»

Der Mann ist einen Kopf kleiner als Noi und etwas fettleibig. Aber er hat nette, weiche Gesichtszüge. Gar nicht schlecht, wenn es beim ersten Mal nicht so ein ekliger Typ ist, denkt sich Noi.

«Mein Name ist Tom. Ich komme aus San Diego. Das ist in Amerika. Du sprichst sehr gut Englisch, wie kommt das?»

«Meine Mutter lebte für längere Zeit in England. Und als ich klein war, hat sie mir die Sprache beigebracht. Sie war wohl der Meinung, dass mir das in meiner Zukunft von Nutzen sein könnte» improvisiert Noi, «übrigens, mein Name ist Cindy. Freut mich, dich kennen zu lernen.»

Noi haucht dem Mann einen Kuss auf die Backe. Als nächstes muss sie herausfinden, ob er alleine hier ist.

«Wo sind deine Kollegen?» fragt sie neugierig.

«Ach, Cindy, weisst du, ich bin alleine in die Ferien gefahren. Meine Freundin ist letzte Woche ausgezogen und ich hatte keine Lust auf Trübsal blasen. Ich brauchte etwas Ablenkung und so kurzfristig konnte kein Kumpel von mir frei nehmen und mich begleiten. Übrigens: Gestern hatte ich Geburtstag. Fünfunddreissig bin ich geworden.»

«Oh, gratuliere! Herzlichen Glückwunsch!»

Noi springt auf und küsst ihn sanft auf seinen kleinen, schmalen Mund. Dann schmiegt sie sich an ihn.

«Wieso feiern wir zwei Hübschen nicht zusammen? Spendierst du mir einen Drink?»

Was für ein armer Kerl, denkt sie bei sich. Der feiert seinen Geburtstag alleine, weit weg von seiner Heimat, seinen Freunden und seiner Familie. Aber er ist das ideale Opfer. Den Schock mit dem Mann von vorhin hat sie verdaut. Sie kennt jetzt die Wirkung, die sie in ihrer Aufmachung auf Männer hat.

«Ich bin gleich wieder da. Bitte geh nicht weg» sagt Tom und macht sich auf den Weg an die Bar.

«Brian ist eine Schwuchtel! Brian ist eine Schwuchtel!»

Die Männer singen laut im Chor und feuern Brian an, der immer noch auf der Bartheke den *Ladyboy* befummelt und leidenschaftlich mit ihm schmust.

«Ihr seid neidische Langeweiler!» entgegnet Brian.

«Wer von euch will sehen, was er darunter hat?» schreit er seinen Bewundern zu.

«Jaaaa! Ausziehn!» rufen die Männer an der Bar aus einem Munde.

«Na, dann lasst mal etwas Kohle springen! Doktor Brian wird das für euch klären.»

Hugo starrt gebannt auf die Bühne. Diese verdammten *Ladyboys* sehen schon unglaublich sexy aus. Dem Prachtsexemplar, an welchem sich Brian zu schaffen macht, könnte er ebenfalls nur schwer widerstehen. Er oder sie trägt einen so kurzen Rock, der einem die freie Sicht aufs Höschen lässt. Die Unterhose, ein weiss glänzender Tanga, ist eng, so dass es einfach nicht möglich sein kann, dass sich darin noch ein Penis befindet.

«Was du sagen? Ist *Ladyboy* auf Bar untenrum operiert?»

Eine Stimme reisst Hugo abrupt aus seiner Bewunderung für den hemmungslos flirtenden Brian. Neben ihm lehnt eine junge Frau an der Bartheke. Zumindest sieht sie aus wie eine Frau. Hugo antwortet: «Ich weiss es nicht. Und du?»

«Nicht operiert. *Ladyboy* kann das. Er kleben einfach Penis nach hinten.»

Die Frau kichert etwas beschämt und rückt ein wenig näher zu Hugo. Der mustert sie. Eine hübsche Asiatin mit langen Haaren und buschigen Fransen. Sie trägt enge Jeans, ein bauchfreies T-Shirt und rund um ihren Bauchnabel hat sie eine hübsche Tätowierung. Wahrscheinlich eine Blume. Es ist ganz offensichtlich, dass sie sich für ihn interessiert. Ob sie eine richtige Frau ist? Was soll Hugo jetzt nur tun? Das Beste wird sein, er fragt sie ohne Umschweife und hofft, dass sie ehrlich zu ihm ist.

«Und du? Bist du Lady oder Mann?»

Sie reisst die Augen auf und schaut ihn entsetzt an. Mit einem leicht beleidigten Unterton sagt sie: «Ich richtige Lady, nicht Mann. Ich sein anständiges Mädchen. Mein Name ist Cindy. Und wie heissen du? Woher kommen du?»

Hugo zwinkert skeptisch mit den Augen. Hübsch ist sie ja. Aber ist sie wirklich so brav, wie sie zu sein vorgibt?

«Mein Name ist Hugo. Ich komme aus der Schweiz.»

«Ah, Schweizland. Ja ja, das kennen ich. Hugodarling zahlen Cindy einen Drink?»

Cindy rollt verführerisch die Augen.

«Vielleicht ich dir noch zeigen heute Abend, dass ich sein richtige Lady.»

Sie lacht und gibt die Bestellung auf: «Champagner bitte.»

Hugo bückt sich über die Bartheke und bestellt sich noch ein *Singha*. Cindy streichelt über seinen Rücken und sagt sanft: «Du musst relaxen. Entspannen dich.»

Gekonnt fängt sie an, seine Schultern zu kneten.

«Hat dir schon jemand machen Thaimassage?»

Hugo schüttelt den Kopf, während Cindys kräftige Hände seinen Rücken bearbeiten. Das tut gut. Während der Barmann die Drinks auf die Theke stellt, quetscht sich Jerry durch die Menge zu den beiden durch und grinst breit.

«Ich sehe schon. Mein bester Freund Hugo hat die Bekanntschaft von Cindy gemacht.»

Dann sagt er zu Hugo gewandt: «Eine tolles Girl. Sag ich dir als dein Freund. Und erst ihre Hände. Richtige Zauberwerkzeuge. Die kann massieren, sag ich dir. Da wird sogar noch ein alter Mann wie ich schwach.»

Jerry zwängt sich zwischen Hugo und Cindy und flüstert ihr etwas ins Ohr. Sie nickt bedeutungsvoll. Er lächelt vielversprechend.

«Ich glaube, *Uuugo,* ich mache mich langsam auf den Weg. Dieses Lokal ist nichts mehr für mich. Da sollen sich die jungen Leute amüsieren. Ein alter Mann, wie ich einer bin, braucht seinen Schönheitsschlaf. Vanessa wird mich nach Hause bringen.»

Er winkt einer dunkelhäutigen, fast afrikanisch aussehenden Schönheit hinter sich zu.

«Ich komme gleich, Baby!»

Und zu Hugo: «Lass nichts anbrennen, *Uuugo,* mein Freund!»

Tom kehrt zurück zu Noi. In der linken Hand hält er einen Margarita, in seiner Rechten eine Flasche Bier. Das Bier steckt in einem farbigen Kunststoffbehälter, vermutlich damit die Flüssigkeit länger kühl bleibt. Er stellt die Getränke auf dem Tisch ab. Noi nimmt ihren Margarita und prostet Tom zu.

«Cheers! Auf uns! Und auf die Vereinigten Staaten von Amerika und seine Männer!»

Tom grinst verwegen.

«Yeah! God bless America!»

Noi setzt das langstielige Glas an ihre Lippen und leert es ohne Mühe in einem Zug. Tom will ihr um nichts nachstehen und schluckt ebenfalls sein ganzes Bier in einigen gossen Zügen hinunter.

«Yeah! Das tut gut.»

Tom lässt das leere Glas auf den Tisch krachen. Noi versucht, einen harmlosen Smalltalk in Gang zu bringen.

«Erzähl mir mehr von dir, Tom. Was machst du so im Leben?»

Erfreut darüber, dass Noi scheinbar ernsthaftes Interesse an ihm hat, erzählt er ihr von seiner Karriere als Buchhalter in einem grossen Finanzunternehmen. Von seinen vielen Versetzungen, nach Boston, Dallas, Vancouver und schliesslich nach San Diego. Erzählt ihr von der Unmöglichkeit, eine feste Beziehung zu führen, wenn man in Abständen von ein bis zwei Jahren immer wieder umziehen muss. Und dass er wegen seiner Grösse Probleme hat, Frauen kennenzulernen. Frauen wollen grosse, athletische Männer, nicht kleine, speckige. Er erzählt Noi von seiner Freundin, die er aufrichtig liebte und heiraten wollte. Die ihn aber Knall auf Fall verlassen hat, so kurz vor seinem Geburtstag. Er erzählt von seiner Torschlusspanik. Dass er findet, als Mittdreissiger sei es höchste Zeit, eine eigene Familie zu gründen. Erzählt, dass er im Grunde ein sensibler Typ ist und nichts mehr will, als die Frau, die er liebt, glücklich zu machen. Noi hört ihm scheinbar interessiert zu. Erfolgreich gelingt es ihr, aufkeimende Langeweile-Gähner zu unterdrücken. Nachdem Tom seinen Kummer verbal über Noi ergossen hat und nichts mehr zu erzählen weiss, wird er ungeduldig. Noi spürt, dass er jetzt zur Sache kommen möchte. Zielsicher umfasst er ihre Hüften.

«Was würde es denn kosten, Cindy, wenn wir zwei einen vorzeitigen Abgang machen würden, hä?»

Noi streichelt ihm, so zärtlich wie das in so einer Situation möglich ist, über die Backe.

«Für einen Tausender kriegst du alles inklusive.»

Sie fährt sich mit der Zunge vielversprechend über ihre eigenen Lippen.

«Du weisst, was ich meine?»

«Oh, Baby, ich weiss ganz genau, was du meinst. Und ich kann es kaum mehr erwarten.»

«Aber zuerst trinken wir noch etwas» säuselt Noi.

«Gib mir Geld, ich hole uns noch einen Drink.»

Tom, sichtlich ungeduldig – er wäre lieber sofort mit der Kleinen ins Stundenhotel gegangen – klaubt zwei Hunderter aus seinem Portemonnaie und gibt sie Noi. Diese packt ihre rote Lacktasche und quetscht sich durch die Menge an die Bar. Dort bestellt sie noch einen Margarita und eine Flasche Bier. Das Geld legt sie auf die Bartheke. Während der Barmann das Bier zapft, öffnet Noi unauffällig ihre Tasche und greift hinein. Geschickt dreht sie am Verschluss des Flakons, in welchem sich die Essenz befindet. Bevor sie den Verschluss ganz öffnet, tankt sie schnell die kleine Pipette voll. In der Zwischenzeit hat der Barmann das Bier und den Drink vor Noi hingestellt und das Geld eingesteckt. Während sie unschuldig an ihrem Margarita nippt, entleert Noi mit der rechten Hand blitzschnell den Inhalt der Pipette in das volle Bierglas. Dabei verdeckt sie mit ihren langen schwarzen Haaren gekonnt die Szene mit der Pipette und hält den Atem an. Erst nachdem sie die leere Pipette wieder in der Handtasche verschwinden gelassen und geschickt den Verschluss zugedreht hat, nimmt sie wieder einen tiefen Atemzug. Als sie zum Tisch zurückkommt, strahlt ihr Tom entgegen: «Cindy, da bist du ja. Ich habe dich schon vermisst. Lass uns schnell austrinken, damit wir endlich gehen können. Meine Eier sind schon ganz schwer, wenn du weisst, was ich meine!»

Tom grinst verwegen. Noi nimmt noch einmal ihren ganzen Mut zusammen, fasst Tom mit der rechten Hand kurz und zielstrebig zwischen die Beine.

«Aber klar, Baby, ich weiss. Hmm, das fühlt sich gut an. Ich bin auch schon ganz scharf auf dich!»

«Darauf trinke ich!»

Tom setzt das Bier an und wieder leert er das Glas in wenigen Zügen. Selbstbewusst stellt er die leere Flasche auf die Theke, umarmt Noi und sagt mit hörbarer Vorfreude in der Stimme: «So, lass uns gehen.»

«Moment noch, Honey» erwidert Noi und windet sich vorsichtig aus der Umarmung, «ich muss noch ganz schnell auf die Toilette. Bin in zwei Minuten zurück.»

Sie nimmt ihre kleine Handtasche und verschwindet in der Menge.

Während Noi alias Cindy versucht, ihren Amerikaner so gut wie möglich auf Distanz zu halten, unterhalten sich Hugo und seine Cindy bestens. Hugo hat erfahren, dass Cindy aus dem kriegsverzehrten Vietnam geflohen ist und seit drei Jahren in Pattaya lebt und ihr Geld verdient. Dass sie dreiundzwanzig Jahre alt ist und von einer Karriere als Fotomodell träumt und von einer Familie mit vielen Kindern und einem schönen Haus. Dass sie sich nichts mehr wünscht, als einmal in ihrem Leben in die USA oder nach Europa zu kommen, am liebsten nach Los Angeles oder Paris. Hugo würde ihr auf der Stelle alle diese Wünsche erfüllen, wenn er könnte. Dann will er von ihr wissen, woher sie Jerry kennt. Der scheint so bekannt wie ein bunter Hund zu sein. Cindy betont, dass ihn die Frauen sehr mögen. Er sei immer grosszügig, verlange keine abartigen Sexpraktiken und gebe ihnen manchmal auch einfach so etwas Geld. Hin und wieder tauschen sie kleine Zärtlichkeiten, Küsschen und Streicheleien aus. Hugo ist im siebten Himmel. Fühlt es sich so an, wenn man verliebt ist? Cindy kuschelt sich zärtlich an ihn.

«Magst du mich, Hugo?» säuselt sie.

«Aber ja, sicher!» erwidert Hugo mit Nachdruck in der Stimme.

«Dann beweisen mir. Ich wollen sein deine Frau. Diese Nacht und jede Nacht.»

Das kann ihr Hugo natürlich nicht versprechen. Obwohl er im Moment nichts lieber täte.

«Cindy, du bist die schönste Frau, die ich bis jetzt in meinem Leben getroffen habe. Aber ich kann jetzt noch nicht sagen, ob ich für immer mit dir zusammen bleiben möchte.»

Dass das Ganze nicht so einfach werden würde, nicht zuletzt, weil Hugo zu Hause eine Frau und zwei Töchter hat, verschweigt er ihr vorerst. Hugos und Cindy's Lippen verschmelzen in einem leidenschaftlich zärtlichen Kuss.

«Du mir geben 2000 Baht und ich sein deine Frau. Ich bleiben bei dir, die ganze Woche, oder so lange wie du wollen. Ich auch bei dir bleiben würde, ohne du mir geben Geld. Aber meine Mutter in Vietnam sein schwer krank und brauchen Medikamente. Deshalb ich brauchen Geld. Aber ich lieben dich ganz richtig.»

Ohne mit der Wimper zu zucken, verspricht ihr Hugo das Geld. Cindy tut ihm Leid mit ihrer kranken Mutter, die so weit weg ist. Während er sie im Arm hält und auf hellblauen Wolken schwebt, bemerkt er, dass das Lokal sich allmählich leert. Auch für ihn und Cindy wird es langsam Zeit. Zeit, dass er ihr seine Liebe und seine Begierde beweisen kann. Hugo ist noch fit. Er hat lediglich drei Bier getrunken und ist sicher, dass er heute Nacht mit seiner Potenz keine Mühe haben wird. Er würde seine Angebetete befriedigen können, wie es sich für einen richtigen Mann gehört. Curt schläft mit dem Kopf auf der Theke, Gianni ist verschwunden, sehr wahrscheinlich mit einer Frau, und Brian amüsiert sich mit einem *Ladyboy*. Es ist der, der den Schönheitswettbewerb gewonnen hat. Brian hat ihn sich ersteigert.

Ganz plötzlich dringt lautes, hysterisches Geschrei durch das Lokal. Lauter als die ohnehin schon laute Musik. Alle drehen sich in die Richtung, aus welcher das Geschrei kommt. Einige Meter von Hugo und Cindy entfernt, liegt ein kleiner, etwas runder Mann regungslos auf dem Boden. Es ist kein Blut zu sehen, keine Verletzungen, nichts. Der Mann sieht aus, als würde er schlafen. Als habe er sich ins Delirium gesoffen. Hugo realisiert, wie sich ein dumpfer Geruch nach bitteren Mandeln im Lokal ausbreitet.

Neben dem Mann kniet ein *Ladyboy*, in seiner Hand liegt schlaff das Handgelenk der rechten Hand des Mannes. Mit schriller Stimme kreischt er: «Ich spüre keinen Puls mehr! Der Mann ist tot. Tot! Jemand muss die Polizei rufen!»

Hugo will zur Hilfe eilen, da packt ihn Cindy von hinten am Hemd und hält ihn zurück.

«Nicht gehen. Ich mich sofort irgendwo verstecken. Wenn Polizei kommen, ich Gefängnis. Ich von Vietnam. Keine Ausweispapiere» gibt sie Hugo zu verstehen.

«Du mich nehmen zu dir, bitte!»

Hugo zögert keine Minute, nimmt Cindy an der Hand und bringt seine Prinzessin zu sich ins Hotel.

Sechster Tag

Leben und Sterben lassen | Begegnungen | Das Geständnis | Doppeltes Spiel

Leben und Sterben lassen

Noi nippt an ihrem Drink aus frischer Mango, Ananas und Eiswürfeln. Er schmeckt herrlich fruchtig. Das *Blue Velvet* ist eine kleine Strandbar am Hafen. Noi sitzt in einem bequemen mit weichen Kissen gepolsterten Sessel. Es ist halb zehn Uhr morgens. Der Himmel ist mit Schleierwolken verhangen. Es weht eine angenehme Brise. Noi ist guter Laune. Von ihrem Platz aus kann sie beobachten, wie Touristen von geschäftigen Thais an Bord von Booten geführt werden. Jeden Tag fahren unzählige Schiffe zu den Inseln, die vor Pattaya liegen. Die Schnellboote sehen fahrtüchtig aus, andere, vor allem die holzigen Longtail-Boote, wirken nicht sehr seetauglich. Ko Larn ist die beliebteste Insel vor Pattaya. Ein Bade- und Wassersport-Paradies. Noi hat im Reiseführer gelesen, dass Schnorcheln und Tauchen nicht mehr so gefragt ist. Die einst prächtigen Korallen sind fast alle gestorben. Die Gründe dafür sind vielfältig. Weil das Meerwasser wärmer geworden ist, weil die Touristenboote ohne Rücksicht ankern, oder weil Taucher und Touristen die Korallen abgebrochen und als Souvenirs nach Haus genommen haben. Als Attraktion sind nur die vielen kleinen farbigen Fische geblieben, die zwischen Booten und Schnorchlern schwärmen. Noi hat keine Lust, mit einer Horde Touristen auf einen Trip zu gehen. Den gestrigen Tag hat sie am Strand verbracht, sich ausgeruht und Pläne geschmiedet. Heute wird sie zu Fuss einen Ausflug auf den *Phra Tamnak*-Berg machen, eine nahegelegene Anhöhe, die angeblich eine schöne Aussicht über die Bucht und die Stadt bietet. Noi geniesst die Frische des Vormittags und blättert in der brandneuen *Pattaya Zeitung*. Ein Boulevardblatt mit professionellem Layout und vielen grossen Bildern. Die Herausgeber der *Pattaya Zeitung* sind deutschsprachige Exilanten. Frührentner, die in Pattaya ihren Lebensabend verbringen. Mit etwas Luxus, reichlich Alkohol und schönen jungen Mädchen. Einen Lebensstil, den sie sich in der Heimat mit ihren Renten nie leisten könnten. Thematisch deckt die Zeitung alles ab, was den deutschsprachigen Urlauber interessiert: regionale News von der Ostküste; die wichtigsten Nachrichten aus der weiten Welt; Klatsch und Tratsch über Promis und Pauschaltouristen – ja, sogar eine Ratgeber-Rubrik Rat von der *Psychologin Frau Doktor Bloch*. Ebenso zu finden sind Veranstaltungshinweise zu den Aktivitäten in Pattaya. Zudem gibt es eine Rubrik mit spezifischen Informationen für hier wohnhafte Deutschsprachige, zum Beispiel mit Tipps zum Umgang mit Behörden. Die Zeitung schreibt, was man zu tun hat, wenn man ein Haus bauen oder ein Geschäft eröffnen will. Oder wie man seine Aufenthalts- oder Arbeitsbewilligung erneuert. Meistens reicht ein kurzer Trip über die Grenze, oder man zahlt der Behörde Schmiergeld. Noi blättert zum lokalen News- und Klatsch-Teil im zweiten Bund. Zügig überfliegt sie die Schlagzeilen. Tragische Neuigkeiten werden geboten: Ein übergewichtiger Australier ist in der Hitze zusammen gebrochen und hat einen Herzanfall erlitten. Ein älterer Schweizer hat sich aus unbekannten Gründen aus dem zweiten Stock seines Hotels auf die Strasse gestürzt. Er war sofort tot. Ein junger Norweger ist in einem Stundenhotel von der Putzfrau gefunden worden. Er harrte unbemerkt zwanzig Stunden an das Bett gefesselt aus. Der Mann war von zwei Barladies mit LSD-Pillen gefüttert und gefesselt worden. Die Frauen sind abgehauen, mit samt seinem Geld und den Kreditkarten. Am Ende der News-Rubrik ist ein Kasten platziert, in dem Vorsichtsmassnahmen aufgelistet sind, welche die Touristen zu ihrem Schutz treffen können. Wo sich viele abenteuerlustige und unvorsichtige *Farangs* aufhalten, steigt die Zahl der Verbrechen und Unfälle. Noi ist etwas frustriert, weil das Blatt die Geschichte des vergifteten Amerikaners nicht gebracht hat. Sie sieht ein, dass bei so vielen spektakulären Ereignissen die Redaktoren eine Auswahl haben treffen müssen. Da war ein unscheinbarer amerikanischer Buchhalter, der sich ins Delirium säuft und plötzlich mausetot vom Barhocker kippt, einfach nicht interessant genug.

Noi legt die Zeitung beiseite und nimmt die Speisekarte zur Hand. Hungrig studiert sie das Angebot an internationalen Spezialitäten und entscheidet sich schliesslich für etwas Thailändisches. Sie winkt dem Mann an der Theke und bestellt eine Tom Yam-Suppe, gebratenen Fisch, würzigen Cashewnusssalat und dünne Reisnudeln. Dazu einen Thai-Eistee. Mit einem Schuss Milch. Noi lehnt sich entspannt in ihrem Stuhl zurück. So einfach hatte sie sich die Sache nicht vorgestellt. Irgendwie hat sie selber bis zum letzten Moment – bis zu dem Zeitpunkt, als sie die gefährliche Blausäure in das Bier des Mannes tröpfeln liess – nicht wirklich daran geglaubt, dass sie den Mut und die Unverfrorenheit haben würde, einen Mann zu töten. Sechzig Miligramm Blausäure reichen, um einen erwachsenen Menschen ins Jenseits zu befördern. Der Ami hat ein Vielfaches davon abgekriegt. Noi triumphiert: Es war so leicht! Dieser Erfolg stachelt ihren Ehrgeiz an. Das ist erst der Anfang, denkt sie voller Tatendrang. Sie ist überzeugt: Beim nächsten Mal wird auch ihre Tat in der Zeitung erscheinen. Die Zeit der Rache ist gekommen.

Ein verführerischer Kaffeeduft steigt Hugo beim Erwachen in die Nase. Er fühlt sich ungewöhnlich leicht und unbeschwert. Es ist kurz nach Mittag. Cindy, die vor Hugo aufgewacht ist, hat aus dem Hotelrestaurant Frühstück für sie beide aufs Zimmer geholt. Das Essen ist auf einem grossen silbernen Tablett angerichtet: Eine Kanne Kaffee mit zwei Tassen, zwei Gläser frisch gepressten Orangensaft, ein Dreiminuten-Ei, vier Scheiben Toastbrot, Butter und Honig. Dazu eine hübsche kleine Plastikrose, die in einer Flasche mit schmalem Hals steckt. Cindy hat das Tablett auf den kleinen Tisch neben dem Bett abgestellt. Hugo macht die Augen auf und blinzelt Cindy an.

«Guten Morgen, Hugo. Haben geschlafen gut?» fragt das Mädchen liebevoll.

Es war eine kurze Nacht. Hugo spürt, dass seine Hoden leicht schmerzen. Ein schönes Gefühl. Wie oft hatten er und Cindy es die letzten beiden Nächte getan? Hugo weiss es nicht mehr. Eine glückliche Woge der Lust hat ihn durch die zwei Tage und Nächte mit Cindy gespült. Er wusste gar nicht, dass er in seinem Alter noch mehrmals hintereinander eine Erektion kriegen konnte. Noch nie hat ihm die körperliche Liebe so viel Lust bereitet. Was so ein junges Mädchen alles in einem gestandenen Mann auszulösen vermag. Cindy hat sich unendlich zärtlich, leidenschaftlich und hartnäckig um ihn gekümmert. Er war ganz von Sinnen und vergass alles um sich herum. Er wusste nicht, dass so etwas tatsächlich möglich ist. Nur in seiner Fantasie hat es bisher so hemmungslosen leidenschaftlichen Sex gegeben. Die kleine Cindy hat ihn stundenlang am ganzen Körper gestreichelt, massiert und immer wieder zärtlich seinen Schwanz gelutscht. Nicht mal um Kondome musste er sich kümmern. Sogar die hatte Cindy dabei. Hugo hatte zuerst panische Angst davor, Cindy zu sagen, dass er nur mit Kondomen mit ihr schlafen wolle. Er hat wenig Erfahrung darin, über Sex zu reden und Angst, Cindy könnte ihn falsch verstehen. Schliesslich wollte er nicht, dass es so aussieht, als halte er sie für ein unseriöses Mädchen. Als würde sie seine Angst spüren, hat sie das Thema spielerisch-lustig aufgegriffen. *Meechai* heissen die Kondome auf Thai, hat sie ihm liebevoll erklärt, während sie ihm das Ding über den Penis rollte. Das Schönste war, dass sie mehrmals gemeinsam zum Höhepunkt kamen. Endlich eine Frau, die es liebte, wenn er sie etwas fester nahm. Klara hat sich oft beklagt, er sei zu grob, zu egoistisch. Das hat ihn verunsichert und er konnte sich bei ihr nicht mehr richtig gehen lassen. Als er hingegen Cindy von hinten ficken durfte, ihre kleinen Brüste fest im Griff seiner Hände und seinen Penis gierig in sie stiess, da jauchzte sie vor Freude und Erregung. Wie ein junges Mädchen auf der Achterbahn. Hugo streckt seine Arme und seufzt glücklich: «Oh, Cindy, ich habe prächtig geschlafen.»

Er setzt sich auf, reibt sich die Augen und lehnt mit dem Oberkörper am Kopfende des Bettes an. Er mustert Cindy.

Sie wirkt kleiner als bei ihrer ersten Begegnung im *Tikis*. Das liegt wohl daran, dass sie Schuhe mit hohen Absätzen trug. Ihr runder kleiner Hintern steckt in einem engen Tanga-Höschen. Ihre prallen Pobacken verschlingen den feinen Stoffstreifen des Höschens fast ganz. Sie trägt ein kurzes hellrotes Träger-Shirt. Unter dem Shirt zeichnen sich ihre kleinen strammen Brüste ab. Cindy setzt sich zwischen Hugos Beine und schmiegt sich mit dem Rücken an ihn. Dann dreht sie den Kopf zu ihm um und küsst ihn zart auf den Mund. Ihre langen Haare sind zerzaust und ihre asiatischen Augen wirken ungeschminkt schmaler.

«Zeit mit Hugo war sehr, sehr schön. Du sagen Cindy bleiben darf?»

Während sie das leise flüstert, reibt sie ihren Po an Hugos Hoden und Schenkel.

«Sicher darfst du bei mir bleiben. Ich möchte nicht alleine sein.»

Hugo packt Cindy um die Hüften und hebt sie einige Zentimeter von sich weg. Sie ist so leicht, dass ihm das problemlos gelingt.

«Aber du musst mir jetzt eine Pause gönnen. Weisst du, ich bin ein alter Mann. Ich kann nicht mehr so oft.»

Cindy schmollt.

«Ich sein nicht gut genug für dich. Deshalb du nicht wollen mit mir machen Liebe. Du mich nicht lieben.»

Sie hat Tränen in den Augen. Hugos Herz zieht sich schmerzvoll in seiner Brust zusammen. Er nimmt Cindy in den Arm. Sie kuschelt sich an ihn.

«Aber nein! Cindy» sagt er laut und bestimmt, «ich liebe dich und werde dir jeden Wunsch erfüllen. Du bist das Beste und Schönste, was mir in meinem ganzen Leben begegnet ist. Du kannst so lange bei mir bleiben, wie du willst.»

Hugo schaudert es bei dem Gedanken, dass dieses hübsche kleine Ding zurück auf die Strasse und irgendwo in einer Bar als Barlady arbeiten muss. Er sagt: «Und für deine kranke Mutter werde ich sorgen. Versprochen.»

Während er so daher redet, verdrängt er seine Gedanken an Klara, seine Familie, seine Firma und die Verpflichtungen, die er zu Hause hat. Er ist euphorisch. Irgendwie wird sich alles von selbst regeln und am Schluss wird alles gut werden. Wer weiss, vielleicht bleibt er sogar hier in Pattaya. Bei Cindy. Er versucht sie aufzumuntern: «Willst du, dass ich dir etwas Schönes kaufe?»

Cindy nickt. Ein schwaches Lächeln kehrt in ihr Gesicht zurück.

«Komm Cindy, lass uns frühstücken. Danach gehen wir einkaufen.»

Noi sitzt vor ihrer Tom Yam-Suppe. Auf dem Tisch stehen Dips, gehackter Ingwer, geröstete Erdnüsse, Peperoni und Limonenstückchen. Sie isst langsam. Die Suppe ist etwas scharf, schmeckt aber vorzüglich. Zwischen zwei Löffeln lässt sie den Abend im *Tikis* Revue passieren. Beim Gedanken daran, wie übertrieben nuttenhaft sie ausgesehen hat, muss sie schmunzeln. Ihre Mutter wäre glatt in Ohnmacht gefallen, wenn sie Noi so gesehen hätte. Alle Vorurteile, die sie jahrelang gegenüber Noi gehegt hatte, hätten sich auf einen Schlag bestätigt. Noi, das kleine Luder, das von ihrer Kultur eingeholt wird und es nötig hat, zu erfahren, wie es sich anfühlt, wenn man auf den Strich geht. Noi hat viel über Sextourismus in Thailand gelesen. Sie weiss, dass männliche Sextouristen etwa 70 Prozent der Feriengäste ausmachen. Oft sind es gewöhnliche unauffällige Familienväter. Zu Hause haben sie Frau und Kind. Und daran soll sich auch nichts ändern. Sie kommen nach Pattaya um Spass zu haben und aus ihrem langweiligen Alltag auszubrechen. Sie besaufen sich, benehmen sich laut und ruppig. Fressen, bis es ihnen wieder hoch kommt, und als Höhepunkt lassen sie sich auf die Schnelle einen blasen oder bumsen die nächstbeste Barlady. Nach zwei, drei Wochen ist der Spuk vorbei. Die Männer fliegen wieder nach Hause zu ihren ahnungslosen Frauen. Aus den Augen, aus dem Sinn.

Nachdem Noi fertig gegessen hat, lehnt sie sich angenehm satt in ihrem Stuhl zurück. In der Zwischenzeit ist es wieder so richtig heiss geworden, und sie sehnt sich nach einer kühlen Brise wie sie hoffentlich auf dem Phra Tamnak-Hügel zu spüren sein wird.

Am Tisch neben Noi hat ein Mann Mitte Vierzig im Hippie-Look Platz genommen. Er hat lange von der Sonne gebleichte Haare und trinkt Grüntee. Noi überlegt, um welche Sorte Sextourist es sich bei diesem Mann handeln könnte. Es gibt Sextouristen mit ganz unterschiedlichen Motiven. Jene, die es – wie Tom – nicht schaffen, eine Partnerin zu finden. Weil sie hässlich, fett, verklemmt oder langweilig sind; oder weil sie nicht genug Geld verdienen, um die materiellen Wünsche einer Frau zu erfüllen. Ein volles Bankkonto kann immer noch vieles wettmachen: Zum Beispiel Fettleibigkeit oder das fortgeschrittene Alter. Dann gibt es jene, die haben sexuelle Vorlieben, die sie zu Hause nicht so einfach und billig ausleben können: Sex mit mehreren Frauen, Sex mit Männern, SM-Spiele, oder sie haben es auf kleine Mädchen oder Jungs abgesehen. Noi weiss: In Thailand ist Kinderhandel und die Prostitution von Minderjährigen offiziell verboten. Die Realität aber sieht anders aus. Die Zahl der Kinderprostituierten nimmt zu. Die Kinder stammen aus den benachbarten Ländern Laos, Kambodscha oder Vietnam. Während Noi über die Sexindustrie hier nachdenkt, realisiert sie nicht, dass sie vom Mann nebenan angestarrt wird. Erst als er ihr jovial zulächelt, wird ihr bewusst, dass auch sie ihn die ganze Zeit über angeblickt hat. Sie wendet den Blick ab. Das beeindruckt den Mann wenig. Er macht sie frech an: «Hallo. Mein Name ist Henrik. Woran hast du gerade gedacht?»

Noi hört, dass im Englisch des Mannes ein skandinavischer Akzent mitschwingt. Sie überlegt kurz, ob sie mit ihm reden soll und beschliesst schliesslich, ihre Gedanken mit ihm zu teilen.

«Ich habe mir gerade überlegt, was das für Männer sind, die es nötig haben hierher zu kommen für Sex» sagt sie.

Der Mann lächelt und antwortet: «Du bist nicht von hier, habe ich Recht? Ich hätte dich fast für eine Thailänderin gehalten.»

Ohne Nois Antwort abzuwarten redet er weiter: «Weisst du, meine Arbeit führt mich seit fast 20 Jahren nach Thailand und ich bin immer wieder fasziniert von der Kultur hier. Von der Raffinesse mit der die thailändischen Frauen die Touristen ausnehmen.»

Ohne auf seine Anspielung auf ihre Herkunft einzugehen fragt Noi skeptisch: «Aber merken die Männer denn nicht, dass die Frauen ihnen etwas vorspielen? Glauben sie wirklich, dass die Frauen hier nichts anderes wollen als sich einem westlichen Mann unterzuordnen? Ihm zu dienen? Mit ihm in sein Heimatland zu gehen und ihn zu pflegen wenn er alt und krank ist?»

Noi spürt, wie sie zornig wird. Ohne den Mann antworten zu lassen, redet sie weiter: «Und falls es schief geht und die Kleine alt, faltig oder widerspenstig wird, kann man sie ja wieder entsorgen.»

Der Mann lächelt selbstgefällig und lässt sich nicht aus der Ruhe bringen. Er hat seine eigenen Ansichten: «Sie dürfen das nicht so eng sehen, junge Frau. Meine Fabrik in der Nähe von Pattaya stellt erstklassige Souvenirs her. Wissen sie, diese traditionellen Holzfiguren, die man an den Marktständen kaufen kann. Sie können sich nicht vorstellen, wie viele gute Arbeiterinnen ich schon verloren habe, weil die Mädchen als Prostituierte viel mehr und vor allem schnelles Geld verdienen. Also mir tun die Barladies nicht Leid, auch sie treffen ihre Entscheidung.»

«Aber werden denn die Frauen von der thailändischen Gesellschaft nicht geächtet für das was sie tun?» insistiert Noi.

Der Mann, der seine Erfahrungen gern mit einer jungen hübschen Touristin teilt, erklärt ihr: «Ja und nein. Grundsätzlich wird die Prostitution verachtet, da haben sie Recht. Aber es wird heute einfach darüber geschwiegen. Alle wissen, wie wichtig dieses Geschäft für die Tourismusindustrie und für die Wirtschaft hier ist.

Ausserdem hat es Prostitution schon immer gegeben. Nicht erst seit dem Vietnamkrieg, als die amerikanischen Soldaten anfingen ihren Urlaub in Pattaya zu verbringen.»

Der Mann lacht laut auf und sagt: «Männer haben Triebe, die befriedigt werden müssen. Die sind nicht unter Kontrolle zu bringen. Das ist Biologie.»

Er nimmt einen Schluck von seinem Grüntee. Noi weiss nicht, was sie von diesem Typen halten soll. Seine Überheblichkeit stört sie. Dennoch muss sie ihm – auch wenn ihr das schwer fällt – in einigen Punkten Recht geben. Ihr ist auch schon aufgefallen, dass über gewisse Themen nicht gesprochen wird. Weil Noi nichts sagt, redet der Mann munter weiter: «Sie brauchen sich keine Sorgen um die Situation der Frauen hier zu machen. So schlecht geht es ihnen nicht. Weil Geld im thailändischen Buddhismus als schmutzig gilt, sind Geldgeschäfte traditionellerweise oft in Frauenhand. Das gibt den Frauen Macht über die Männer und Familie.»

Noi merkt, dass sie keine Lust mehr hat, dem Mann mit seiner selbstgefälligen Art zuzuhören. Obwohl er bestimmt noch mehr interessante Dinge zu erzählen hätte. Sie winkt dem Kellner für die Rechnung. Kurzangebunden sagt sie: «Hat mich gefreut mit ihnen zu plaudern, aber ich muss jetzt leider los.»

Noi steht auf. Ohne sich von ihm zu verabschieden, verlässt sie das Lokal. Sie spaziert am Strand entlang und allmählich entspannt sie sich. Schliesslich hat sie sich vorgenommen, keine moralischen Urteile mehr zu fällen. *Anything goes.* Das ist schon okay. Sollen diese Typen tun und lassen, was ihnen ihre Lust diktiert. Nur gilt das auch für sie. Auch dann, wenn sie dafür über Leichen gehen muss. Noi hätte nie gedacht, dass ihr das Töten soviel Lust bereitet. Sie hat angefangen, ihre ganz persönlichen Perversionen ausleben. Mit allen Mitteln. Ohne Rücksicht auf Verluste. Und wo kann eine Mörderin besser ungestraft untertauchen, als an einem gesetzlosen Ort wie Pattaya?

Begegnungen

Die Sonne brennt auf Hugos Kopf. An einigen Stellen ist seine Kopfhaut stark gerötet. Es ist heiss. Hugo ist durstig. Er würde sich jetzt am liebsten an den Strand legen und ein kühles Bier trinken. Seit drei Stunden ist er mit Cindy in der Stadt unterwegs. Er langweilt sich. Doch Cindy scheint nie müde zu werden. An jedem Stand bleibt sie stehen und wühlt sich durch die endlose Palette der dargebotenen Waren: Kleider, Schmuck, Schminksachen, Schuhe, Früchte, Gewürze, Sonnenbrillen, Holzelefanten, Buddhafiguren, etc. Dazu plaudert sie fröhlich mit den Verkäuferinnen und Verkäufern. Hugo versteht kein Wort. Er bezahlt. Cindy besitzt in der Zwischenzeit drei Paar neue Schuhe, zwei Bikinis, zwei Jeans, ein langes dunkelrotes Sommerkleid, drei Sonnenbrillen, einige Haarspangen und unzählige Fingerringe aus Gold und Silber. Sie strahlt Hugo an vor Glück: «Du nicht sein müde, oder? Du kommen mit Cindy zum Frisör und in Thai-Massage. Bitte, bitte!»

Hugo kann Cindys Charme nicht widerstehen. Gutmütig lenkt er ein und verspricht, sie in den Frisörsalon zu begleiten. Sie gehen an die Pattaya 2nd Road. Dort stellen sie sich an den Strassenrand und warten auf ein *Songthaew*, ein Sammeltaxi.

Songthaews sind kleine Pick-Up-Trucks, auf deren Ladefläche sich zwei Sitzreihen befinden. Das Wort *Songthaew* bedeutet denn auch «zwei Reihen». Vorne sitzt der Fahrer und eine Person auf dem Beifahrersitz. Auf der Ladefläche hinten hat es Platz für zehn oder mehr Fahrgäste. Vor allem für die kurzen Strecken sind *Songthaews* geeignet. Schnell und günstig – das beste Fortbewegungsmittel in einer Stadt wie Pattaya. Die *Songthaews* fahren entweder auf der Pattaya Beach Road in Richtung Jomtien Beach oder auf der Pattaya 2nd Road stadtauswärts in Richtung Bangkok. Eine kurze Fahrt kostet zehn Baht. Ausser für Touristen die zum ersten Mal in Pattaya sind. Die kennen die Preise noch nicht und bezahlen erstmal zuviel. Hugo und Cindy steigen ein.

Neben ihnen sitzt ein weiteres Liebespaar. Der Mann ist, wie Hugo, ein Tourist. Seine Begleiterin ein sehr junges thailändisches Mädchen. Cindy und das Mädchen fangen an zu plaudern. Hugo nickt dem anderen Mann stumm zu. Sein Blick bleibt an ihm hängen. Der Mann sieht ekelerregend und abstossend aus. Hugo kriegt ein flaues Gefühl im Magen. Noch nie hat er einen so übergewichtigen Menschen gesehen. Der Kopf des Mannes ist klein und speckig. Sein Hals verschmilzt mit dem fetten Körper. Der Mann trägt ein T-Shirt, das über seinem Bauch spannt und die Fettmassen durchscheinen lässt. Grosse fette Brüste zeichnen sich unter dem Shirt ab. Schwer hängen sie bis zur Mitte seines Bauches. Er sitzt da, die Beine weit gespreizt, versucht, seinen Körper während der Fahrt im Gleichgewicht zu halten. Er trägt kurze Shorts. Seine fetten Beine sind aufgequollen und geschwollen. Die Socken schneiden das Fleisch um seine Fesseln ein. Wie alt der Mann wohl ist, denkt Hugo. Das viele Fett macht es schwer, sein Alter zu schätzen. Vielleicht ist er fünfzig, vielleicht vierzig Jahre alt. Vielleicht auch jünger, wer weiss. Die junge Thailänderin an seiner Seite scheint seine Fettleibigkeit nicht zu stören. Sie streichelt mit ihrer Hand zärtlich über seinen speckigen Nacken und massiert seine Schultern. Hugo empfindet den Anblick dieses ungleichen Paares beschämend. Es ist zu offensichtlich, dass dieser Mann niemals so eine hübsche junge Geliebte finden würde, wenn er sich ihre Dienste nicht kaufen könnte. Hugo stellt sich vor, wie der dicke Mann und die junge zierliche Frau miteinander Sex haben. Das muss doch schrecklich sein für das Mädchen! Sie tut ihm Leid. Er selber hat zwar auch etwas Speck am Bauch und ist doppelt so alt wie Cindy. Trotzdem ist er für sein Alter recht gutaussehend. Hugo kann sich nur sehr schwer vorstellen, dass Cindy all ihre Zuneigung zu ihm nur spielt. Dafür waren ihre gemeinsamen Nächte zu perfekt. Und sie betont ja auch immer wieder, wie sehr sie ihn mag. Sie geniesst, wie er sie verwöhnt. Dass er ihr Dinge bietet, die sie sich sonst nicht leisten könnte. Aber er spürt auch ihre aufrichtige Zuneigung.

«Hugo, wir müssen aussteigen.»

Cindy weckt ihn aus seinen Gedanken. Hugo merkt, dass er während der ganzen Fahrt den dicken Mann neben sich angestarrt hat. Cindy drückt auf den kleinen roten Halte-Knopf, der Wagen bremst sofort ab und hält an der linken Strassenseite. Cindy gibt dem Fahrer durch ein kleines Fenster in die Fahrerkabine zwei Silbermünzen in die Hand. Sie verabschieden sich höflich von dem anderen Paar und gehen zum Frisör- und Massagesalon, der sich an einer Ecke der North Road stadtauswärts befindet. Neben Haarschnitten werden auch Rasuren für Herren sowie Hand- und Fussmassage angeboten. Cindy spürt, dass die Situation für Hugo etwas unangenehm ist, weil er nicht weiss, was er in so einem Salon zu suchen hat. Sie lächelt ihn aufmunternd an und sagt vergnügt: «Du können dir machen lassen eine Fussmassage. Ich gehen Haare schneiden.»

Cindy nimmt auf einem grossen Stuhl Platz. Ein zierlicher junger Mann mit langen, gepflegten Haaren und pink bemalten Fingernägeln fängt an, ihr die Haare zu waschen. Hugo beobachtet, wie der junge Mann und Cindy sich angeregt unterhalten. Er steht neben den beiden und kommt sich überflüssig vor. Der Mann gestikuliert wild und bricht immer mal wieder in schrilles Gelächter aus. Hugo überlegt, ob der Mann schwul ist. Angeblich ist Homosexualität unter Buddhisten verpönt. Deshalb wohl flüchten viele in grössere Provinzen, in welchen sie mehr Freiheiten haben und die Kultur der Touristen bestimmt, was toleriert wird und was nicht. Hugo lässt seinen Blick durch den Salon schweifen. Neben dem jungen Mann arbeiten drei Frauen hier. Cindy scheint im Moment die einzige Kundin zu sein. Die Frauen sitzen zusammen auf einem Tuch auf dem Boden neben dem Eingang, trinken Tee und unterhalten sich. Nachdem Cindy den Frauen etwas Unverständliches zugerufen hat, steht eine von ihnen auf und geht zu Hugo.

«Deine Lady sagen, du wollen Thai-Massage? Kein Problem! Machen 500 Baht. Okay?»

Die Frau zieht die Betonung des Wortes Massage kunstvoll in die Länge. Wahrscheinlich soll es französisch klingen. Hugo schüttelt den Kopf. Er hat keine Lust auf Massage. Er will – wenn überhaupt – nur von Cindy massiert werden. Ein Blick auf die Uhr oberhalb der Eingangstür rettet ihn aus dieser unangenehmen Situation. Es ist kurz vor 18 Uhr. Hugo kommt plötzlich in den Sinn, dass er sich ja um 17 Uhr mit den Mädchen am Strand, mit Jerry, Brian und Curt treffen wollte. Nachdem er gestern den ganzen Tag mit Cindy im Bett gelegen hatte, haben Jerry und er heute Morgen spontan beschlossen, die Mädchen heute zu besuchen. Das hatte er total vergessen. Was soll er jetzt nur tun? Er muss möglichst schnell zu ihnen. Am besten, er nimmt sich ein Taxi und fährt sofort los. Der schwule Thai ist gerade dabei, Cindy theatralisch die Haare einzuschäumen. Hugo, der ahnt, dass Cindy nicht erfreut sein würde über seinen Abgang, ergreift vorsichtig das Wort: «Du, äh, Cindy, ich habe vollkommen vergessen: Ich habe mich mit Jerry und den beiden Engländern am Strand verabredet. Schon vor einer Stunde hätte ich dort sein sollen. Deshalb muss ich jetzt gleich los. Wir können uns ja später im *Blue Velvet* am Hafen treffen.»

Hugo hat den Satz kaum fertig gesagt, da dreht Cindy abrupt den Kopf zu ihm um. Durch die schnelle Bewegung spritzt sie den Raum um ihren Sitz und den schwulen Coiffeur mit Schaum vom Shampoo voll. Sie schaut ihn erschrocken an.

«Aber Hugo! Dir nicht mehr gefallen mit mir!? Du jetzt sagen, du wieder kommen. Dann bleiben für immer weg!»

Sie steht auf, rennt auf Hugo zu, umfasst mit beiden Armen seinen Bauch und drückt mit aller Wucht ihren nassen, schaumigen Kopf gegen seine Brust. Auf Hugos Hemd bildet sich ein grosser dunkler nasser Fleck.

«Bitte, bitte, Hugo, bleiben bei mir! Du haben gesagt, du mich lieben. Du können nicht weggehen jetzt.»

Cindy bricht in Tränen aus. Hugo ist sprachlos.

«Aber Cindy, ich liebe dich doch über alles. Wir treffen uns wieder. Versprochen. Was soll ich nur machen, damit du mir glaubst?»

Hugo überlegt eine Sekunde. Dann nimmt er den Hotelschlüssel aus seiner Tasche und reicht ihn Cindy. Was für ein Glück, dass er ihn eingesteckt und nicht an der Rezeption abgegeben hat.

«Nimm den Hotelschlüssel und geh zurück auf das Zimmer, wenn du hier fertig bist.»

Dann nimmt Hugo sein Portemonnaie hervor und reicht ihr 500 Baht.

«Damit kannst du den Frisör bezahlen und dir mit dem Rest etwas Schönes kaufen.»

Es ist kurz vor 18 Uhr. In Pattaya wird es allmählich dunkel. Die Hitze ist oft nicht zum Aushalten, egal, ob es Tag oder Nacht ist. Daran kann sich Noi nur schwer gewöhnen. Das Telefon klingelt. Noi steigt aus der kühlenden Dusche. Hastig nimmt sie ein Handtuch zur Hand und eilt zum Telefon. Dabei hinterlässt sie eine Wasserspur auf dem Teppich. Sie hebt den Hörer ab: «Hallo?»

«Miss, ein Telefon für sie. Ein lokales Gespräch.»

«Ja, danke.»

Ohne abzuwarten, wer sich am anderen Ende der Leitung meldet, plaudert Noi los: «Hallo, David. Wie geht es dir? Wann wollen wir uns treffen?»

«Hi Noi! Was ist los mit dir? Du bist so guter Laune. Als wir gestern miteinander gesprochen haben, hast du eher etwas, sagen wir mal, nachdenklich gewirkt.»

David klingt überrascht.

«Ach, weisst du, ich habe doch eigentlich Ferien, und es geht mir einfach gut» erklärt sie ihm.

«Schön, das zu hören. Ich hoffe nur, du hast nichts Unanständiges vor. Zum Beispiel mit der Blausäure…»

David lacht laut und Noi kann sich bildlich vorstellen, wie die Knopfaugen in seinem frechen Gesicht hellblau leuchten.

«Sicher nicht. Ich würde nie etwas Illegales tun. So ein braves Mädchen wie ich bin» kontert sie keck.

«Hör zu. Ich komme dich in einer Viertelstunde mit dem Motorrad abholen.»

«Mit dem Motorrad? Ist das nicht gefährlich? Hier fahren ja alle wie die Verrückten» meint Noi besorgt.

Erneut hört sie einen frechen Lacher.

«Mach dir keine Sorgen. Ich weiss, wie es hier im Strassenverkehr läuft. Auch hier gibt es Verkehrsregeln. Mein Auto ist in der Garage und wenn ich mit dem Bus in die Stadt fahren soll, dann dauert das Stunden. Ich habe mit der Besitzerin des Hauses, in welchem deine Mutter angeblich zuletzt gewohnt hat, um halb Acht einen Termin vereinbart. Die Frau besitzt das Haus und die Bar im Erdgeschoss. Sie wird uns helfen, die Bewohnerinnen und Bewohner zu befragen. War nicht ganz billig, diese kleine Gefälligkeit. Du weisst schon.»

Noi weiss. David spielt auf Geld an. Das lässt sie im Moment jedoch kalt.

«Es ist okay, David. Den Rest des Geldes kriegst du noch. Und vielleicht noch mehr. Wenn wir meine Mutter finden. Bis später.»

Ohne auf eine Reaktion von David zu warten, hängt Noi den Hörer auf. Exakt 15 Minuten später sitzt sie bei Jimmy an der Bar, trinkt einen Eistee und wartet auf David. Der kommt um sieben Uhr in grossen Schritten in die Lobby marschiert. Unter den linken Arm hat er einen Helm geklemmt.

«Hi Noi. Fahren wir gleich oder soll ich mir noch einen Whisky bestellen?»

Noi legt eine 100-Baht-Note neben ihr leeres Glas und rutscht vom Barhocker.

«Nicht nötig, wir gehen los» sagt sie streng.

«Zu Befehl, junge Lady!»

Gemeinsam verlassen sie die Hotellobby. Jimmy winkt den beiden zum Abschied. Den Helm, den David mitgebracht hat, ist für Noi bestimmt. Er selber fährt ohne Kopfbedeckung.

Dafür trägt David eine grosse eng anliegende Brille mit runden dunkel getönten Gläsern. Noi bezweifelt, dass er mit diesem Gestell auf dem Kopf überhaupt etwas sehen kann. Trotzdem schwingt sie sich hinter ihn auf den Sitz des Motorrads. Sie merkt bald, dass ihre Angst vor dem Verkehr unbegründet war. Davids Motorrad ist alt und zu zweit kommen sie nur sehr langsam vorwärts. Im Schritttempo fahren sie am linken Strassenrand entlang, zwischen Essständen, Fussgängern und Fahrrädern. Hin und wieder kracht es beängstigend im Auspuff. Bis zur South Pattaya Road 5 sind es nur wenige Minuten. Vor einer kleiner Kneipe mit dem Namen *Moonlight Pub* bremst David. Nachdem das Motorrad zum Stillstand gekommen ist, steigt Noi ab. David parkiert das Gefährt in einer dunklen Seitengasse, rechts neben dem Eingang zum Pub. Die Bar ist klein und wie die meisten Kneipen, zur Strasse hin offen. Die Einrichtung ist in den Farben rot und weiss gehalten. Überall hängen Fahnen und Flaggen der englischen Nationalmannschaft und Bilder von englischen Fussballspielern. An einem runden Tisch in der Ecke sitzen einige Touristen, trinken Bier und albern mit thailändischen Mädchen herum. Ein gross gewachsener hellhäutiger Mann steht hinter der Bar und zapft Bier. David und Noi nehmen je auf einem Barhocker Platz. David spricht den bleichen Mann an: «Hallo. Mein Name ist David. Ich habe eine Verabredung mit Miaw. Ist sie da?»

Der grosse Engländer sieht David mit skeptischem Blick an. «Das ist meine Frau. Was willst du von ihr?»

Schlagfertig kontert David: «Ich suche ein Appartement für meine Kollegin hier. Sie arbeitet noch nicht lange in Pattaya und hat immer noch keine Bleibe.»

Der Grosse mustert Noi von Kopf bis Fuss.

«So viel ich weiss, sind alle Zimmer im Moment vermietet.»

Der Engländer runzelt nachdenklich die Stirn und sagt dann leise, mehr zu sich selber als zu David: «Gut, vielleicht kratzt die Alte in Nummer vier bald ab...»

Dann lauter: «Wartet einen Augenblick. Ich hole Miaw. Möchtet ihr in der Zwischenzeit etwas trinken? Geht aufs Haus.»

Noi schüttelt den Kopf. David erwidert: «Vielleicht einen klitzekleinen Scotch, wenn's nicht zu viele Umstände macht.»

Der Engländer nimmt eine Flasche aus dem Sortiment im Gestell hinter sich, schenkt eine grosszügige Portion in ein Glas ein und stellt es David hin. Dann verlässt er das Lokal durch die Hintertür. Kurz darauf kommt er mit einer kleinen pummeligen Thailänderin zurück. Er führt sie zu David und Noi. Seine Frau anblickend sagt er: «Die beiden behaupten, sie hätten eine Verabredung mit dir. Wegen einem Appartement.»

Miaw nickt wohlwissend und streckt David und Noi freundlich die Hand zum Gruss entgegen.

«Das stimmt. Hallo, ich bin Miaw.»

Noi nimmt die Hand der Frau. Ihr Händedruck ist schwach. In Thailand reicht man sich zur Begrüssung und zum Abschied üblicherweise nicht die Hand. Nur Thais, die es mit Touristen zu tun haben, machen das. Aus Anstand und Respekt gegenüber den Fremden. Und trotzdem wirkt es unbeholfen.

«Kommen sie mit mir. Ich zeige ihnen die Appartements. Vielleicht wird bald eines frei.»

Mit einem verschwörerischen Augenzwinkern geht Miaw zur Hintertür und öffnet sie. Noi und David folgen ihr. Die Tür führt in ein dunkles dreckiges Treppenhaus. Nachdem die Tür hinter ihnen zugeklappt ist, flüstert Miaw: «Mein Mann weiss nicht, warum sie hier sind. Und dabei soll es auch bleiben. Sie haben doch hoffentlich vor ihm nicht über Ratana gesprochen?»

Noi überlegt, warum die Frau nicht will, dass der Name ihrer Mutter erwähnt wird. Will Miaw nicht, dass sie das von David für die Auskunft erhaltene Geld mit ihrem Mann teilen muss? Noi beruhigt sie: «Nein. Kein Problem. Wir haben gesagt, dass wir ein Zimmer für mich suchen. Ihr Mann sagte, dass vielleicht bald etwas frei wird. Sind denn nicht alle Zimmer belegt?»

Ohne Noi anzuschauen, sagt Miaw: «Die Frau in Nummer

vier ist sehr krank. Sie hat kein Geld für Medikamente und kann das Appartement nur unregelmässig bezahlen. Aber sie wohnt schon über zwanzig Jahre hier. Zehn Jahre davon arbeitete sie in unserer Bar. Wir können sie jetzt nicht einfach wegschicken. Aber mein Mann und ich wären nicht unglücklich, wenn sie langsam sterben würde. Wir sind auf das Geld angewiesen. Es ist übrigens die Frau, die früher hier mit Ratana gewohnt und gearbeitet hat. Aber lernen sie Sunanda gleich selber kennen.»

Miaws Englisch ist sehr gut. Sie hat einen gepflegten britischen Akzent. Wahrscheinlich hat sie die Sprache von ihrem Mann gelernt. Noi und David folgen Miaw durch das düstere Treppenhaus. Noi ist nervös und angespannt. Diese kranke Frau ist vielleicht der Schlüssel zu ihrer Vergangenheit. Im zweiten Stock angelangt, klopft Miaw an eine dunkle Holztür und ohne eine Antwort abzuwarten, öffnet sie die unverschlossene Tür und geht ins Zimmer. Noi und David bleiben zuerst unsicher im Treppenhaus stehen. Durch die offene Tür späht Noi neugierig ins Zimmer. Was hier als Appartement vermietet wird, ist nicht mehr, als ein düsterer feuchter Raum mit Lamellen an den Fensterläden – Glasscheiben gibt es nicht – einem Tisch mit zwei Plastikstühlen und einem arg eingerosteten Bett. In einer Ecke ragt ein tropfender Wasserhahn aus der Mauer. Es ist die einzige Wasserquelle im Raum. Gleich links neben der Eingangstür steht ein improvisiertes Klo, vom Zimmer nur durch eine Holzwand abgetrennt. Eine Tür gibt es nicht. Nachdem Miaw realisiert hat, dass ihr David und Noi nicht gefolgt sind, ruft sie nach den beiden: «Kommen sie herein. Sunanda ist bereit, mit ihnen zu sprechen.»

Während Noi langsam ins Zimmer geht, wirft sie einen kurzen Blick in die Toilette. Sie besteht nur aus einem Loch im Boden. Daneben steht ein mit Wasser gefüllter Plastikeimer zum Spülen. Noi hat gelesen, dass die Toiletten in Thailand so aussehen. Das sei praktisch und hygienisch. Aber in dem kargen Zimmer wirkt diese einfache Toilette verwahrlost. Ausserdem hat es keine Dusche, keine Kochgelegenheit; nicht mal einen Spiegel. Auf dem Bettrand sitzt eine Frau, den Kopf auf ihre Handflächen gestützt. Die Farbe ihrer Haut ist gelblich. Im Gesicht und an den Armen hat sie viele, über die gesamte Haut verteilte dunkelrote und braun-blaue Flecken. Sie trägt eine zerknitterte braune Hose und ein viel zu grosses T-Shirt. Durch die Hose zeichnen sich ihre dünnen Beine ab. Ihr Körper besteht nur noch aus Haut und Knochen. Ihr Gesicht ist eingefallen. Die Wangenknochen stechen markant hervor. Noi schaudert. Durch die dünne glasige Haut im Gesicht der Frau kann sie die Schädelknochen sehen. Miaw geht auf die Frau zu und sagt: «Sunanda, dein Besuch ist hier. Es ist ein Mann und eine Frau, die mit dir sprechen möchten.»

Sie spricht Englisch, vermutlich, damit David und Noi es auch verstehen. Miaw nimmt einen Stuhl und schiebt ihn zu Noi.

«Nehmen sie Platz.»

Während Noi, ohne den Blick von der kranken Frau abzuwenden, auf den Stuhl sinkt, setzt sich David ungeniert neben sie auf das Bett.

«Rufen sie mich, wenn sie etwas brauchen. Ich lasse sie jetzt alleine.»

Miaw verlässt das Zimmer, ohne die Tür hinter sich zu schliessen. Die kranke Frau namens Sunanda schaut David an. In schlechtem Englisch sagt sie: «Haben sie eine Zigarette?»

David nimmt eine Schachtel aus der Hemdtasche und reicht sie ihr. Mit spitzigen Fingern klaubt Sunanda eine Zigarette aus der Packung und steckt sie sich in den Mund.

«Feuer?»

David zündet ein Streichholz an und gibt Sunanda Feuer. Sie nimmt einen tiefen Zug und muss sofort heftig husten. Es klingt nicht nach einer harmlosen Erkältung. Noi, die sich vom ersten Schock erholt hat, findet ihre Sprache wieder: «Darf ich mich vorstellen, mein Name ist Anoucha, Anoucha Keller. Aber alle nennen mich Noi. Das ist einfacher. Meine Mutter ist Thailänderin.

Leider kann ich mich nicht mehr an sie erinnern. Ich wurde adoptiert, als ich noch sehr klein war.»

Sunandas von der Krankheit getrübte Augen fixieren Noi stumm. Dann streckt sie langsam, wie in Zeitlupe, ihre dünne Hand aus und streichelt Nois Backe. Für einige Sekunden herrscht eine gespenstische Stille. Dann lösen sich kleine runde Tränen in den Augen der kranken Frau. Leise und heiser fängt sie an zu reden: «Dass ich das noch erleben darf. Du bist die kleine Noi. Ich habe so oft an dich gedacht. Daran, was du jetzt wohl machst? Ob es dir gut geht? Ob du in der Schweiz glücklich geworden bist? Welches Schicksal das Leben für dich bereitgehalten hat? Als du uns vor zwanzig Jahren verlassen hast, haben deine Mutter und ich zuerst schrecklich gelitten. Du warst unser Sonnenschein. Ein kleines aufgewecktes fröhliches Mädchen. Und aussergewöhnlich hübsch mit deiner hellen Haut. Aber wir wussten, dass du es in der Ferne besser haben würdest als hier. Deshalb haben wir dich gehen lassen.»

Ein Hustenanfall unterbricht den Redefluss der Frau. Auch Noi kann die Tränen nicht zurück halten. Diese kranke Frau kannte sie schon als Kind und weiss mehr über ihre Herkunft als sie selber. Noi verspürt ganz plötzlich eine tiefe Zuneigung zu Sunanda. Sie steht von ihrem Stuhl auf und wechselt den Platz. Spontan setzt sie sich rechts neben Sunanda aufs Bett. David sitzt immer noch stumm zu ihrer Linken. Zärtlich streichelt Noi ihre dünne Hand.

«Sie haben mich gekannt, als ich noch klein war? Wie war ich? Und was ist mit meiner Mutter?»

«Ach Noi, deine Mutter war eine gute Mutter. Sie liebte dich über alles. Und obwohl sie ein turbulentes Leben führte und viel arbeiten musste, hat sie sich gut um dich gekümmert. Und wenn sie einmal länger bei einem Kunden war, dann habe ich auf dich aufgepasst.»

Die Frau senkt ihren Blick zu Boden. «Ich nehme an, du weisst längst, womit sie ihr Geld verdient hat.»

Noi nickt stumm. Sunanda fährt fort: «Du warst ein intelligentes neugieriges Kind. Deine Mutter hatte Angst, dass du eines Tages herausfinden würdest, womit sie ihren Lebensunterhalt verdiente. Sie wollte, dass es du einmal besser hast als sie. Deshalb beschloss sie, dich wegzugeben. Ich weiss, dass sie sehr viel an dich gedacht hat. Insgeheim auf ein Lebenszeichen von dir hoffte. Nur um zu wissen, dass es dir gut geht. Gleichzeitig war ihr klar, dass es besser war, wenn deine Eltern dir nichts Genaues über deine Herkunft erzählten. Du solltest dich bei deiner neuen Familie zu Hause fühlen.»

«Mein Vater hat mir erzählt, dass meine Mutter aus dem Norden von Thailand stammt. Er gab mir ein Foto von ihr und meinem Halbbruder Sanan. Nichts weiter.»

Nois Anspannung hat in der Zwischenzeit ein beinahe unerträgliches Ausmass erreicht. Versucht, ihre Stimme ruhig klingen zu lassen, fragt sie: «Wo ist meine Mutter? Wie kann ich sie finden? Ich habe so viele Fragen.»

Genau in diesem Moment räuspert sich David leise, um die Aufmerksamkeit auf sich zu lenken. Leise sagt er: «Ich will euch nicht unterbrechen. Aber ich habe Durst. Ich werde runter an die Bar gehen und etwas zu trinken holen. Soll ich euch auch etwas bringen?»

Sunanda nickt.

«Bitte eine kleine Flasche *Mekong*. Und dazu ein Glas Wasser.»

Und Noi erwidert: «Für mich dasselbe, David. Danke.»

Leise verlässt David das Zimmer. Im Gegensatz zu Miaw schliesst er die Tür hinter sich. Kaum ist David gegangen, fängt Sunanda hemmungslos an zu weinen. Weinkrämpfe schütteln ihren abgemagerten Körper. Noi nimmt Sunanda vorsichtig in den Arm.

«Ach Noi, das weisst du ja alles noch gar nicht.»

Es fällt Noi schwer, Sunandas Worte zwischen ihren Schluchzern herauszuhören.

«Was? Was weiss ich nicht? Sag es mir, Sunanda!»

Noi versucht vergeblich, sich ihre Neugier nicht anmerken zu lassen. Sunanda atmet noch ein paar Mal kurz und schnell durch. Dann sagt sie: «Deine Mutter ist tot. Schon seit fünf Jahren. Sie war sehr krank. Aber sie musste nicht allein sterben. Ich war bei ihr. Habe für sie gesorgt. Sie konnte bei einem Mann – einem Freier – wohnen, bis sie starb. Er ist Norweger und wohnt schon lange hier. Er überliess ihr kostenlos ein Zimmer in seinem Haus.»

Es ist das erste Mal, dass Noi hört, dass eine Thailänderin dieses Wort laut ausspricht: *Freier*. Sunanda hustet und schluchzt. Noi ist schockiert und sprachlos über die traurige Neuigkeit. Ihre Kehle ist wie zugeschnürt. Sie würde am liebsten auch losheulen. Dennoch versucht sie Sunanda zu beruhigen, indem sie sie geduldig und gleichmässig wie ein Kleinkind in ihren Armen wiegt. Nachdem beide eine Weile geschwiegen haben, findet Noi ihre Sprache wieder: «Sei nicht traurig, Sunanda. Ich bin sicher, du hast für Ratana getan, was du konntest. Woran ist meine Mutter gestorben?»

Sunanda wischt sich dürftig die Tränen an ihrem T-Shirt ab.

«Wir wissen es nicht genau. Ziemlich sicher war es diese Krankheit, welche die weissen Männer vor einigen Jahren hierher gebracht haben. Damals sind viele von uns sehr krank geworden. Viele sind bereits tot. Heute machen es die jungen Frauen oft nur noch mit Kondomen. Aber wir wussten damals nicht, wie wir uns vor einer Ansteckung schützen konnten. Zuerst waren wir davon überzeugt, dass nur Schwule und *Ladyboys* diese Krankheit kriegen. Als dann immer mehr Frauen erkrankten, hiess es eine Zeit lang, sogar ein Kuss könnte schon tödlich sein. Oder ein Mückenstich. Wir waren verwirrt. Wussten nicht, was wir tun sollten. Arbeiten mussten wir ja trotzdem. Wir waren doch auf das Geld angewiesen.»

Noi weiss, dass Thailand im Vergleich mit anderen asiatischen Staaten die meisten HIV-Positiven und Aids-Infizierten hat. Die Schattenseite des lukrativen thailändischen Wirtschaftszweiges Prostitution.

Sunanda erzählt weiter: «Es ist eine heimtückische Krankheit. Ganz harmlos am Anfang. Ratana kriegte zuerst nur einen hartnäckigen Schnupfen. Dann eine Lungenentzündung. Dann diese braunen und blauen Flecken überall.»

Sunanda krempelt ihre Hose einige Zentimeter hoch und zeigt Noi ihr Kniegelenk, an dem sich eine besonders grosse Ansammlung von Kaposi-Sarkomen befindet.

«Genau so wie meine sahen die aus. Ratana wurde immer dünner, hatte ständig Durchfall. Mit der Zeit konnte sie überhaupt keine feste Nahrung mehr zu sich nehmen.»

«Habt ihr, du und Ratana, jemals einen Aids-Test gemacht? Es gibt doch Medikamente. Und die werden immer besser.»

Sunanda seufzt.

«Medikamente ja, für jene, die sie bezahlen können. Als Ratana erkrankte, war sie bereits nicht mehr die Jüngste. Ausserdem sah man ihr an, dass mit ihr etwas nicht stimmte. Die weissen Männer aber möchten gesunde junge schöne Frauen. Und von denen gibt es mehr als genug. Jedes Jahr kommen mehr. Nicht nur aus Thailand. Sie kommen von überall her, aus Laos, Kambodscha und Vietnam. Sie alle suchen hier ihr Glück, etwas Reichtum, vielleicht einen Mann, der sie heiratet und sie mit in seine Heimat nimmt. Die Konkurrenz wird immer grösser. Sobald du über dreissig bist, wird es schwierig, im Geschäft zu bleiben. Ich fand zum Glück diesen Job in der Bar und konnte Ratana und mich gerade knapp versorgen. Für eine regelmässige ärztliche Versorgung und teure Medikamente aber reichte das Geld nicht.»

Es klopft einige Male sanft an der Tür, dann geht sie auf und David kommt zurück ins Zimmer. Er hat eine grosse Flasche *Mekong* unter den einen Arm und eine kleine Flasche Wasser unter den anderen Arm geklemmt. In der Hand hält er einen Champagnerkübel mit Eis. Dazu drei Plastikbecher. Er füllt vorsichtig einige Eisstücke in die Becher und giesst eine grosszügige Portion Whisky dazu. Den beiden Frauen füllt er das Glas mit Wasser auf.

118

Er selber trinkt das Getränk nur mit Eis. David rückt den einen Plastikstuhl neben das Bett und stellt die Getränke darauf. Dann setzt er sich wieder zu Noi und Sunanda. Stumm nehmen sie ihre Becher in die Hand und trinken. Nois erster Schock über die traurige Nachricht vom Tod ihrer Mutter legt sich allmählich. Ihre Suchaktion kann bereits als beendet betrachtet werden. Soll sie jetzt wieder nach Hause fahren? Oder soll sie sich schuldig fühlen, weil sie zu spät gekommen ist? Nein, überlegt sie sich. Es ist nicht ihre Schuld, dass sie einander nicht mehr getroffen haben. Es ist Schicksal. Noi kann es nicht ungeschehen machen. Nach einer Weile bricht sie als erste das Schweigen: «Und was ist mit dir, Sunanda? Kriegst du Medikamente? Hast du jemanden, der sich um dich kümmert?»

«Ach Noi. Wovon redest du? Schau mich an! Ich bin eine alte kranke Frau. Meine Zeit ist bald abgelaufen. Die Leute hier sind froh, wenn sie mein Zimmer jemand anderem vermieten können, der es auch bezahlen kann. Ich bin froh, wenn ich endlich gehen kann. Ein Freund sorgt für mich. Bringt mir das Essen und Morphium-Tabletten. Gegen die Schmerzen. Ich habe keine Angst vor dem Tod. Ich bin Buddhistin. Ich weiss, dass das Leben ein Kreislauf von Kommen und Gehen ist. Kummer und Schmerz gehören genauso dazu wie Freude und die Liebe. Bald wird mein Geist seinen Körper aufgeben und sich ein neues Gefäss suchen.»

Dann wechselt Sunanda, der es nicht besonders angenehm ist, von sich selber zu erzählen, das Thema: «Lass uns über dich sprechen, Noi. Du befindest dich in der Blüte deines Lebens. Erzähl mir mehr von dir. Was machst du? Wie geht es deinem Vater?»

Noi erzählt Sunanda von ihrer Kindheit, vom Leben in der Schweiz, den Bergen und Seen. Sie erzählt ihr vom Winter und vom Schnee, von den vier Landessprachen. Von ihrer Schule, ihren Freunden, ihrem Psychologiestudium.

Sunanda hört interessiert zu, ohne Fragen zu stellen. Zu fremd und faszinierend ist diese Welt aus der Sicht einer jungen Frau erzählt, die mitten im Leben steht. Nach einer Weile hält Noi inne: «Aber du wolltest wissen, wie es meinem Vater geht. Warum interessierst du dich für meinen Adoptivvater?»

Sunanda dreht den Kopf zu Noi und reisst die Augen weit auf. Der Schreck steht ihr ins Gesicht geschrieben.

«Sag bloss du... Oh... was habe ich nur angerichtet. Du hast offenbar keine Ahnung. Hätte ich bloss nichts gesagt.»

Wieder lässt ein Hustenanfall Sunandas Körper zittern.

«Wovon habe ich keine Ahnung? Sag es mir!» insistiert Noi.

Es dauert eine Weile bis Sunanda ihre Sprache wiedergefunden hat. Dann sagt sie leise: «Du bist nicht adoptiert. Jedenfalls nicht richtig. Dein Vater Koni ist dein richtiger Vater. Er war einige Male hier. Das letzte Mal bei deiner Geburt.»

Darauf war Noi nicht gefasst. Nach der Nachricht vom Tod ihrer Mutter ist dies nun definitiv zu viel für sie. Ihr ganzer Körper fängt ganz plötzlich heftig zu zittern an. Ein Gefühl macht sich in ihr breit, als würden sie tausend kleine Nadeln überall ununterbrochen stechen. Noi verliert die Kontrolle. Sie befürchtet, das Bewusstsein zu verlieren. Übelkeit macht sich in ihrem Magen bemerkbar. Es sind schon einige Stunden vergangen, seit sie etwas gegessen hat. Trotzdem spürt sie, wie sich säuerlich schmeckende Spucke in Mund und Rachen ansammelt. Gleich wird sie erbrechen müssen. Noi steht auf, rennt zur Toilette hinter der Wand und schafft es gerade noch, in einem grossen Bogen in das Loch zu kotzen. Dann kniet Noi auf den Boden. Ein heftiger Kotzanfall jagt den nächsten. Etwa beim vierten Mal kommt nur noch gelbgrüne Gallenflüssigkeit. Diese hinterlässt einen üblen scharfen Geschmack in Nois Mund. Irgendwann hören die Anfälle auf. Noi bleibt erschöpft neben dem Loch sitzen. Der Schock lässt nach. Ihr Bewusstsein kehrt allmählich zurück. Sie hat jegliches Zeitgefühl verloren. Sie weiss nicht, wie lange sie hinter der Holzwand neben dem Toilettenloch hockend verbracht hat.

Einige Minuten? Eine halbe Stunde? Auf einmal spürt sie, wie ihr jemand zärtlich den Rücken massiert und ihr einen feuchten Lappen in den Nacken presst. Instinktiv nimmt Noi an, dass es David ist. Noi reisst sich zusammen, mit aller Kraft stemmt sie sich vom Boden auf. Sie dreht sich um und schaut direkt in zwei asiatisch geschwungene grüne Augen. Eine schlanke Gestalt steht vor ihr. Mit langen schwarzen Haaren, die ihr locker über die Schultern fallen. Ein zartgliedriger Körper steckt in einer hautengen Jeans. Oben trägt die Person ein schwarz glänzendes Hemd. Sie – oder ist es ein Er? – sieht unheimlich attraktiv und geheimnisvoll aus. Asiatisch und doch nicht.

«Geht es wieder?» fragt das bezaubernde Wesen.

Noi wirft einen kurzen Blick auf ihr Shirt, um sich zu vergewissern, dass nirgends mehr Erbrochenes klebt.

«Ja, danke.»

Noi räuspert sich und flüstert leise: «Ich habe gar nicht gehört, wie sie hereingekommen sind.»

Zu gerne würde sie wissen, wer diese fremde Person ist. Sie sieht, dass auch David neben ihr und diesem geheimnisvollen Etwas steht. Mit einem etwas bekümmerten Gesicht beantwortet er ihre stumme Frage.

«Das ist Kim. Er ist der Freund, der Sunanda regelmässig besucht und für sie sorgt.»

Es ist also ein Mann. Noi rätselt, wie das David so schnell herausgefunden hat. Denn auch die Stimme des Fremden klingt sehr weiblich und hell, als er in perfektem amerikanischen Englisch losredet: «Ja, entschuldige bitte. Ich habe mich noch gar nicht vorgestellt. Ich bin vor ein paar Minuten hereingekommen und habe gesehen, dass dein Freund hier» – er nickt mit dem Kopf in Davids Richtung – «vollkommen hilflos war und nicht wusste, wie er dir helfen kann. Also habe ich spontan erste Hilfe geleistet.»

Er legt Noi seinen Arm um die Schulter und führt sie zurück zu Sunandas Bett.

«Komm, setz dich einen Moment hin und ruhe dich aus.»

Noi setzt sich wieder auf die Bettkante. Sunanda liegt steif auf dem Rücken, mit ausgestreckten Armen und Beinen. Ihre Augen sind geschlossen. Sie sieht aus wie eine Tote.

Kim sagt: «Sie schläft. Ich habe ihr soeben ihre Morphium-Tabletten gegeben. Ich weiss nicht, worüber ihr drei gesprochen habt, aber es hat sie unglaublich angestrengt.»

Noi sieht Sunanda an, wie sie so daliegt, und macht sich Sorgen. Sie fragt den jungen Mann: «Ist das Morphium nicht gefährlich? Wird sie davon nicht abhängig?»

Kim zuckt mit den Schultern.

«So genau weiss ich das nicht. Die Dosierung ist relativ gering. Es sind die gleichen Tabletten, die sie im Krankenhaus an Krebspatienten verabreichen. Hauptsache sie helfen gegen die Schmerzen.»

Dann reicht Kim Noi eine Dose Cola.

«Das wird dir helfen gegen die Übelkeit. Aber ganz langsam trinken. In kleinen Schlucken.»

Noi nimmt das Getränk dankbar an. Vielleicht hilft es ja auch gegen den sauren Gallen-Geschmack. David, der jetzt an die Wand neben der Toilette lehnt und sich eine Zigarette angezündet hat, mischt sich ins Gespräch: «Ich glaube, Noi, es ist Zeit zu gehen. Lassen wir die beiden alleine.»

Noi, der es wieder besser geht, hätte sich gerne noch etwas mehr mit diesem bildschönen Kim unterhalten. Aber sie sieht ein, dass ihre Anwesenheit keinen Sinn mehr macht. Zumal Sunanda dank ihren Tabletten friedlich schläft. Noi steht vorsichtig auf.

«David hat Recht. Wir müssen uns auf den Weg machen.»

Kim, der sich auf den Stuhl gesetzt hat, auf welchem zuvor die Whiskygläser standen, steht ebenfalls auf und reicht Noi die Hand zum Abschied. Sein Händedruck ist fest und warm.

«Hat mich gefreut, dich kennenzulernen.»

Er zückt eine Visitenkarte aus seiner Jeans und reicht sie Noi.

«Komm mich doch einmal besuchen. Ich stehe jeweils von Dienstag- bis Sonntagabend auf der Bühne des *Miranda*.»

Noi wirft einen Blick auf die Karte: *Kim Karnes, Travestiekünstler* steht darauf geschrieben. Der junge Mann fasziniert sie. «Ja, ich werde gerne einmal vorbei kommen. Vielen Dank und auf Wiedersehen.»

Sie sieht, dass David bereits – ohne sich von Kim zu verabschieden – gegangen ist. Also macht auch sie sich auf den Weg. Schweigend geht sie durch das dunkle Treppenhaus. Unten wartet David auf sie.

«Da kommst du ja endlich. Hat dich wohl beeindruckt, diese kleine Schwuchtel.»

David hat bereits wieder zu seinem Sarkasmus und fiesen Grinsen zurück gefunden. Schweigend und ohne auf Davids freche Bemerkung einzugehen, geht Noi an ihm vorbei. Ein Hintereingang führt sie direkt in die Strasse, wo das Motorrad parkiert ist. David folgt ihr. Beim Motorrad angekommen, nimmt Noi einen letzten kleinen Schluck von ihrer Cola. Dann schleudert sie die halbvolle Dose aggressiv an die Hausmauer. David sieht sie nachdenklich an und sagt dann beschwichtigend: «Das war alles sehr aufreibend für dich. Komm, lass uns zusammen noch etwas trinken gehen! Der Alkohol wird dich beruhigen und deine Nerven massieren.»

Aber Noi hat andere Pläne.

«Nein, ich kann nicht. Bring mich bitte zurück ins Hotel. Ich habe noch etwas vor.»

Das Geständnis

Als Hugo zu seinen Kollegen an den Strand kommt, wird es bereits dunkel. Vor Erschöpfung laut schnaufend stapft er durch den heissen Sand. Die schweissgetränkten Kleider kleben an seinem Körper. Das lockt die Mücken an. Hugo spürt, dass er bereits einige Stiche an den Beinen und auf dem Rücken hat, die unangenehm jucken. Der letzte Teil der Central Pattaya Road musste er zu Fuss gehen. Der Feierabendverkehr hatte die Strasse blockiert. Der Taxifahrer musste anhalten und Hugo aussteigen lassen, damit er den Rest des Weges zu Fuss zurücklegen konnte. Als Hugo endlich am Strand ankommt, sieht er, wie seine Kollegen Jerry, Brian und Curt entspannt im Sand sitzen, Bier trinken und zufrieden in den sich ankündigenden Sonnenuntergang blicken Die drei Mädchen sind nicht bei ihnen. Hugo ist genervt und gestresst. Er spürt, dass seine Laune überhaupt nicht zu der seiner Kollegen passt. Erschöpft und ohne eine Begrüssung lässt er sich zwischen Brian und Jerry in den Sand plumpsen. Jerry legt ihm freundschaftlich den Arm um die Schulter, reicht ihm eine Dose *Singha* und sagt: «Du siehst aus, als könntest du ein kühles Bier vertragen, *Uuugo,* mein Freund. Wo hast du denn gesteckt?»

Ohne Hugos Antwort abzuwarten, redet Jerry – der bester Laune zu sein scheint – weiter: «Ich sage dir, diese Bräute waren so etwas von scharf.»

Auch Brian, der genüsslich an einer Zigarette zieht, stimmt in Jerrys Schwärmen ein: «Recht hast du, Jerry, altes Haus. Das war voll die geile Nummer. Und du Hugo: Wo hast du gesteckt? Du hast ja die ganze Show verpasst!»

Hugo hat keine Ahnung, wovon die beiden sprechen.

«Ach, wisst ihr, ich habe unser Treffen total vergessen. Ich bin den ganzen Nachmittag mit Cindy durch die Stadt gezogen. Als ich sie zum Frisör brachte und zufällig auf die Uhr schaute, ist es mir blitzartig wieder eingefallen. Scheisse, habe ich mir gedacht. Ich habe ja mit meinen Kumpels abgemacht.»

Jerry lacht laut und klopft Hugo jovial auf die Schulter.

«Ach ja, ich habe vollkommen vergessen, dass unser Hugo schwer verliebt ist. Hat sie es dir gut besorgt, die Kleine? Pass auf, die wirst du so schnell nicht mehr loswerden. Viele Mädchen hier sehnen sich nach einem anständigen Typen, wie du einer bist.»

Bis jetzt hat Hugo erfolgreich die Tatsache verdrängt, dass Cindy nur wegen seines Geldes bei ihm sein könnte. Auch darüber, dass sie vielleicht gar keine kranke Mutter in Vietnam hat, die sie unterstützen muss, hat er noch nicht weiter nachgedacht. Er will einfach die schöne Zeit mit ihr geniessen und ignoriert Jerrys sarkastische Bemerkung. Lieber schwärmt er ihm von Cindy vor: «Du hast vollkommen Recht, was die Mädchen hier betrifft, Jerry. Cindy ist einfach bezaubernd. Und ich glaube, sie mag mich auch.»

Aber Jerry lässt sich nicht so einfach überzeugen.

«Mach dir nichts vor, Hugo. Darauf sind die Mädchen hier spezialisiert. Sie geben dir das Gefühl, der alleinherrschende König in ihrem kleinen Reich zu sein. Schau dir doch nur die vielen Paare hier an. Sie Thailänderin, er Tourist. Die Frauen haben diesen armen Kerlen dermassen den Kopf verdreht, dass die nicht mehr wissen, wo oben und wo unten ist. Die denken nur noch mit ihrem Schwanz. Nicht wahr, Jungs?»

Brian und Curt brechen in lautes Gelächter aus. Brian stimmt Jerry zu: «Ja, Recht hast du! Mein Schwanz kann sich im Moment auch nicht beklagen.»

Dann fragt er Hugo: «Aber sag mal: Wie hast du es geschafft, dass sie dich alleine an den Strand hat gehen lassen? Du hast ihr doch hoffentlich nicht Valium untergejubelt?»

Nun lachen alle drei Männer lauthals. Hugo fühlt sich unangenehm in die Defensive gedrängt. Er überlegt eine Weile und lenkt dann ein: «Ja...», er zögert, «ihr habt ja ganz Recht. So einfach war das tatsächlich nicht. Sie wollte mich zuerst nicht gehen lassen. Aber das ist doch irgendwie normal, wenn man frisch verliebt ist. Oder? Dann will man jede freie Sekunde miteinander verbringen, nicht wahr?»

Hugo wartet vergeblich auf einen zustimmenden Kommentar von einem seiner Kollegen. Nach einer kurzen Pause redet er weiter: «Deshalb habe ich auch nicht viel Zeit. Ich muss um Sieben wieder im Hotel sein. Cindy wartet auf mich. Aber sagt mal, was habt ihr eigentlich getrieben? Ihr seid so übermütig? Und wo sind die Mädchen?»

Ohne Hugos Frage zu beantworten, stehen die beiden Engländer auf und tanzen übermütig im Kreis. Sie singen laut: «Girls! Girls! Girls!»

Während Brian und Curt verrückt spielen und nicht mit Singen und Tanzen aufhören wollen, klärt Jerry Hugo auf: «Also deine Mädchen, *Uuugo*, ich meine, die Mädchen, mit denen du uns verabredet hast, waren wirklich toll. Die haben uns so lange angemacht, bis wir total scharf auf sie waren und es vor lauter Lust nicht mehr ausgehalten haben. Sie haben um uns herum getänzelt, mit uns geflirtet, uns geknetet, massiert, angefasst. Das volle Programm. Du weisst schon.»

Hugo konnte es sich lebhaft vorstellen. Sein Erlebnis mit Jacky in Bangkok ist schliesslich noch nicht lange her. An diese Blamage möchte er nicht mehr erinnert werden. Jerry redet weiter und zwinkert dabei vielsagend mit seinem rechten Auge: «Da musste es auf der Stelle passieren.»

Dann spricht Brian endlich Klartext: «Ja, stell dir vor. Die haben uns einen geblasen. Gleich hier hinten.»

Brian deutet mit dem Kopf in Richtung Hafen.

«Zwischen den Booten. Schön abwechslungsweise, so dass jede einmal bei jedem von uns drankam.»

Dann meldet sich auch der stille Curt, der bisher noch nicht viel zur Konversation beigetragen hat, zu Wort: «Und stell dir vor: Jerry, der alte Sack, ist als erster gekommen! Und eingefädelt hat er die ganze Geschichte auch. Er machte den Frauen klar, dass sie einmal blasen dürfen und dafür Geld kriegen. Danach hatten sie zu verschwinden. Die haben sich dann auch ohne zu Mucksen verzogen. Bravo, Jerry!»

Die Männer sind sich einig: Jerry ist der Grösste. Jerry, der es gewohnt ist, von jüngeren Kollegen bewundert zu werden, lacht sein selbstbewusstes, lautes Lachen.

«Ich danke euch, Jungs. Nun, wie ihr wisst, ich bin ein alter Hase in diesem Geschäft. Und auch ein gebranntes Kind. Ich weiss, wie mühsam es ist, wenn man die Braut nach der Nummer nicht mehr los wird.»

Brian und Curt klatschen nochmals Applaus. Jerry zeigt sich gerührt.

«Aber jetzt, meine Freunde, wird es Zeit für meine Siesta. Ich werde Hugo zurück ins Hotel begleiten, damit er pünktlich bei seiner Cindy ist.»

Brian und Curt wissen, dass protestieren nichts bringt. Wenn Jerry sich etwas in den Kopf gesetzt hat, dann lässt er sich nicht davon abbringen. Brian und Curt haben vor, am späteren Abend ins *Roxy*, im Moment die beliebteste Diskothek vor Ort, zu gehen. Gerne hätten sie Jerry dabei gehabt. Brian fragt: «Treffen wir uns später nochmals? Gehen wir zusammen aus?»

Wie zu erwarten war, lehnt Jerry dankend ab.

«Ihr jungen Leute habt noch eine Menge Lebensenergie. Ich werde heute Nacht nicht schon wieder in eine lärmige Bar oder laute Diskothek gehen. Ich brauche meinen Schönheitsschlaf. Ich werde wohl in aller Ruhe in einem netten Lokal am Hafen speisen und mir einige Drinks genehmigen. Vielleicht mit Hugo und Cindy, dem unzertrennlichen Paar. Was meinst du, *Uuugo?*»

Cindy kommt kurz vor Sieben ins Hotelzimmer und macht es sich bequem. Sie stellt die Einkaufstaschen in eine Ecke, zieht sich bis auf die Unterhose aus, nimmt eine Cola aus dem Kühlschrank und setzt sich mit der Fernbedienung in den grossen Sessel vor den Fernseher. Während sich Hugo mit seinen Freunden am Strand getroffen hatte, nutzte sie die Zeit, um einige der Sachen, die Hugo für sie eingekauft hatte, zurück zu bringen. Damit erfüllte sie ihren Teil der Abmachung. Die funktioniert so:

Die Mädchen lassen sich von ihren Verehrern und Freunden schöne Dinge kaufen: Schuhe, Kleider, Schmuck usw. Später bringen die Mädchen die Sachen zurück zu den Händlern und kriegen dafür eine Provision. So kommen sowohl die Mädchen als auch die Geschäftsleute zu schnellem Geld. Cindy hätte gerne alle Geschenke zurückgebracht und abkassiert. Leider war das nicht möglich, denn Hugo hätte etwas merken können, wenn sie nie etwas trägt, was er ihr gekauft hat. Zwar merken die Männer oft nicht, wenn ihre Mädchen die neuen Sachen nicht tragen. Sie sind viel zu fest mit sich beschäftigt und denken sowieso nur ans Bumsen. Doch man weiss nie. Und Cindy hat vor, noch einige Zeit bei diesem Hugo zu bleiben. Hugo ist zuvorkommend, nett und behandelt sie wie eine Lady. Cindy merkt, dass er sogar richtig in sie verliebt ist. Jerry, von dem Cindy den Tipp hat, sich um Hugo zu kümmern und dabei auf etwas auf Naivchen zu machen, hatte vollkommen Recht. Hugo ist ein hochanständiger Kerl und frisst ihr aus der Hand. Und Cindy möchte seine Illusionen nicht zerstören. Er denkt, dass sie ein unschuldiges Mädchen vom Lande ist und nur ganz zufällig in dieser Bar war an jenem Abend. Cindy hofft, dass sie Hugo vielleicht sogar mit in die Schweiz nimmt. Sie will noch heute herausfinden, ob Hugo eine Frau hat, die zu Hause auf ihn wartet. Oder sogar eine Familie. Bis jetzt ist er ihr immer ausgewichen, wenn sie ihn über sein Leben in der Schweiz ausfragen wollte. Falls er eine Familie hat, dann müsste sie ihre Strategie ändern. Wenn sie nicht mit ihm gehen kann, dann will sie ihn wenigstens so weit kriegen, dass er ihr regelmässig Bargeld schickt. Ihre Mutter ist zwar nicht schwer krank, wie sie Hugo erzählt hat, aber es ist wahr, dass Cindy ihre Familie finanziell unterstützt. Geld, das ihre Familie in Vietnam gut gebrauchen kann. Cindy heisst eigentlich *Phuong Thi Nguyen*. Sie ist das älteste von fünf Kindern und kommt aus der Provinz Bac Kann im Norden von Vietnam. Dort leben ihre Eltern und ihre Geschwister, teilweise wiederum mit ihren eigenen Familien. Sie sind einfache Bauern.

Phuong's Vater ist nach dem Krieg auf eine Personenmine getreten. Die Ärzte in Hanoi mussten ihm beide Beine amputieren. Die Knochen waren mehrfach und der Länge nach gebrochen. Seit ihr Vater nicht mehr arbeiten kann, ist ihre Familie noch ärmer als zuvor. Mit Phuong's alias Cindy's Geld hat ihre Mutter etwas Land gekauft. Das bewirtschaftet sie nun zusammen mit Cindy's Brüdern und Schwestern. Sie pflanzen Reis, Mais und Gemüse, halten einige Schweine und Hühner. Das reicht, zusammen mit Phuong's regelmässigen Überweisungen, gerade zum Leben aus. Phuong lebt seit drei Jahren illegal als Cindy in Pattaya. Wie die anderen Barladies hat sie sich einen modernen englischen Namen zugelegt. Ihren Verwandten in Vietnam hat sie erzählt, dass sie in einem grossen Warenhaus, in der Abteilung für Kinderspielsachen, arbeitet. Wie lange sie dieses Leben hier noch weiterführen wird, weiss sie nicht. Auch nicht, ob sie irgendwann zurückgehen wird. Sie kann sich einfach nicht mehr vorstellen, in so einfachen Verhältnissen zu leben. Schliesslich wird sie hier von den Männern verwöhnt und kann die meiste Zeit in Hotels wohnen. Am liebsten würde sie allerdings mit einem einigermassen netten Mann wie Hugo ins ferne Ausland gehen. Aber das ist nicht so einfach. Phuong besitzt keine Papiere. Die Grenze zu einem der Nachbarländer illegal zu überqueren, ist kein Problem. Zum Beispiel über den Mekong im Osten von Thailand via Laos nach Vietnam. Aber in ein europäisches Land wie die Schweiz würde sie ohne Papiere nicht gelangen. Nur schon um das Flugzeug zu besteigen, braucht sie einen Ausweis.

Während Cindy in dem grossen Stuhl sitzt und geistig abwesend die bewegten Bilder im Fernseher verfolgt, klopft es an der Tür. Das muss Hugo sein. Cindy öffnet die Tür vorsichtig zuerst nur einen Spalt. Erst nachdem sie Hugo gesehen hat, reisst sie die Tür stürmisch auf und fällt ihm in die Arme.

«Oh! Hallo Hugo-Darling!»

Von ihrer Umarmung überwältigt, stolpert er in das Zimmer.

Hugos schlechte Laune von vorher ist schlagartig verflogen.

«Hallo, Cindy, meine Geliebte. Du hast ja fast nichts an.»

Vorsichtig lässt Hugo die Tür hinter sich ins Schloss fallen.

«Ja! Cindy auf dich warten und wurde ihr ganz heiss.»

Cindy lächelt verführerisch.

«Da Cindy sich haben ausziehen müssen.»

Sie nimmt Hugos Hände und legt sie sich auf ihre nackten Brüste.

«Schön, dass du sein wieder zurückkommen. Das geben grosse Belohnung. Setzen dich.»

Überrascht über den temperamentvollen Empfang und wieder überglücklich, lässt sich Hugo in den Sessel plumpsen. Alle Zweifel, die er noch vor ein paar Minuten an der Aufrichtigkeit von Cindys Gefühlen für ihn hegte, sind verflogen.

«Hugo, du wollen etwas trinken? Ein Bier? Cindy haben gemacht, dass Kühlschrank wieder ist voll.»

«Vielen Dank, meine Liebste.»

Cindy stolziert auf den Zehenspitzen zum Kühlschrank. Sie hofft, dass diese Art zu gehen sie etwas grösser macht und sexy aussehen lässt. Sie nimmt eine Flasche *Singha* heraus, öffnet den Verschluss und reicht sie Hugo. Dann klettert sie auf ihn, setzt sich rittlings auf seinen Schoss und umschlingt mit ihren Beinen Hugos Becken. Mit einem theatralischen Schmollen sagt sie: «War schön am Strand, Hugo-Darling? Hast du treffen hübsche Mädchen? Und du Cindy auch treu bleiben?»

Hugo merkt, dass sie ihn nur necken will.

«Aber natürlich war ich dir treu, meine Liebe. Wie soll ich einem so bezaubernden jungen Mädchen wie dir untreu werden? Ich bin wahnsinnig nach dir!»

Während er das sagt, spielen seine Finger mit ihren spitzen kleinen Brustwarzen. Cindy stöhnt, um bei Hugo den Eindruck zu erwecken, dass sie das sehr erregt. Dann schält sie ihn aus seinem Hemd, wirft es auf den Boden und schmiegt sich mit ihrem nackten Oberkörper an ihn. Ihre Beine umschlingen ihn jetzt ganz fest, und sie merkt, dass er eine Erektion hat. Sie hilft nach, macht ihn an, indem sie mit ihrem Becken kleine Kreisbewegungen macht. Hugo ist vollkommen zufrieden. Mit einer Hand umfasst er Cindy's schmale Taille, in der anderen hält er immer noch sein kühles Bier. Vielleicht hat Jerry ja Recht und er sollte sich hin und wieder etwas rar machen. Dann muss sich Cindy noch mehr um ihn bemühen. Hugo nimmt zufrieden zur Kenntnis, dass er bereits wieder Lust auf Sex hat. Cindy schiebt ihren Unterkörper leicht von Hugo weg, so dass zwischen ihr und ihm etwas Platz frei wird. Diesen nutzt sie, um ihm die Hose aufzuknöpfen. Mit einem geschickten Griff in seine Unterhose nimmt sie sein steifes Glied in die Hand und fängt an, es zuerst sanft, dann fester zu massieren.

«Ach. Cindy, wie habe ich nur verdient, dass du so gut zu mir bist?»

Ohne mit ihren wohltuenden Handbewegungen aufzuhören, erwidert Cindy: «Lieber Hugo. Du sein so lieb zu mir heute. War schön mit dir. Ich liebe dich.»

Hugo schliesst die Augen. Er lässt sich gehen, gibt sich den angenehmen Gefühlen hin, die Cindys Hände erzeugen. Seine Sinne sind ganz auf seinen Schwanz konzentriert. Cindy sagt etwas, aber ihre Stimme scheint von weit her zu kommen.

«Ich liebe dich auch Cindy. Über alles!» seufzt er.

Geschickt, und ohne ihre Schwanzmassage zu unterbrechen, entledigt sich Cindy ihrer Unterhose und schiebt auch Hugos Hose, so weit als nötig, zur Seite. Dann nimmt sie wieder rittlings auf Hugo Platz. Sein steifer Schwanz gleitet wie von selbst in ihre Scheide. Rhythmisch bewegt sie ihr Becken, führt ihm langsame, aber feste Stösse zu. Hugo fängt leise an zu stöhnen. Er umfasst ihren Hintern mit dem Ziel, ihre Bewegungen zu beschleunigen.

«Mach weiter so, Cindy! Schneller!» feuert er sie an.

Cindy weiss, dass sie die Situation clever eingefädelt hat.

Hugo will jetzt, dass sie ihn so schnell als möglich zum Höhepunkt führt. Sie hat ihn in der Hand. Nun wird er ehrlich zu ihr sein. Sie hält einen kurzen Moment inne und befreit sich aus seiner Umarmung. Sein Schwanz flutscht aus ihrer Scheide. Verzweifelt versucht Hugo sein Becken so zu bewegen, dass er sein Glied wieder einführen kann.

«Was ist mit dir los, Cindy, warum machst du nicht weiter? Gefällt es dir nicht?»

Hugo schnauft ungeduldig.

«Aber ja, Hugo, es ist wunderschön. Aber ein Mädchen machen sich Gedanken. Ich lieben dich so sehr.»

Hugo insistiert: «Dann lass uns jetzt Liebe machen, bitte!»

Cindy hält ihn immer noch zurück.

«Du mir zuerst sagen Hugo: Du sein verheiratet? Du mit mir nur spielen? Du sagen, du mich lieben, aber zu Hause warten deine Frau?»

Kurz nachdem sie das gesagt hat, stösst sie, ganz zu Hugos unerwarteter Freude, einige Male schnell und heftig zu.

«Ja! Ich gebe es ja zu! Ich bin verheiratet! Ich bin verheiratet und habe zwei Töchter!»

Im Klang dieser von Hugo laut geschrienen Worte schwingt die Erleichterung seines Orgasmus mit.

Doppeltes Spiel

Noi sitzt an der Bar in der Hotellobby und trinkt ihren vierten –
von Jimmy grosszügig gemixten – Wodka mit Tonic. Es ist erst
neun Uhr. Auf dem Boden an die Theke gelehnt liegt ihre Strandtasche mit den Utensilien für ihre nächtlichen Aktionen darin.
Eigentlich wollte sie sich auf den Weg machen. Auf die Suche
nach neuen Opfern. Ihr Gefühl sagt, dass etwas Gewalt sie jetzt
vielleicht aufheitern könnte. Spontan hatte sie die Idee, sich an
der Bar einen kleinen Aperitiv zu genehmigen. Jimmy, der wie
immer arbeitet, schaut Noi bekümmert an. Er hat schon am ersten Tag ihrer Ankunft gemerkt, dass mit ihr etwas nicht stimmte, traute sich aber nicht sie zu fragen, was denn los sei. Seine
Kultur gebietet ihm Zurückhaltung. Wenn Noi ihm ein Problem
anvertrauen will, dann muss sie reden.

Der Alkohol ist ihr zu Kopf gestiegen. Leider reicht die
Menge nicht aus, um ihren allgegenwärtigen Hass zu bändigen.
Wütend denkt sie: mein Vater, dieser Mistkerl! Er hat ihr das
ganze Leben lang verheimlicht, dass sie seine richtige Tochter
ist. Noi nimmt an, dass ihre Mutter ebenso ahnungslos ist wie
sie selber bis vor einer Stunde war. Wenn ihre Mutter gewusst
hätte, dass sie von ihrem Mann während ihrer damals noch jungen Ehe regelmässig mit einer thailändischen Nutte betrogen
worden war, dann hätte sie ihm bestimmt sofort den Laufpass
gegeben. Oder? Oder nicht? In Noi kommen auf einmal Zweifel auf. Vielleicht irrt sie sich und ihre Mutter weiss Bescheid.
Vielleicht hat sie Noi deshalb als Kind mit dieser emotionalen
Zurückhaltung behandelt. Hat ihr das Gefühl gegeben, uner-
wünscht ungeliebt und ihr etwas schuldig zu sein. Noi hat es in
all den Jahren nicht geschafft, dass ihre Mutter sie so liebte, wie
sie es sich gewünscht hätte. Ihre Mutter hatte ihr ausserdem ein-
zureden versucht, dass sie nie einen Mann finden würde, der sie
aufrichtig liebt. Solange, bis es Noi fast selber glaubte, und sich
vornahm, sich nie mehr zu verlieben. Sie überlegt.

Vielleicht hat sich ihre Mutter deshalb so merkwürdig verhalten, weil sie in Noi ihre Konkurrentin Ratana sah: Nois biologische Mutter und Konis Geliebte in einem fernen Land. Noi ist klar geworden: Es muss an ihrer Adoptivmutter Marlis gelegen haben, dass die beiden, Marlis und Koni, keine eigenen Kinder kriegen konnten. Vielleicht hat sich Marlis deshalb schuldig gefühlt und gedacht, dass es für ihre Beziehung zu Koni besser wäre, wenn sie ihm erlaubte, seine Tochter zu sich zu holen. Noi ist immerhin das eigene Fleisch und Blut des einen Elternteils. Aber warum haben Koni und Marlis sie niemals über ihre wahren Familienverhältnisse aufgeklärt? Die Wut packt Noi bis in die letzte Faser ihres Körpers. Und die armen Kerle hier in Pattaya müssen es jetzt büssen. Aber das ist ihr egal. Zornig denkt sie: Und wie konnte Koni es zulassen, dass Ratana mittel- und hoffnungslos an Aids zugrunde ging? Warum hat er ihr kein Geld geschickt? Ihr keinen Platz in einer Klinik organisiert? Warum hat er Noi nie angeboten, ihre biologische Mutter kennen zu lernen? Fragen über Fragen. Diese Gedanken machen Nois Wut noch grösser. Sie fühlt sich in dieser absurden Situation hilflos. Alle diese schrecklichen Dinge sind passiert, und Noi kann nichts mehr machen. Die all gegenwärtige Wut setzt in Noi unglaubliche Kraftreserven frei. Sie muss heute noch Dampf ablassen.

«Jimmy, sag mir: Hier in Pattaya gibt es doch viele Nachtclubs. Welcher ist im Moment der Angesagteste?»

Noi lehnt über die Theke und schaut den jungen Mann an. Jimmy überlegt nicht lange: «Der Club *Roxy*, etwas landeinwärts an der Ecke der South Pattaya Road und Soi Bangkok ist nicht schlecht. Ich selbst war noch nie dort. Kann ich mir nicht leisten. Zu teuer. Aber die Touristen lieben den Club. Weil es dort viele schöne Mädchen hat. Verstehst du.»

Jimmy grinst verlegen. Noi weiss.

«Gib mir noch einen!» lallt sie.

Ihre Zunge liegt schwer in der Mundhöhle. Sie hat Mühe, die Worte, die sie sagen will, zu formulieren. Jimmy zögert: «Ich möchte mich ja nicht einmischen, Noi, aber ich glaube, du hast für deine Verhältnisse im Moment genug. Vielleicht gehst du besser nach oben, nimmst ein Bad und schläfst dich aus.»

Jimmy wundert sich schon länger, was eine so hübsche und interessante Frau wie Noi hier in Pattaya macht. Und warum sie sich mit so eigenartigen Gestalten wie diesem australischen Pseudo-Detektiv herumtreibt. Der ist stadtbekannt. Alle wissen, dass er krumme Geschäfte dreht.

«Noi, darf ich dich etwas fragen?»

Ohne ihre Antwort abzuwarten, spricht Jimmy weiter: «Ich weiss, es geht mich eigentlich nichts an. Aber... was machst du immer noch hier in dieser Stadt? Thailand ist so ein schönes Land. Reich an wunderbaren Stränden. Im Süden diese unglaublichen Felsen, die aus dem Wasser ragen. Und im Norden der lebendige dichte grüne Dschungel. Warum reist du nicht weiter? Pattaya ist doch nur eine dreckige kleine Touristenstadt.»

Noi schweigt. Jimmy meint es ja nur gut mit mir, denkt sie. Dennoch bleibt sie ihm die Antwort schuldig. Auch das gehört zur hiesigen Kultur. Unangenehme Fragen müssen nicht beantwortet werden. Und Jimmy ahnt ja nichts von Nois chaotischen Familienverhältnissen und ihren nächtlichen Streifzügen. Noi sitzt vor dem leeren Glas und lässt ihre Gedanken wieder schweifen. Ausgerechnet ihr muss das hier widerfahren! Sie kann sich bildlich vorstellen, was Rolf Richter, ihr Professor mit einem Lehrstuhl für Tiefenpsychologie und Psychiatrie, zu ihrem Fall sagen würde:

Unbewusst habe sie schon immer gewusst, dass Koni ihr richtiger Vater sei. Gewusst, dass sie ein Mischling ist. Eine explosive Kombination aus asiatischer Raffinesse und schweizerischer Nüchternheit. Für alle Ungerechtigkeiten, welche sie aufgrund dieser problematischen Konstellation erleiden musste, habe sie sich gerächt, indem sie das Übel an seiner Wurzel auszulöschen versuchte. Indem sie ihre potentiellen Erzeuger exekutierte.

Was für eine präzise Anlayse. Während diese Gedanken vor ihrem inneren Auge vorbeiziehen, muss Noi vor sich hinschmunzeln. Hoffentlich wird sie nicht beobachtet, denkt sie. In ihrem in Alkohol getränkten Tagtraum stellt sie sich vor, wie sie als Angeklagte vor einem Geschworenengericht verhört wird. Rolf Richter wird als Zeuge befragt und er plädiert dafür, dass Noi zum Zeitpunkt ihrer Taten aufgrund ihrer schwierigen familiären Situation als vermindert zurechnungsfähig eingestuft werden sollte. Rolf Richter hält eine lange Rede, in der er bis ins Detail Nois schwieriges und trauriges Schicksal erläutert: Das arme kleine Mädchen. Mit dreieinhalb Jahren von seiner Mutter weg gerissen. Wächst beim Vater und einer fremden Frau auf. Dem Mädchen fehlt die aufrichtige Mutterliebe und es wird ihm eine Identität als Adoptivkind konstruiert. Es spürt jedoch unbewusst, dass etwas nicht stimmt. Die autoritäre und unnahbare Mutter. Der von Schuldgefühlen geplagte Vater. Dann ganz plötzlich der Befreiungsschlag, verbunden mit der totalen Erkenntnis. Gewalttätig bricht es aus ihr heraus. Noi wird zur Mörderin. Dann stellt sich Noi vor, wie sie in die geschlossene Abteilung einer psychiatrischen Klinik eingeliefert wird.

Während sie mit offenen Augen vor sich hin träumt, sieht sie auf einmal, wie der Schweizer in den Mittfünfzigern, der auch in diesem Hotel wohnt, mit einer jungen Asiatin die Treppe in die Hotellobby hinunter kommt. Eine hübsche junge Frau, die er sich da geangelt hat, denkt Noi. Das ungleiche Paar gesellt sich zu einem älteren Herrn, der ein bisschen wie eine schlechte Comic-Figur aussieht. Irgendwie lustig, sympathisch. Sie wechseln einige Worte. Der alte Mann spricht mit amerikanischem Akzent. Dann verlassen sie zu dritt das Hotel. Noi versucht nochmals, Jimmy zu überreden, dass er ihr einen weiteren Drink ausschenkt.

«Bitte Jimmy, gib mir noch einen. Du weisst genau, ich kann hier rausspazieren und mir in jeder Kneipe einen genehmigen.»

«Vielleicht ist es besser, du trinkst Wasser.»

Jimmy stellt Noi eine Flasche Wasser vor die Nase.

«So einfach bringst du mich nicht dazu, dir noch mehr Wodka auszuschenken.»

Jimmy zeigt mit dem Kinn in Richtung der Wasserflasche.

«Die geht aufs Haus.»

Noi resigniert und trinkt das Wasser in einem Zug. Das kalte klare Wasser rinnt ihr angenehm die Kehle hinunter. Nach einer Weile fragt sie: «Du, Jimmy? Ich habe eine kleine Frage: Kennst du einen Arzt in der Gegend? Einen guten und vertrauenswürdigen? Einer, der auch Hausbesuche macht?»

«Jeder Arzt macht Hausbesuche, wenn das Honorar stimmt.»

Jimmy lacht.

«Spass beiseite: Etwas landeinwärts wohnt ein pensionierter Arzt. Er ist Deutscher und hat lange in einem Krankenhaus in Bangkok praktiziert. Ich weiss nicht worauf er spezialisiert ist, aber er hat hier im Hotel schon einige Male geholfen wenn ein Gast krank war. Ich kann dir seine Telefonnummer heraussuchen, wenn du willst. Was ist los Noi? Bist du krank?»

Nachdenklich antwortet Noi: «Nein, nicht ich. Eine Bekannte von mir. Es ist dennoch gut, wenn der Arzt Deutsch spricht. Ich möchte genau wissen was ihr fehlt und Medikamente für sie kaufen. Ich werde ihn morgen anrufen. Vielen Dank für das Wasser, Jimmy. Ich fühle mich schon besser. Ich werde jetzt rüber ins *Daisy* gehen und etwas Anständiges essen.»

Jimmy zuckt mit den Schultern:

«Keine Ursache.»

Noi nimmt ihre Strandtasche und geht. Jimmy ruft ihr nach: «Noi! Pass auf dich auf!»

Während Hugo, Cindy und Jerry in einem vornehmen Seafood-Restaurant beim Hafen zu Abend essen, gehen Brian und Curt ins *Moonlight Pub*, das an derselben Strasse wie die Discothek *Roxy* liegt. Zu ihrer Überraschung werden sie von einem Landsmann, einem grossgewachsenen blassen Engländer bedient. Die Bar scheint ihm zu gehören. Das Pub ist mit britischen Fussballartikeln dekoriert. Fotos von Fussballspielern und Fahnen von diversen Teams: die englische Nationalmannschaft, *Liverpool, Arsenal* und schliesslich Brians Lieblingsmannschaft, die *Manchester United*. Die zwei setzen sich an die Bar. Aus der grossen Auswahl an englischen Bieren wählen sie ein *Newcastle Brown Ale*. Dazu bestellen sie je eine Portion *Fish and Chips*. Diese wird von einer kleinen etwas dicklichen Thailänderin zubereitet und serviert. Die Fritten sind in eine plastifizierte Papptüte abgefüllt und mit einer Unmenge von Mayonnaise bedeckt. Die Thailänderin drückt den beiden je eine Tüte in die Hand. Die fettigen fritierten Fischstücke serviert sie auf einem grossen Plastikteller. In der einen Hand die Frittentüte, in der anderen ein Pint, fühlen sich die beiden Jungs schon fast wie zu Hause. Ein melancholisches Heimatgefühl kommt auf. Sie heben ihre Gläser und stossen an: «Cheers!»

Dann fragt Brian, der temperamentvollere der beiden: «Na, wie gefällt es dir hier?»

Brian hatte Curt zu dem Urlaub in Thailand überredet.

«Es gefällt mir ausgezeichnet. Vor allem die vielen tollen Mädchen. Wirklich aussergewöhnlich.»

Curt ist rundum glücklich. Endlich fühlt er sich nicht mehr wie ein Versager bei den Frauen. Aber das sagt er lieber nicht. Brian klopft Curt kollegial auf die Schultern.

«Ich habe dir ja gesagt, die Bräute hier sind spitze.»

Brian vermutet, dass Curt noch nie eine Freundin hatte. Nicht, dass Curt nicht gutaussehend oder ungepflegt wäre. Er ist einfach schüchtern. Weiss nicht, wie er auf Frauen zugehen soll.

Unfähig, zu flirten. Ein richtiger Tollpatsch. Nur wenn er besoffen ist und allen Mut zusammen nimmt, schafft er es manchmal, eine Frau, die ihm gefällt, anzusprechen. Das geht aber eigentlich immer schief. Die meisten Mädchen mögen keine betrunkenen aufdringlichen Männer. Sich bis zur Besinnungslosigkeit zu besaufen ist etwas, das man nur unter Kumpels macht. Brian ist nicht einmal sicher, ob Curt schon einmal mit einer Frau geschlafen hat, die keine Prostituierte war. Er hat ihn nicht danach gefragt. Über ihre Schwächen sprechen sie nicht miteinander.

«Und wie geht es dir? Denkst du noch viel an Catherine?» fragt Curt.

Brian, der gerade den Mund voller Fritten hat, schüttelt den Kopf. Catherine, seine Exfrau, hat er aus seinem Gedächtnis gestrichen. Vielmehr Sorgen macht ihm, dass er Stuart, seinen kleinen Sohn, nicht mehr regelmässig sehen darf. Catherine hat den Sorgerechtstreit vor Gericht gewonnen. Stuart darf nun nicht mehr über Nacht bei ihm bleiben. Und das alles nur, weil Catherine ihn einmal zufällig mit einer minderjährigen drogensüchtigen Prostituierten im Bett erwischt hat. Diese intolerante dumme Kuh, denkt Brian zornig. Was bleibt denn einem Mann anderes übrig als fremd zu gehen, wenn ihm die eigene Frau ihren Körper verweigert? Und schliesslich hat das nichts mit Liebe zu tun, wenn man es mit einer Nutte treibt. Brian schluckt den Bissen runter und spült mit dem restlichen Bier im Glas kräftig nach. Ohne weiter auf Curts Frage nach seinem Befinden einzugehen, sagt er: «Trinken wir noch eines?»

Curt nickt wortlos mit dem Kopf. Brian winkt dem Mann an der Bar. Während den Mittel- und Zeigefinger seiner rechten Hand ausstreckt, sagt er: «Noch zwei, bitte!»

Vom vielen Bier in bester Stimmung und bereit für Sex, Drogen und schnelle Musik, machen sich Curt und Brian auf den Weg in die Discothek *Roxy*. Es ist schon nach Mitternacht. Sie müssen nicht lange Anstehen am Eingang. Die beiden bezahlen je 500 Baht Eintritt – für Frauen ist der Eintritt gratis – und werden von einem grossen grimmig aussehenden Türsteher nach Waffen und Messern durchsucht. Dann drückt eine kleine Frau den beiden einen Stempel auf das Handgelenk. Das Motiv: Eine leichtbekleidete Dame mit Hasenohren und einem Stummelschwänzchen. Die Frau öffnet ihnen die massive Tür zum Club und lässt sie eintreten. Eine dicke Wolke aus Nebel, Schweiss und Erdbeergeruch schlägt ihnen entgegen. Blitzlichter in allen Farben zucken im Takt der aggressiven Technomusik. Im ersten Moment erkennen Brian und Curt gar nichts. Instinktiv gesellen sie sich zu einem kaum sichtbaren Menschenklumpen und realisieren erst dort, dass sie an der Bar stehen. Einige sprachlose Minuten vergehen. Allmählich nehmen sie die Architektur des Clubs wahr: Die Tanzfläche sieht aus wie eine Bühne. Sie befindet sich auf einer Metallkonstruktion. Von allen Seiten führen Treppen auf die Tanzfläche. Unter dem Bühnenrand befinden sich kleine Düsen, die ununterbrochen Trockeneis in den Raum pusten. Es ist der so entstehende Rauch, der den Club vernebelt. Vermutlich kommt auch der penetrante Erdbeergeschmack aus denselben Düsen. Hunderte von Scheinwerfern tauchen den Nebel in ein Farbengewitter. Tanzwütige verrenken ihre Leiber zur schnellen Musik. Der DJ legt seine CDs in einem kleinen Häuschen rechts oberhalb der Tanzfläche auf. Von dort aus hat er den perfekten Überblick. Neben dem DJ-Häuschen schleudert eine Maschine dicke Seifenblasen in den Raum. Danach fallen sie geduldig, und ohne sich um den schnellen Sound zu kümmern, auf die Häupter der tanzenden Menschen und platzen. Einige gemütliche Tischnischen sind kreisförmig um die Tanzfläche angeordnet und in dunkelrotes Licht getaucht. Zwei grosse Stahlkäfige hängen in der Luft. Darin je zwei fast nackte Tänzerinnen. Sie tragen enganliegende

Tangas und haben sonst nur die Brustwarzen mit herz- oder sternförmigen Klebern bedeckt. Ihre Körper bewegen sich rhythmisch und anzüglich zum Klang der Musik. Sexy lassen sie ihre Becken kreisen, berühren sich gegenseitig und lassen ihre Zungen miteinander spielen. Die Musik ist so laut, dass sich Curt und Brian anschreien müssen. Sie stellen sich an das Ende der Bar, einige Meter entfernt von der belebten Tanzfläche. Der Innenraum der Bartheke ist ein beleuchtetes Aquarium. Friedlich schwimmen Fische in allen Formen und Farben darin. Brian und Curt bestellen sich ein Bier. Sie beobachten, wie einige Leute an der gegenüberliegenden Seite der Bar ein grosses Cocktailglas mit einer orangen Flüssigkeit kreisen lassen. In dem Glas stecken einige Strohhalme. Jeder, der das Glas bekommt, zieht einige Male und gibt das Getränk dann seinem Nachbarn weiter. Die Prozedur ist vergleichbar mit dem gemeinsamen Paffen eines Joints. Brian und Curt schauen dem Treiben eine Weile zu, dann fragt Curt: «He Brian, hast du eine Ahnung, was die Leute da trinken?»

Brian, der sich bestens auskennt, gibt sich cool: «Vermutlich irgend so ein Teufelszeug, das die Einheimischen hier brauen. Ich habe schon gehört, dass sie aus Pilzen, die auf Kuhscheisse wachsen, ein Pulver machen, das sie dann in die Drinks mixen. Irgendwie eklig, nicht?»

Curt, der noch nie etwas von Zauberpilzen auf Kuhmist gehört hat, ist neugierig geworden.

«Hast du denn schon einmal davon probiert?»

Brian schüttelt den Kopf.

«Nein, bisher nicht. Aber wer weiss, vielleicht haben wir in diesen Ferien ja einmal die Gelegenheit dazu. Ich weiss nur, dass es einen wahnsinnig high machen kann. Zuerst stellt sich ein warmes Glücksgefühl ein, wird gesagt. Danach können – je nach Dosierung der eingenommenen Pilze – richtige Halluzinationen entstehen. Es gibt Leute, die sind davon schon durchgedreht. Waren auf einmal der Überzeugung, sie seien Jesus oder sowas. Da lobe ich mir mein Bier.»

Brian hebt sein Glas in die Höhe und sagt laut: «Cheers!»

Kaum haben Brian und Curt sich zugeprostet, gesellen sich auch schon die ersten Mädchen zu ihnen. Zwei untersetzte Thailänderinnen quetschen sich neben Brian. Die eine kneift ihn frech in die Backe und sagt: «Hallo! Das ist meine Freundin Doris und ich bin Dinky. Wir sind die ganze Nacht für euch da, wenn ihr wollt.»

Dinky's Lachen entblösst ihr Gebiss mit den fehlenden Schneidezähnen. Ihre Kollegin Doris sieht klein und pummelig aus. Sie lacht breit, ihr Lippenstift ist verschmiert. Brian überragt die beiden um fast zwei Köpfe. Grosszügig legt er seine Arme je um die Schulter eines Mädchens und brüllt der Bardame zu: «Sekt für die zwei Süssen hier! Geht auf meine Rechnung!»

Die Mädchen bedanken sich bei ihm mit spitzen Küssen auf seine Backen und den Mund. Das Reden ist bei der lauten Musik nur schwer möglich. Brian versucht, sich mit Händen und Füssen mit den beiden Mädchen zu verständigen. Sie gefallen ihm nicht, und er würde auch mit keiner von beiden ins Bett gehen. Er geniesst es einfach, wie sie ihn anhimmeln. Mal sehen, was sie sich alles einfallen lassen um ihn rumzukriegen, denkt er. Brian weiss aus eigener Erfahrung: Der Fantasie der Mädchen sind keine Grenzen gesetzt. Während er sich mit den beiden D's amüsiert, hat Curt nur Augen für ein anderes Mädchen, das ihm gegenüber an der Bar sitzt. Sie trinkt immer mal wieder von diesem Pilzgetränk, das die Leute einander weiterreichen. Er kann den Blick nicht von ihr abwenden. Ein bildschönes Geschöpf. Eine für thailändische Verhältnisse grossgewachsene Frau mit fast europäischen Gesichtszügen. Sie scheint seine Aufmerksamkeit bemerkt zu haben und lächelt ihm verführerisch zu. Curt spürt, wie er sich tief in seinem Herzen nach einer echten und richtigen Freundschaft zu einem Mädchen sehnt. Alle diese Frauen, die hier so einfach und billig zu kriegen sind, das sind doch nur Nutten. Die machen dir alles für Geld. Und ihre Zuneigung ist auch nur gespielt.

Er kann ja gut verstehen, dass Brian in seiner momentanen Situation auf so etwas abfährt. Schliesslich steckt er mitten in der Scheidung von seiner Frau und wünscht sich alles andere als Verbindlichkeit: keine Verpflichtungen, kein *Auf Wiedersehen*, nur purer animalischer Sex.

Bei Curt ist dies ganz anders: Er möchte endlich eine feste Freundin haben. Ein Mädchen, das ihn aufrichtig liebt und das für ihn da ist. Sich um ihn kümmert, ihm zuhört. Natürlich gehört dazu auch körperliche Nähe. Sex mit einer Frau zu haben, die ihn genau so liebt und begehrt wie er sie, das stellt sich Curt wunderschön vor. Verträumt schaut er der fremden Schönen in die Augen, bis ihn Brian abrupt aus seinen Gedanken holt: «Curt, was ist los mit dir? Du bist so still. Komm, amüsier dich mit uns. Darf ich vorstellen: Das sind die zwei D's: Doris und Dinky.»

Verschwörerisch lehnt sich Brian an seinen Freund und schreit ihm ins Ohr: «Ich weiss, sie sehen nicht gerade scharf aus, aber die zwei sind ziemlich durchgeknallt. Dinky behauptet, sie könne Tischtennisbälle, Messer und anderes Zeugs aus ihrer Fotze ausspucken. Sie würde sogar eine Privatvorführung für uns zwei machen. Also das will ich noch heute Abend sehen! Was meinst du?»

Curt zögert einen Augenblick. Er weicht aus.

«Ach, ich weiss nicht.»

Curt hat gar nicht richtig zugehört, was Brian gesagt hat. Der Blick der faszinierenden Unbekannten am anderen Ende der Bar hält ihn im Bann. Die Frau hat ein bezauberndes aufrichtiges Lächeln. Zu Curt's Überraschung nickt sie mit dem Kopf in Richtung Tanzfläche und schaut ihn dabei fragend an. Wie in Trance lacht Curt sie an und nickt zustimmend. Vielleicht interessiert sie sich ja ernsthaft für ihn, hofft er. Ohne weiter auf das Angebot mit den Ping-Pong-Bällen einzugehen, sagt er zu Brian: «Ich gehe mal auf die Tanzfläche. Amüsier du dich gut mit deinen zwei Mädchen.»

Dann verschwindet Curt im Gewühl der vielen Menschen. Brian wundert sich. Er kann sich nicht daran erinnern, dass Curt jemals freiwillig getanzt hätte. Curt bahnt sich einen Weg durch die Menge und muss zum Glück nicht lange suchen. Seine Flamme steht jetzt einige Meter neben der Bar am Rand der Tanzfläche und wippt mit den Hüften im Takt der Musik. Das Mädchen hat lange schwarze Haare, trägt eine mit Pailletten bestickte hautenge Jeans sowie ein körperbetontes rotes Oberteil. Erfreut nimmt Curt zur Kenntnis, dass ihm auch ihr Körper gefällt. Sie ist etwas breiter als die meisten Thailänderinnen, aber immer noch sehr schlank. Langsam geht er auf sie zu. Was soll er ihr nur sagen? Zuversichtlich nimmt er zur Kenntnis, dass sie ihn schon gesehen hat und ihm jetzt freudig zuwinkt. Schliesslich steht er neben ihr und flüstert ihr ein schüchternes *Hallo* zu, welches im Lärm untergeht. Während er überlegt, was er als nächstes sagen soll, haucht sie ihm zur Begrüssung einen zarten Kuss auf die Wange. Das macht ihm Mut.

«Mein Name ist Curt, und ich komme aus England. Was war in dem grossen Glas, aus dem du vorher mit deinen Freunden getrunken hast?»

Die schöne Unbekannte steckt sich beide Zeigefinger in die Ohren und deutet Curt damit an, dass sie seine Frage nicht verstanden hat. Er nimmt einen zweiten Anlauf und sagt lauter: «Was habt ihr da vorher zusammen getrunken?»

Das Mädchen schreit zurück: «Du willst wissen, was das war? So genau weiss ich das auch nicht. Irgendetwas mit Wodka und psychedelischen Pilzen darin. Und Orangensaft. Dieses Spezialgetränk mixen sie hier für die Stammgäste. Wenn du willst, kann ich uns etwas davon besorgen. Hast du Lust?»

Sie lächelt vielversprechend. Curt ist hingerissen von ihr. Sie spricht ein gepflegtes Englisch mit einem ihm unbekannten Akzent. Ihre Stimme klingt hell und wach.

«Warte, geh noch nicht! Wie heisst du? Woher kommst du? Und warum sprichst du so gut Englisch?»

Die Fremde streichelt ihm mit ihrer linken Hand zärtlich über seine rechte Backe während sie laut in sein linkes Ohr redet. «Ich stamme aus dem Norden. Mein Vater ist Amerikaner. Er hat meine Mutter verlassen, als ich drei Jahre alt war. Als meine Mutter mich mit dem Nächstbesten verheiraten wollte, bin ich von zu Hause abgehauen. Habe es nicht mehr ausgehalten bei diesen Bauern, hatte die Nase voll vom traditionellen Landleben. Ich wollte ein modernes Leben, mich amüsieren. Leider hat mein Geld nicht ausgereicht um in die Staaten auszuwandern. Schade, denn ich würde gerne meinen Vater wiedersehen. Er wohnt mit seiner neuen Familie in Kalifornien. Ich habe einen amerikanischen Pass und könnte mir dort Arbeit suchen. Ich müsste niemandem zur Last fallen. Aber wie gesagt: Mir fehlt im Moment einfach das Geld für den Flug. Nun bin ich in Pattaya gestrandet und schlage mich halt so durch. Ich heisse Cindy.»

«Und wovon lebst du, Cindy?»

Curt ist neugierig geworden. Er will wissen, ob Cindy auch zu den Mädchen gehört, die ihren Körper gegen Geld verkaufen. Hoffentlich nicht.

«Ach weisst du, ein paar Dollar hier, etwas Geld dort. Ich serviere hin und wieder in einer Bar und arbeite als Kindermädchen für reiche Leute. Manchmal schickt mir auch mein Vater etwas Geld. Wenn er ein schlechtes Gewissen hat. Leider nie genug, damit ich zu ihm reisen kann. Manchmal glaube ich, dass er mich gar nicht wiedersehen will.»

Noi ist sicher, dass ihr dieser Engländer diese Geschichte abnimmt. Er macht einen ziemlich naiven Eindruck und scheint wenig Erfahrung im Umgang mit Frauen zu haben. Nois Gefühl sagt ihr, dass sie es bei ihm am einfachsten haben würde, wenn sie ganz auf unschuldiges Mädchen vom Lande macht. Und sie hatte Recht mit ihrer Strategie. Curt ist entzückt von Cindy.

Endlich einmal ein ganz normales Mädchen. Und dann ist sie auch noch zur Hälfte Amerikanerin und hat ein Verständnis für die westliche Kultur. Er beschliesst, sich wie ein Gentleman zu verhalten und Cindy nicht zu drängen. Das ist vielleicht die Chance, endlich ein richtig tolles Mädchen kennen zu lernen.

«Komm, wir setzen uns irgendwo hin und du erzählst mir in aller Ruhe von deiner Familie» bietet er ihr an, «soll ich uns etwas zu Trinken holen? Was hättest du denn gerne?»

Aber die schöne Unbekannte übernimmt selber die Initiative und sagt: «Du hast doch gesagt, dass du dich für dieses Pilz-Getränk interessierst. Warte. Ich hole uns etwas davon an der Bar. Bin gleich zurück!»

Ohne Curt's Antwort abzuwarten, verschwindet Cindy und bahnt sich den Weg durch die Menge an die Bar. Curt spürt, wie sich ein angenehmes Gefühl, eine Mischung aus Vorfreude und Nervosität, in seinem Magen ausbreitet. Wie ihm dieses mysteriöse Getränk wohl einfahren wird? Curt hofft, dass es ihn etwas lockerer macht im Umgang mit seiner neuen Bekanntschaft. Diese Cindy könnte genau die richtige Frau für ihn sein. Verträumt blickt er in die Seifenblasen, die über der Tanzfläche schweben. Er könnte mit ihr nach Amerika fliegen. Mit ihr zusammen ihren Vater besuchen. Er würde sich in den Staaten einen Job suchen. Egal was. Und dann würden sie eine Familie gründen und Cindy würde ihm einige liebe Kinder schenken. Abrupt wird sein Tagtraum gestört, als Brian auf ihn zuschwankt.

«He Curt! Da bist du ja! Amüsierst du dich? Ich habe die zwei hässlichen Bräute abgewimmelt. Du hast Recht, dass du gegangen bist. Lass uns ein paar wirklich scharfe Weiber aufreissen!»

Während Brian das sagt, muss er sich an Curt festhalten. Die drei Gläser Champagner, die er in dieser kurzen Zeit über das viele Bier getrunken hat, haben ihn sturzbetrunken gemacht. Curt gefällt es gar nicht, dass Brian auf einmal auftaucht. Er will nicht, dass er sich in seine Sache mit der hübschen Cindy einmischt.

Er weist seinen Kumpel zurecht: «Verdirb' mir das jetzt nicht,

Brian. Ich habe nämlich ein tolles Mädchen kennengelernt. Die gefällt mir wirklich.»

Brian hebt erstaunt seine Augenbrauen. Mit einem ironischen Unterton sagt er: «Ach, schau her. Da lasse ich unseren Curt zwei Minuten alleine losziehen und schon verliebt er sich. Wo ist denn die tolle Braut?»

Brian schaut fragend in der Disco umher. Als er Curts mahnendem Blick begegnet, gibt er klein bei.

«Mach dir keine Sorgen. Alles klar, sag ich dir. Du kannst sie haben. Ich werde einfach abhauen. Bin sowieso schon total betrunken und würde heute keinen mehr hochkriegen.»

«Aber nein! Bleib doch. Bitte.»

Cindy's sanfte Stimme mischt sich in das Gespräch der beiden Kumpels ein. Wie aus dem Nichts steht sie mit einem grossen Glas voll von diesem Spezialgetränk in der Hand neben ihnen.

«Darf ich mich vorstellen. Mein Name ist Cindy.»

Anständig streckt sie Brian ihre Hand zum Gruss hin. Der nimmt zuerst Cindy's Hand und rammt dann Curt spielerisch den Ellbogen in die Seite.

«Das ist sie also. Nicht schlecht, die Kleine. Gut gemacht, Curt.»

Und zu Noi sagt er: «Hallo, mein Name ist Brian.»

Noi erwidert charmant: «Hi, Brian. Warum leistest du Curt und mir nicht Gesellschaft? Ich habe uns etwas Spezielles zu Trinken geholt.»

Noi zwinkert Brian zu und streckt ihm das Getränk mit beiden Händen hin wie einen Sündenkelch.

«Probier!»

Brian zieht einige Male an einem Strohhalm.

«Das schmeckt ja wie Wodka mit Orangensaft. Sind da noch natürliche Aufmunterer drin?» sagt Brian kokett.

Ohne Rücksicht auf Curts Gefühle zu nehmen, ist er schon dabei, schamlos mit Cindy zu flirten. Und die steht ihm in nichts nach: «Du hast ganz Recht. Und das Getränk soll sich intensiv auf die Libido auswirken, habe ich mir sagen lassen.»

Noi lacht vielversprechend. Doch sie merkt, dass sie vorsichtig sein muss. Sie muss die Sache geschickt anpacken, denn sie hat nicht vor, die beiden Männer gegeneinander auszuspielen. Sie gibt sich charmant und sagt: «Es ist eine Seltenheit, hier so nette Kerle wie euch beide zu treffen. Ich wollte gerade Curt aus meinem Leben erzählen. Kommt, lasst uns in eine der ruhigen Nischen sitzen und gemeinsam diesen Drink schlürfen.»

Selbstbewusst packt sie die beiden Jungs je an einem Ärmel und führt sie zu einem der nur schwach in rotes Licht getauchten Sofas. Die drei setzen sich auf eine schwere mit weichem Plüsch bezogene Couch. Noi in die Mitte. Abwechselnd ziehen sie an den Strohhalmen im Drink. Noi hofft, dass es nicht lange dauern wird, bis sie die absolute Kontrolle über die beiden zugedröhnten Typen haben wird. Sie selber hat vorher an der Bar nur an dem Getränk genippt. Und sie hat auch jetzt nicht vor, viel davon zu trinken. Einige kleine Züge vielleicht. Denn bereits die bescheidenen Kostproben von vorher an der Bar haben ihre Wirkung entfaltet. Noi fühlt sich übermütig glücklich und hat Selbstvertrauen gewonnen. Sie ist mehr denn je bereit, ein Risiko einzugehen.

«Nun lasst uns auf unsere Freundschaft trinken.»

Sie hält Curt und Brian je einen der drei Strohhalme aus dem Drink unter die Nase. Die Köpfe nahe zusammen gesteckt, trinken jetzt alle gleichzeitig aus dem Glas. Bevor sich die beiden Jungs wieder gerade hinsetzen können, haucht Noi beiden einen kurzen zärtlichen Kuss auf die Backe. Curt dreht als erster seinen Kopf zu ihr um, und Noi ergreift die Gelegenheit und küsst ihn sofort leidenschaftlich auf den Mund. Er erwidert den Kuss zuerst nur zaghaft, und Noi wird klar, dass er ihr aus der Hand fressen wird. So einfühlsam wie in so einer Situation nur möglich, lässt sie ihre Zunge über Curts Lippen gleiten, küsst sein Ohr, leckt sanft seinen Hals. Curt sitzt mit geschlossenen Augen da und geniesst ganz offensichtlich die Zärtlichkeiten. Dann versucht er schüchtern, ihre Küsse zu erwidern. Er stellt sich dabei wie ein unerfahrener Teenager an. Seine Zunge ist grob und er lässt sie viel zu schnell über Noi's Haut an Hals und Dekolleté gleiten. Noi spürt, wie seine Begierde zunimmt und Besitz von ihm ergreift. Immer fordernder fällt er über sie her. Seine Zunge scheint auf einmal überall gleichzeitig sein zu wollen. Bevor er ihr gefährlich werden kann, stösst sie ihn sanft aber bestimmt von sich weg. Curt gehorcht, lässt sich in das Sofa zurück sinken und guckt seiner Cindy verliebt in die Augen. Dazu zieht er nochmals fleissig an seinem Halm. Cindy schaut ihm tief in die Augen. Mit sanfter Stimme sagt sie: «Du bist ein süsser Junge. Ich habe schon lange nicht mehr jemanden wie dich getroffen. Du suchst die grosse Liebe, nicht wahr?»

Gekonnt wickelt sie Curt um den kleinen Finger.

«Wie wäre es, wenn wir uns morgen treffen. Und am Strand spazieren gehen? Nur du und ich.»

Curt sieht sie mit grossen Augen an.

«Das wäre wunderschön, Cindy.»

Brian, der die Konversation der beiden mitgehört hat, meldet sich zu Wort: «Vielleicht ist es besser, ich verschwinde. Ich will das Liebespaar nicht stören. Ehrlich. Es macht mir wirklich nichts aus.»

Brian realisiert, wie es ihm immer schwerer fällt, einen Gedanken zu Ende zu denken. Noi, die ihn unbedingt aufhalten möchte, sagt: «Aber Brian. Heute ist heute. Morgen werde ich mich ganz alleine und ausschliesslich um deinen Freund Curt kümmern. Aber heute Nacht gehört ihr beide mir.»

Sie lacht schelmisch. Dann küsst sie Brian spontan auf den Mund. Überrascht erwidert er ihren Kuss. Sie öffnet langsam ihre Lippen. Grob erobert seine Zunge ihre Mundhöhle. Brian bewegt sie emotionslos und fordernd. Während Noi Brians Küsse leidenschaftlich zu erwidern versucht, denkt sie darüber nach, warum so viele Männer nicht richtig küssen können und warum es die Frauen trotzdem mit so groben Typen aushalten. Brian, der nicht merkt, dass Noi ihm etwas vorspielt, hat erfreut zur Kenntnis genommen, dass dieses Mädchen offenbar ganz scharf auf ihn ist.

Wenn sie mit Curt hätte allein sein wollen, dann hätte sie ihn schon lange weggeschickt, beruhigt er sein schlechtes Gewissen. Brian ist optimistisch und euphorisch gut gelaunt. Vermutlich liegt das an dem merkwürdigen Drink, denkt er. Egal. Er wird ihr schon noch zeigen, was für ein toller Liebhaber er ist. Und Recht hat sie, denkt er. Sie kann sich noch die ganze Woche um seinen Freund Curt kümmern. Sie ist schliesslich nicht die erste Nutte, die sich die zwei brüderlich teilen. Und sollte sich Curt tatsächlich in Cindy verliebt haben, ist es sowieso besser, er merkt, dass sie ein ebenso durchtriebenes Weib ist, wie alle anderen kleinen Schlampen hier. Brian realisiert, dass ihm dieser Drink teuflisch zu Kopf gestiegen ist. Es fühlt sich an, als ob sein Körper ganz weit weg, unabhängig von seinem Hirn funktionieren würde. Das Mädchen namens Cindy hat es sich in der Zwischenzeit auf seinem Schoss bequem gemacht. Brian spürt nur noch entfernt, dass die Kleine es trotz seinem vollgedröhnten Zustand geschafft hat, ihn zu erregen. Er hat sich absolut nicht mehr unter Kontrolle, weiss nicht, ob er träumt oder ob das alles tatsächlich passiert. Seine Hände erforschen eigenmächtig den Körper des Mädchens, fassen ihr von hinten in die Hose an die Pobacken, dann zwischen die Beine und gleiten schliesslich unter ihr enges rotes Shirt.

«Stopp!»

Ganz plötzlich unterbricht Curt das Spiel der beiden und schreit Brian an: «Lass sie in Ruhe. Sie ist mein Mädchen! Ich habe sie zuerst gesehen.»

Noi befreit sich aus Brians Umarmung und versucht, Curt zu beschwichtigen. Sie will nicht, dass einer der beiden ausrastet und die Aufmerksamkeit der Leute auf sie lenkt. Beruhigend streichelt sie über Curts Kopf, haucht ihm einige Küsse auf seine Backen und den Mund.

«Reg dich nicht auf, Curt, Brian ist doch dein Freund. Und ab morgen bin ich nur noch für dich da. Versprochen.»

Beleidigt und etwas frustriert nimmt Curt mehrere Züge von dem Getränk und lehnt sich wieder zurück. Widerwillig muss er zusehen, wie Brian Cindy am ganzen Körper anfasst. Und ihr scheint es sichtlich zu gefallen. Wieder lässt sie es zu, dass Brian seine Hände unter ihr Shirt gleiten lässt. Curt sieht, wie er gierig ihre Brüste knetet. Nicht schon wieder, denkt er. Immer hat Brian mehr Glück bei den Frauen als er. Genervt nimmt Curt nochmals einige tiefe Züge von dem Zauberdrink. Noch während sich Brian an Cindy's Körper zu schaffen macht, dreht sie ihren Kopf zu Curt herum und haucht ihm gleichzeitig Küsse zu. Sanft sagt sie: «Komm her. Mach mit. Ich weiss doch, dass es dich anmacht.»

Widerwillig reckt Curt seinen Kopf vor und küsst Cindy auf den Mund. Brian, den es offensichtlich überhaupt nicht stört, dass er das Mädchen mit Curt teilen muss, ist total zufrieden. Cindy klettert von Brian runter und setzt sich wieder zwischen die beiden. Darauf legt Brian ihr seinen Kopf in den Schoss und leckt an ihrem Bauchnabel. Curt möchte kein Spielverderber sein. Heute ist heute. Und ab morgen – das hat Cindy versprochen – wird sie ausschliesslich für ihn da sein. Obwohl Cindy offenbar nicht das unschuldige Mädchen vom Lande ist, das sich Curt gewünscht hat, kann er sich ihr nicht entziehen. Vielleicht gibt es ja die perfekte einzigartige Liebe gar nicht, denkt er. Curt versucht, ihre Küsse zärtlich zu erwidern und seiner Erregung freien Lauf zu lassen. Cindy, der nicht entgangen ist, dass sich Curt allmählich entspannt, flüstert: «Ich werde so lange bei dir bleiben, wie du willst. Aber lass uns heute zu Dritt etwas Spass haben.»

Während Cindy das sagt, entfalten die Pilze auch bei Curt ihre volle Wirkung. Seine Eifersucht löst sich vollständig in angenehmer Entspannung auf. Die Musik scheint von ganz weit weg zu kommen. In den im Rhythmus der Musik zuckenden Lichtern sieht er viele kleine Engel. Sie schweben über die Tanzfläche. Direkt in seine Richtung. Sie sehen alle gleich aus. Genau so schön wie Cindy. Sie haben perfekte nackte Körper und tanzen um ihn herum. Lächeln ihn an, sprechen verführerisch mit ihm und betören ihn mit ihren sanften Bewegungen. Erst als er realisiert, dass es die echte Cindy ist, die ihm zärtlich über das Gesicht und die Schultern streichelt, kommt Curt aus seinem Tagtraum zurück. Er sieht, dass Brian – sein Kopf liegt immer noch in Cindy's Schoss – friedlich zu schlafen scheint. Cindy lächelt Curt an.

«Alles okay mit dir, Curt? Ich glaube, für Brian waren es heute etwas viele Drogen. Er ist ziemlich weg getreten.»

Mit seinem Finger fährt Curt das Profil ihres Gesichtes nach. Dann streichelt er ihren Hals, greift ihr in den grossen Ausschnitt und ertastet ihre Brustwarzen durch den Stoff des BH's. Genüsslich lässt er seine Zunge ihre Lippen erforschen, leckt ihren Hals und die Nase.

«Cindy, du bist so schön, so perfekt. Bitte lass uns miteinander schlafen» bettelt Curt in seinem Drogenwahn.

Er phantasiert: «Du bist mein Engel. Bitte sag, dass du gekommen bist, um mich zu dir zu holen? Ich folge dir überall hin.»

Curt redet sich in Rage, die Worte sprudeln nur so aus ihm heraus.

«Es ist mir ganz egal, wenn meine Zeit schon gekommen ist. Ich kann das akzeptieren. Wenn ich nur mit einem schönen Geschöpf wie dir gehen kann. Ich werde dir nach Amerika folgen. Jawohl. Und ich gebe dir das Geld für den Flug. Dann werde ich nachkommen, mir einen Job suchen und wir fangen beide neu an. Was meinst du?»

Noi merkt mit grosser Genugtuung, dass Curt in einem totalen Wahn und ihr vollends ergeben ist. Sie heuchelt: «Das wäre wunderbar, Curt. Du und ich für immer zusammen. Lass uns das feiern. Verschwinden wir von hier.»

Noi lächelt vielsagend. Dann kneift sie Brian, der noch immer sanft in ihrem Schoss schläft, in die Backe.

«Komm schon, Brian. Es geht los. Lass uns gehen.»

Wieder nimmt sie die beiden Jungs je an einer Hand und führt sie zum Ausgang. Unterwegs lässt sie die zwei kurz stehen, geht zum Barkeeper und lässt sich nochmals einen halluzinogenen Drink mixen. Mit einem Plastikbecher in der Hand kommt sie zurück.

«Für den Heimweg» schmunzelt sie und folgt Brian und Curt ins Freie.

Es ist vier Uhr morgens und angenehm frisch. Noi hat sich heute Nacht, den widrigen Umständen und schlechten Nachrichten zum Trotz, prächtig amüsiert und ist guter Laune. Den linken und rechten Arm je einem der jungen Männer eingehakt, führt sie die zwei die Strasse entlang. Die Jungs sind derart zugedröhnt von den halluzinogenen Pilzen, dass sie sich willenlos abschleppen lassen. Das *Happy End* befindet sich nur zwei Querstrassen neben dem Club. Während Noi auf dem schnellsten Weg das Stundenhotel ansteuert, bleibt Curt auf einmal bockig vor einem Bankomaten stehen. In seinem Drogenwahn beharrt er hartnäckig darauf, dass er für Cindy das Geld für ihre Amerikareise vom Automaten abheben möchte. Um ihr seine Liebe und sein Vertrauen zu beweisen. Noi hat schon nicht mehr daran gedacht, dass er ihr einen Vorschuss versprochen hatte. Der Typ bildet sich tatsächlich ein, dass sie – obwohl sie sich erst seit ein paar Stunden kennen – den Rest ihres Lebens mit ihm verbringen möchte. Auch Brian, dem der Alkohol und die Drogen sämtliche Sinne betäubt haben, ist offenbar nicht mehr klar genug im Kopf, um Curt von seinem irrsinnigen Vorhaben abzuhalten. Dieser macht sich ganz ruhig an dem Automaten zu schaffen. Stolz winkt er mit zehn Hundert Dollar Noten in der Hand in Cindy's Richtung.

«Hier, meine Angebetete. Für deine Reise nach Amerika» ruft er laut.

Nervös guckt Noi die Strasse rauf und runter. Hoffentlich werden sie nicht beobachtet.

«Lass gut sein, Curt. Behalt das Geld. Wir können morgen nochmals darüber reden. Und pass auf, dass keiner sieht, wie viele Dollars du bei dir hast. Sonst werden sie dir noch geklaut.»

Curt sieht Noi verwirrt an.

«Aber ich habe gedacht, du brauchst das Geld. Wollten wir denn nicht miteinander...»

Noi unterbricht ihn und blufft: «Aber Curt, ich werde auch mit dir gehen, ohne dafür Geld zu wollen. Du gefällst mir. Ehrlich. Lass uns beiden etwas Zeit, damit wir uns besser kennenlernen können, bevor wir für immer zusammen bleiben.»

«Ach, Cindy, wenn du wüsstest, wie glücklich du mich machst.»

Curt umarmt das Mädchen liebevoll und lässt die Dollar-Noten in der linken Tasche seiner Jeans verschwinden.

Der Eingang des *Happy End* befindet sich in einem Kosmetiksalon in der Soi 16. Als die drei kurz vor halb Fünf dort ankommen, arbeitet niemand mehr. Noi drückt mehrmals auf den Klingelknopf. Eine alte Frau öffnet die Tür. Das Unbehagen darüber, dass sie grob aus ihrem Schlaf gerissen wurde, steht ihr ins Gesicht geschrieben. Noi versucht ihre Thaikünste zum Besten zu geben und die Frau dabei freundlich und unterwürfig anzugucken: «Hallo. Ich möchte gerne ein Zimmer mieten. Für eine Stunde.»

Die Frau entgegnet gleichgültig: «Kommen sie herein. Wie heissen sie? Darf ich ihren Ausweis sehen?»

Die Frau hat nicht gemerkt, dass Noi keine Vollblut-Thailänderin ist. Noi sagt: «Man nennt mich Cindy»

und hält der Frau ihren gefälschten Ausweis hin.

Ohne den Ausweis genauer anzugucken, notiert sich die Frau etwas in ein grosses Buch, danach händigt sie Noi einen Schlüssel aus. Es ist das Zimmer Nummer 23.

«Das macht 300 Baht» sagt die Frau mürrisch.

«Darf ich das übernehmen?»

Brian schmunzelt jovial und streckt der Frau eine 500 Baht Note hin.

«Den Rest dürfen sie behalten.»

«Wie grosszügig» flüstert die Frau missgelaunt.

Offensichtlich vermag das Trinkgeld sie nicht aufzuheitern. Die Frau weiss aus Erfahrung: Es kommt oft genug vor, dass in den frühen Morgenstunden noch thailändische Mädchen und ihre Freier kommen. Das sind jene, die am meisten Probleme machen. Weil sie meistens total betrunken oder mit Drogen vollgepumpt sind. Sie benehmen sich kindisch, sind laut und wecke die anderen Gäste auf. Darüber hinaus dauert es oft mehrere Stunden, bis sie die Sache endlich hinter sich gebracht haben. Die Frau nimmt sich vor, genau auf die Uhr schauen. Falls die drei in einer Stunde nicht wieder draussen sind, wird sie auf das Zimmer gehen und einen Zuschlag kassieren. Denn für jede angebrochene Stunde muss eine volle bezahlt werden. Cindy steigt die dunkle Treppe in den zweiten Stock hinauf. Alles ist still. Die anderen Bewohner des Stundenhotels schlafen oder haben ihr Geschäft bereits verrichtet und sind wieder zurück in ihre Hotels gegangen. Brian und Curt folgen Noi schwankend die Treppe hinauf. Vor lauter Vorfreude grinsen sie wie kleine Buben. Noi stellt zufrieden fest, dass die Pilze immer noch ihre Wirkung entfalten. Der Mann an der Bar, der Noi die Drinks verkauft hat, sagte, dass der halluzinogene Rausch normalerweise bis zu fünf Stunden dauert. Vor der Nummer 23 angekommen, schliesst Noi die Tür schnell auf und verschwindet im Zimmer. Rasch lässt sie die Tür wieder hinter sich zuklappen. Brian und Curt, die immer noch im dunklen Gang stehen, ruft sie durch die Tür zu: «Nur eine Sekunde. Kommt erst rein, wenn ich es euch sage. Ich habe eine Überraschung für euch!»

Noi sieht sich im Raum um. Seit sie Sunandas Zimmer gesehen hat, ist sie vom Anblick eines kargen Raumes nicht mehr so schnell aus der Fassung zu bringen. Dieses Zimmer hier ist zwar ebenso minimal eingerichtet, scheint aber einigermassen sauber zu sein. Ausser einem grossen Bett, das nur mit einem weissen Leintuch bezogen ist, ist das Zimmer leer. In einem durch eine Mauer abgetrennten Nebenraum hat es eine Dusche und ein Klo.

Rauchgschwärzte Vorhänge verdunkeln die Sicht aus dem einzigen Fenster. Während Noi ihre Überraschung vorbereitet, warten die beiden Jungs ungeduldig im Gang. Curt flüstert neugierig: «Was die wohl vor hat?»

Brian, um keine Antwort verlegen, erwidert: «Das sind Teufelsweiber hier. Ich habe es dir ja gesagt. Lass dich überraschen. Die hat bestimmt was ganz Geiles für uns vorbereitet.»

Curt, der nicht so einfach zu überzeugen ist, runzelt die Stirn und fragt: «Weisst du, Brian, ich werde aus ihr nicht ganz schlau. Sie treibt sich schon die ganze Nacht mit uns rum, spendiert uns Getränke und will kein Geld haben. Trotzdem nimmt sie uns auf ein Hotelzimmer mit. Ist sie nun ein ganz gewöhnliches Mädchen oder nicht?»

Brian, der sich gar nicht erst die Mühe macht, über das Leben der Mädchen hier nachzudenken, sagt ungeduldig: «Ich weiss es nicht, Curt. Es ist doch egal was sie will. Mach dir keine Gedanken. Lass dich einfach überraschen.»

In diesem Moment meldet sich Cindy's Stimme aus dem Zimmer: «Ihr könnt reinkommen!»

Die zwei schauen sich freudig an. Endlich!

«Na dann. Los!» ruft Brian und stösst die Tür mit einem Ruck auf.

Zu ihrer Freude entdecken sie, dass Cindy splitternackt auf dem Bett liegt. Der Plastikbecher mit dem Getränk, das sie vom Club mitgebracht hat, hat sie zwischen die Oberschenkel geklemmt. Zwei Strohhalme stecken in der orangen Flüssigkeit und zeigen neckisch in die Richtung des Haarbüschels oberhalb ihrer Vagina.

«Na? Wer will zuerst vom Zaubertrank probieren?» sagt Cindy in einem vielversprechenden Ton und lächelt. Curt und Brian fühlen sich auf einmal wieder topfit. Sie klatschen begeistert in die Hände. Schnell entledigen sie sich ihrer Kleider und stürzen sich gleichzeitig auf das Mädchen. Jeder nimmt einen Strohhalm in den Mund und saugt fest daran. Curt merkt sofort, wie ihm die Droge zu Kopf steigt. Er spürt, wie sein Blut in den Adern pulsiert. Das Atmen fällt ihm auf einmal schwer. War da noch eine andere härtere Droge in dem Drink?, überlegt er.

Curts Zunge wird schwer und bewegungslos. Seine Gedanken hören auf zu kreisen. Die Nase in Cindy's Schamhaare getaucht, entschläft er friedlich. Weil Brian sieht, dass Curt an Cindy's Fotze leckt, beschliesst er, sich um ihren oberen Körperteil zu kümmern. Er rückt zu ihr auf, nimmt ihre Brüste in seine Hände, knetet sie und schaut ihr ins Gesicht. Der Ausdruck ist überraschend kalt und fies. Irgendwie merkwürdig. Sarkastisch fragt sie ihn: «Wie geht es dir Brian? Wie fühlt es sich an, wenn ein Mann nicht mehr lange zu leben hat?»

Brian ist schockiert und auf einen Schlag wieder nüchtern.

«Was soll das heissen? Willst du mich verarschen? War da etwas in dem Getränk, wovon ich nichts gewusst habe?» fragt er voller Panik.

Tatsächlich. Brian fühlt sich auf einmal unendlich träge. Aber der Tod? Das kann er doch nicht sein? Noch nicht. Brian versucht, sich selber zu beruhigen. Hör nicht auf diese irre Nutte, redet er sich ein. Kein Wunder bin ich todmüde und kann mich fast nicht mehr bewegen. Schliesslich habe ich die ganze Nacht durchgesoffen und Drogen genommen. Und doch spürt Brian, wie der Platz in seiner Lunge immer enger wird und irgendetwas seinen Hals zuschnürt. Vergeblich ringt er nach Luft. Sein Körper gibt nach. Brian verliert das Bewusstsein.

Siebter Tag

Regen fällt | Zahltag | Der Verdacht | Rettung in Sicht? | Kim

Regen fällt

Es ist drei Uhr nachmittags als Noi erwacht. Draussen prasselt der Regen lautstark auf Pattayas Strassen. Am frühen Morgen, kurz nachdem Noi müde wie ein Stein in ihr Bett gefallen war, hatte es angefangen zu Donnern und zu Regnen. Und wenn es hier einmal regnet, dann schüttet es erbarmungslos. Noi brummt der Kopf. Der viele Alkohol und dazu immer mal wieder etwas von diesem psychedelischen Pilz-Wodka-Orange-Getränk gestern Abend war zu viel für sie. Sie hat einen fürchterlichen Kater. Ob sie irgendwo ein Aspirin findet? Sie wälzt sich unruhig im Bett hin und her. Als sie heute Morgen kurz vor Sechs ins Hotel kam, war Jimmy schon wieder am Arbeiten. Er putzte die Theke der Rezeption und bereitete die Bar für die Hotelgäste vor. Noi spürte seinen besorgten Blick im Nacken, als sie an ihm vorbei ging. Sie versuchte gleichgültig zu wirken, während sie an der Rezeption ihren Schlüssel abholte und Jimmy kurz aber freundlich grüsste. Ihre nuttige Kleidung hatte sie, wie schon nach dem ersten Mord, in der Toilette des *Daisy* gegen brave Jeans und T-Shirt eingetauscht. Auch den Schmuck und die Perücke hatte sie wieder zurück in die Strandtasche gepackt, die glücklicherweise immer noch unberührt auf dem Spülkasten lag. Sie war jedoch zu faul, das Make-Up zu entfernen. Das war fahrlässig von ihr. Was wohl Jimmy über sie dachte, als er sie – die viele Schminke im Gesicht total verschmiert – ins Hotel kommen sah? Das muss allmählich aufhören, sagt Noi in einem leisen Befehlston zu sich selber und dreht sich energisch auf die andere Seite des Bettes. Ich will nicht im Gefängnis landen. Und schon gar nicht hier in Thailand, wo die Haftbedigungen, gemessen an Schweizer Verhältnissen, katastrophal sind. Noi überlegt: Morgen kommt die nächste *Pattaya Zeitung* heraus. Dann wird sie erfahren, ob sie es dieses Mal in die Schlagzeilen geschafft hat. Auf dem Nachttisch neben ihr liegt ein kleiner zerknitterter Zettel. Sie nimmt ihn in die Hand und faltet ihn auseinander. Es ist die Telefonnummer eines Doktor Klaus Würzmann. Jimmy hatte ihr den Zettel gestern nach Dienstschluss unter der Tür durchgeschoben. Noi quält sich aus dem Bett und holt eine Cola aus dem Kühlschrank. Sie setzt sich auf den Bettrand, nimmt den Telefonhörer in die Hand und wählt sich zur Rezeption durch.

«Hallo. Hier Noi Keller. Bitte machen sie mir die Leitung frei für ein lokales Gespräch. Danke.»

Es klickt und der Summton erklingt. Noi wählt die Telefonnummer des Arztes. Die brummige Stimme eines älteren Herrn meldet sich in Englisch.

«Hallo. Würzmann hier.»

«Hallo, Herr Würzmann. Keller am Apparat.»

Noi spricht den Mann auf Deutsch an.

«Ich habe gehört, sie seien ein erfahrener Arzt, der auch Hausbesuche macht. Nun, es ist so: Ich habe eine Bekannte, der es sehr schlecht geht. Ich wäre froh, wenn sie einmal bei ihr vorbei gehen und sie untersuchen könnten. Geld spielt keine Rolle.»

Es bleibt eine Weile ruhig in der Leitung. Dann meldet sich der Mann wieder. Dieses Mal in gebrochenem Deutsch.

«Wie schön, wieder einmal die deutsche Sprache zu hören. Seit meine Frau und ich aus Bangkok weggezogen sind und auf dem Land leben, habe ich nicht mehr oft mit Deutschen gesprochen. Woher kommen sie, junge Dame? Aus dem Bodenseegebiet? Sie haben einen ausgesprochen süddeutschen Akzent.»

Noi, die den Mann sofort sympathisch findet, erwidert schmunzelnd: «Nein, ich bin aus der Schweiz. Meine Mutter war Thailänderin. Sie ist seit einigen Jahren tot. Ich bin hier, um ihrer ehemals besten Freundin zu helfen.»

«Was fehlt ihr denn?» fragt der Arzt freundlich.

«Sie hat Aids. Ich weiss nicht, in welchem Stadium sie sich befindet. Aber sie sieht schlecht aus. Sie hat diese bräunlichblauen Flecken überall am Körper, vermutlich Kaposi Sarkome. Und wahrscheinlich eine Lungenentzündung. Ausserdem hat sie kein Geld für Medikamente. Sie kriegt nur Morphium-Tabletten.

Von einem Freund. Gegen die Schmerzen. Nun wäre ich froh, wenn die Frau von einem Arzt untersucht werden könnte. Wie gesagt: Geld habe ich genug.»

Der Arzt lacht munter.

«Die Dame kann froh sei, eine Freundin wie sie zu haben. Viele Thais sind sehr arm und können sich eine ärztliche Behandlung nicht leisten. Ich möchte ihrer Kollegin nichts unterstellen – aber es sind oft Prostituierte, die Aids haben.»

«Ja, ja, sie haben ganz Recht. Sunanda, so heisst meine Freundin, übte diesen Beruf viele Jahre aus. Sie weiss nicht, wann und wo sie sich angesteckt haben könnte. Vermutlich war es zu einer Zeit, als noch niemand so genau wusste, wie das HI-Virus übertragen wird.»

«Da haben sie aber Glück, junge Dame. Ich kenne mich mit dieser Krankheit aus. Ich habe lange Zeit im Bangkok General Hospital, dem staatlichen Allgemeinkrankenhaus, praktiziert. Dort hatte ich viele Aids-Fälle zu betreuen. Keine schöne Sache. Ich habe viele Menschen sterben sehen. Wo wohnt denn ihre Freundin?»

Noi ist erleichtert. Da ist sie offenbar auf Anhieb an die richtige Person geraten.

«Oh. Vielen Dank. Ich bin so froh, dass sie mir helfen. Sunanda wohnt an der Ecke South Pattaya Road/Beach Road, oberhalb des *Moonlight Pub*. Wir können uns vor dem Eingang treffen. Sagen sie mir einfach, wann ich dort sein soll.»

«Gegen Sieben?» schlägt Herr Würzmann vor.

«In Ordnung. Ich werde vor dem Haus auf sie warten. Bis später. Und nochmals vielen Dank.»

Noi legt den Hörer auf die Gabel, nimmt ihn aber gleich wieder in die Hand.

«Ist da die Rezeption? Ja? Hier nochmals Noi Keller. Bringen sie auch Essen auf das Zimmer? Ja? Sehr gut. Dann hätte ich gerne ein rotes Curry mit Gemüse und Huhn. Ja, mit Reis. Und eine grosse Flasche Wasser. Sie können das auf meine Rechnung setzen. Vielen Dank.»

Noi legt auf. Bevor sie das nächste wichtige Telefon in Angriff nimmt, muss sie etwas essen. Sie hofft, sich danach besser zu fühlen. Sobald sich das Blut in den Magen zur Verdauung zurückzieht, wird Nois Kopf schwer und leer. Das hilft ihr, die Dinge cool anzugehen. Sie befürchtet nämlich, dass das zweite Telefon heute weit weniger angenehm werden wird als jenes eben mit diesem Herr Würzmann.

Hugo und Cindy sitzen nebeneinander auf dem Sofa vor dem Fernseher. Es regnet in Strömen. Hugo isst einen Burger mit Fritten und Ketchup. Dazu trinkt er ein Bier. Cindy saugt aus einem Strohhalm den Saft einer Kokosnuss. Trinknüsse werden an Lebensmittelständen auf der Strasse und in den Bars verkauft. Mit einem scharfen Messer wird die Nuss aufgeschlitzt, bis man einen Trinkhalm hineinstecken kann. In einer Kokosnuss hat es bis zu einem halben Liter Fruchtsaft. Der soll sehr gesund sein, wird gesagt. Hugo und Cindy haben den ganzen Tag im Hotelzimmer verbracht und TV geguckt. Nur einmal ging Cindy kurz raus in den Regen. Im *Daisy* holte sie den Burger für Hugo und für sich die Kokosnuss.

«Hier Cindy, nimm auch was von den Fritten» sagt Hugo laut schmatzend und reicht ihr den vor Fett glänzende Pappteller.

«Nein, danke. Lieb von Hugo. Aber wir hier essen nicht gerne solche Sachen.»

Cindy schiebt Hugos Hand mit den Fritten zurück und rückt bei der Gelegenheit gleich etwas näher zu ihm und schmiegt sich an ihn.

«Kein Wunder seid ihr Asiatinnen so schlank. Ihr esst ja fast nichts. Nur Reis, Früchte und Gemüse. Naja.» Hugo muss lachen. «Besser als die Frauen bei uns mit ihren fetten Ärschen, würde jetzt Jerry sagen.»

Schulterzuckend schiebt Hugo sich einige Fritten in den Mund und spült sie mit einem Schluck Bier aus der Flasche runter. Ihn persönlich stört es nicht, wenn eine Frau weibliche runde Formen

hat. Er rülpst laut und befreiend und zündet sich eine Verdauungs-
zigarette an. Gestern hatten Cindy, Jerry und er in einem wirklich luxuriösen Restaurant Hummer gegessen. Jerry hatte sie mit
seiner lockeren Art bestens unterhalten. Zum Glück. Denn nachdem Hugo Cindy gestern gestanden hatte, dass er zu Hause Frau
und Kinder hat, war die Stimmung zwischen ihnen etwas angespannt. Sie bedrängte ihn und wollte immerzu wissen, ob er seine Familie für sie verlassen werde. Hugo versuchte, sie hinzuhal-
ten. Sagte, dass das nicht so einfach sei. Ja, er liebe sie schon sehr,
aber seine Kinder seien halt noch in einem Alter, in dem sie ihren
Vater bräuchten. Er versuchte, Cindy zu erklären, dass er Angst
vor einer Scheidung hat, weil seine Kinder sich von ihm abwenden könnten. Ausserdem ist da noch die Hypothek auf dem Haus.
Er kann es sich im Moment einfach nicht leisten, dort auszuzie-
hen und gleichzeitig eine Wohnung zu mieten. Je länger ihn Cindy
bestürmte, desto mehr ging sie ihm auf die Nerven. Klar, er liebt
und begehrt sie. Das ist keine Frage. So ein hübsches junges auf
ihre Art unschuldiges Ding. Aber kann es sich ein Mann wie er
leisten, seine Familie aufzugeben für eine Frau, die nicht viel älter
als seine eigenen Töchter ist? Was würden seine Bekannten sagen?
Seine Kollegen vom Stammtisch? Sein Chef in der Firma? Nein.
Das geht nicht. Hugo ist klar geworden: Er will nicht dastehen,
wie einer, der es nötig hat, sich eine Ehefrau aus Asien zu holen.
Wenn er keine Verpflichtungen hätte und absolut frei wäre. Keine
Frage. Dann würde er Cindy nehmen und mit ihr durchbrennen.
An einen Ort, an dem sie in Ruhe zusammen leben könnten.
Cindy zappt durch das Programm. Auf einem Kanal läuft eine
thailändische Soap. Cindy stoppt. Hugo versteht kein Wort, aber
er lässt sie den Sender gucken. Er zieht an seiner Zigarette. Gestern Abend hatte er schon befürchtet, dass er Cindy ganz verlieren würde. Nachdem er ihr beim gemeinsamen Abendessen mit
Jerry erklärt hat, warum sie nicht mit ihm kommen kann, ist sie
richtiggehend ausgerastet. Sie hat geweint, geschluchzt und gebet-
telt. Dank Jerrys Unterstützung war es ihm dennoch gelungen,

hart zu bleiben. Dann hatte Cindy ihre Handtasche gepackt und beleidigt das Lokal verlassen. Jerry hielt Hugo davon ab, ihr zu folgen. Zuerst befürchtete Hugo, Cindy nie mehr wieder zu sehen. Jerry konnte ihm aber klar machen, dass Cindy so schnell nicht locker lassen würde. Sie will, dass er sie mit in die Schweiz nimmt. Und dafür würde sie alles tun. Und wie sich herausgestellt hat, hatte Jerry wieder einmal Recht. Cindy ist zurückgekommen. Was hat Jerry gesagt? Hier ist es einfach, eine Frau aufzureissen. Sie loszuwerden hingegen ist schwierig. Aber das will Hugo ja auch gar nicht. Er liebt und begehrt Cindy. Sie ist unkompliziert. Sie macht alles für ihn. Er braucht sich um nichts zu kümmern. Heute brachte sie seine Wäsche in die Wäscherei. Sie sorgt dafür, dass er genug zu Essen hat. Dass es immer genug Bier im Kühlschrank hat. Sie räumt das Zimmer auf. Massiert regelmässig seine müden alten Knochen. Fickt mit ihm vor dem Duschen. Bläst ihm einen, wenn er müde ist. Gibt ihm das Gefühl, ein guter Liebhaber zu sein. Bewundert ihn für seinen Witz, seine Intelligenz und Reife. Sie ist jung, sieht gut aus. Was will ein Mann mehr von einer Frau?

Gut, so richtig reden können sie nicht miteinander. Aber das ist sowieso nicht Hugos Stärke. Das Reden. Seine Frau Klara wirft ihm vor, nicht über seine Gefühle sprechen zu wollen. Sie sagt, dass er alles in sich hineinfresse. Manchmal wird sie sogar richtig hysterisch und will um jeden Preis mit ihm streiten. Sie provoziert ihn dann so lange, bis er am liebsten zuschlagen würde. Natürlich macht er das nicht. Er schlägt keine Frauen. Meistens haut er in so einer Situation ab. Geht in die Kneipe und genehmigt sich einige Drinks. Plötzlich klopft es heftig und ungeduldig an der Tür. Cindy zuckt erschrocken zusammen.

Hugo ruft: «Wer ist da?»

Eine bekannte Stimme meldet sich.

«Ich bins, Jerry. Mach schon die Tür auf, Mann!»

Hugo zieht sich schnell ein T-Shirt über.

«Einen Moment. Ich komme ja schon.»

Was macht denn Jerry um diese Uhrzeit schon hier, rätselt Hugo. Sie wollten sich erst um halb Sieben an der Hotelbar treffen. Dann gemeinsam etwas essen und anschliessend in irgend so eine Transen-Show gehen. Jerry hatte doch tagsüber mit Brian und Curt eine Krokodilfarm besichtigen wollen? Hugo öffnet die Tür. Ein aufgelöster Jerry mit hochrotem Kopf steht vor ihm.

«Jerry, du siehst ja schrecklich aus. Was ist passiert?»

Jerry schluckt einige Male leer, bevor er seine Stimme findet.

«Brian und Curt sind tot.»

Zahltag

«Koni Keller.»

«Hallo Papa, hier ist Noi.»

«Hallo, meine Kleine. Endlich meldest du dich. Wir haben uns schon Sorgen gemacht. Wie geht es dir? Gefällt es dir in Australien?»

Noi schmollt einige Sekunden.

«Papa, ich weiss Bescheid.»

Wieder kurze Stille.

«Bescheid worüber? Was ist los?»

«Ich bin nicht in Australien, Papa.»

«Wo bist du dann? Verdammt, was ist eigentlich los mit dir? Du klingst so gehässig.»

«Ich bin in Thailand, Papa. Genauer: in Pattaya. Na, dämmerts dir?»

Noi hört, wie ihr Vater tief einatmet. Eine endlos scheinende Zeit herrscht Stille zwischen den beiden. Dann durchbricht Koni das Schweigen.

«Oh, mein Gott, Anoucha, das tut mir Leid.»

Wieder Stille. Noi weiss: Ihr Vater hat den Ernst der Situation blitzartig erkannt, sonst würde er sie nicht mit ihrem Taufnamen ansprechen. Sie redet mit einer gehörigen Portion Sarkasmus in der Stimme weiter: «Was genau tut dir Leid? Dass du mich mein Leben lang angelogen hast? Dass du dich all die Jahre einen Dreck um meine leibliche Mutter geschert hast? Das du Mama betrogen hast?»

Nois Vater versucht, sich zu beherrschen.

«Ich sagte doch schon, dass es mir Leid tut.»

«Dafür ist es reichlich spät, findest du nicht?»

«Wie hast du es herausgefunden?»

«Spielt das eine Rolle? Du, ihr, Mama und du, habt ihr gedacht, ihr kommt mit dieser Lebenslüge davon?»

Nois Stimme klingt zunehmend hysterisch. Sie kämpft mit den Tränen. Ihr Vater versucht, zu retten, was noch zu retten ist: «Halt Mama da raus. Sie kann nichts dafür.»

«Ach, dann willst du sagen, dass sie von allem nichts gewusst hat. Das glaube ich dir nicht. Ich habe immer gespürt, dass sie mich nicht wie eine eigene Tochter liebt.»

«Bitte beherrsch dich, Noi. Die Mama weiss alles. Aber es war nicht ihre Idee.»

Jetzt wird Noi laut. Sie schreit in den Telefonhörer: «Wer hat es sonst noch gewusst? Sag es mir! Vermutlich haben es alle gewusst! Alle ausser mir! Du kannst dir nicht vorstellen, wie demütigend das ist.»

Noi schluchzt. Wieder ist es für einige Sekunden still in der Leitung. Ohne zu warten, was ihr Vater zu seiner Verteidigung vorzubringen hat, fährt Noi vorwurfsvoll weiter: «Hast du gewusst, dass meine, ähh...»

es fällt Noi schwer, das Wort über die Lippen zu bringen, «leibliche Mutter, Ratana, tot ist? Im Elend gestorben? An einer grausamen Krankheit. Unter Schmerzen und völlig mittellos?»

Koni Keller versucht ruhig zu bleiben und flüstert in den Hörer: «Ich habe mir schon gedacht, dass sie nicht mehr am Leben ist. Aber was hätte ich tun sollen? Ich habe ihr versprochen, keinen Kontakt mit ihr aufzunehmen. Sie wollte nichts mehr mit uns zu tun haben. Verständlich, denn es hat sie sehr geschmerzt, dich wegzugeben. Aber wir dachten, dass es für alle das Beste sei, wenn niemand ausser Marlis und mir die genauen Umstände kennt.»

Koni Keller macht eine Pause. Vergeblich wartet er darauf, dass Noi etwas sagt. Als sie still bleibt, spricht er weiter: «Noi, ich schlage vor, wir treffen uns und besprechen alles in Ruhe. Hör zu: Ich buch mir den nächsten Flug nach Bangkok und komme zu dir nach Pattaya. Einverstanden? In welchem Hotel wohnst du?»

So leicht will es Noi ihrem Vater nicht machen. Sarkastisch antwortet sie: «Jetzt auf einmal willst du reden? Nachdem du fast 25 Jahre geschwiegen hast? Na, so was. Ein schlechtes Gewissen gekriegt? Und was ist, wenn ich jetzt nicht reden will? Ach, ich habe ganz vergessen: Du bist der Papa. Du bestimmst das Tempo.»

Noi ist unbeschreiblich wütend und noch lange nicht bereit, vernünftig mit ihrem Vater zu reden. Eines ist klar: Er wird sich anstrengen müssen, wenn er diese Sache wieder in Ordnung bringen will. Koni fleht: «Noi, bitte komm nach Hause. Ich werde dich nicht drängen und warten, bis du bereit zum Reden bist. Aber komm zurück.»

Noi merkt Papas Stimme an, dass er allmählich die Geduld verliert.

«Ich werde nicht so schnell nach Hause kommen. Ich habe hier noch einiges zu erledigen. Mit deiner Hilfe.»

Koni Keller antwortet traurig: «Was heisst das, mit meiner Hilfe?»

Resigniert fährt er weiter: «Du lässt mich ja nicht helfen. Ich habe dir doch eben angeboten zu reden. Egal ob hier oder bei dir in Thailand. Aber du willst mich ja nicht sehen.»

Noi macht eine kurze Kunstpause. Sie merkt, dass sie ihren Vater in der Hand hat. Er würde alles tun, um ihre Wut zu stillen.

«Für das, was ich von dir will, brauchst du nicht extra hier rüber zu fliegen. Hör mir einfach zu: Sunanda ist schwer krank. Sehr wahrscheinlich hat sie Aids. Du erinnerst dich bestimmt an sie. Sie ist – war – die beste Freundin von Ratana. Als Ratana schwer krank wurde, hat Sunanda sie gepflegt. Nun braucht sie jemanden, der für sie sorgt. Und das wirst du sein. Sunanda hat kein Geld für einen Arzt, braucht aber dringend Hilfe. Ich werde dir in Kürze mitteilen, auf welches Konto hier du Geld einzahlen wirst für ihre Behandlung. Den genauen Betrag werde ich dir ebenfalls noch sagen.»

Nois Vater überlegt eine Weile. Dann meint er skeptisch: «Aber das ist doch sicher nicht so einfach, wie du dir das vorstellst, Noi. Wenn Sunanda so krank ist wie du sagst, wer soll dann von dem Konto Geld abheben? Und wie kann ich sicher sein, dass das Geld nicht in falsche Hände gerät? Ausserdem weisst du, dass ich erst gerade ein neues Auto gekauft habe.»

Koni denkt nochmals kurz nach und meint dann mürrisch: «Also, ich finde das keine so gute Idee. Aber ich bin bereit, mit dir darüber zu reden, wenn es dir so am Herzen liegt.»

«Papa, du hast keine Wahl. Lass es mich einmal so ausdrükken: Entweder du zahlst, oder wir haben uns heute zum letzten Mal gesprochen. Tschüss!»

Noi hängt auf.

Der Verdacht

Jerry hat auf dem grossen Sessel neben dem Fernseher Platz genommen. Hugo hat ihm und sich einen Megkong-Whisky eingeschenkt und sitzt jetzt wieder neben Cindy. Schweigen. Hugo ist geschockt. Brian und Curt, tot? Erst vor knapp 24 Stunden haben sie sich noch gemeinsam am Strand amüsiert. Hugo ist so in Gedanken versunken, dass er nicht einmal auf die Idee kommt zu fragen, was denn überhaupt passiert war. Jerry starrt gedankenverloren in sein Whiskyglas. Cindy, die gemerkt hat, dass offensichtlich etwas nicht stimmt, durchbricht ungeduldig die Stille.

«Was ist? Es geben Probleme? Jerry, du sein unglücklich?»

Jerry hebt den Kopf und nimmt einen kräftigen Schluck Megkong, bevor er zu erzählen beginnt. Obwohl es Cindy war, die es geschafft hat, ihn zum Reden zu bringen, schaut er Hugo an, während er seine Geschichte erzählt: «Heute Morgen um halb Zehn wollte ich die beiden in ihrem Hotel abholen für den Ausflug. Zuerst habe ich eine halbe Stunde in der Lobby gewartet. Als sie nicht aufgetaucht sind, ging ich nach oben und polterte an die Tür. Zuerst habe ich gedacht, dass sie noch tief schlafen. Sie hatten gestern ja vor, in irgend so einen Nachtclub zu gehen. Ich dachte, sie seien nicht wach zu kriegen, weil sie zu viel getrunken haben. Oder die ganze Nacht mit Mädchen rumgemacht haben. Du weisst schon. Als niemand die Tür öffnete, bin ich zur Rezeption gegangen. Ich sagte der jungen Frau, die gerade arbeitete, dass ich in das Zimmer der beiden telefonieren möchte. Erklärte ihr, dass wir uns verabredet hatten und ich die Jungs mit Anklopfen nicht wach kriegen würde. Nachdem ich das gesagt hatte, schaute sie mich nur entsetzt an, und ist, ohne mir zu antworten, im Hinterzimmer verschwunden. Wenige Sekunden später kam sie wieder zurück. Mit dem Hotelmanager und zwei Polizisten im Schlepptau. Stell dir vor: Die haben mich ohne mit der Wimper zu zucken in Handschellen gelegt und abgeführt. Und das, obwohl ich absolut gar nichts verbrochen habe! Sie zerrten mich in das kleine Hinterzimmer. Der Bulle kettete mich an einem Stuhl fest und wollte irgendetwas aus mir herauspressen. Stellte mir merkwürdige Fragen: Woher ich Brian und Curt kenne. Wann ich sie zum letzten Mal gesehen habe. Wo ich die letzte Nacht verbracht habe. Ob ich vorbestraft sei. Ob ich Familie habe und was ich in Pattaya mache. Zuerst wollte ich mich weigern, mit dem Polizisten zu reden. Es war mir nicht entgangen, dass es sich offenbar um eine ernste Angelegenheit handelte. Ich sagte, dass ich nichts sagen würde ohne einen Anwalt. Aber wir sind hier leider nicht in den Staaten. Die Polizisten gaben mir nicht einmal die Möglichkeit zu Telefonieren.»

Jerry leert sein Megkong-Glas. Ohne zu fragen, schenkt ihm Hugo das Glas wieder voll.

«Es dauerte etwa zwei Stunden, bis ich die Polizei und den Hoteldirektor von meiner Unschuld überzeugt hatte. Ich beantwortete artig ihre Fragen und bettelte und flehte. Schliesslich zahlte ich ihnen 1000 Baht und sie befreiten mich von den Handschellen und banden mich vom Stuhl los. Klar wollte ich wissen, was denn passiert sei. Fragte, ob Brian und Curt etwas zugestossen war. Der Polizist hielt es jedoch nicht für nötig, mich zu informieren.»

Jerry knirscht verärgert mit den Zähnen. Er hat sich in Rage geredet. Hugo beobachtet, wie Cindy ahnungslos dreinschaut. Sie hat sehr wohl gemerkt, dass irgendetwas nicht in Ordnung ist. Hugo sieht aber an ihrem Gesichtsausdruck, dass sie kein Wort von dem verstanden hatte, was Jerry eben gesagt hatte. Hugo tätschelt ihr beruhigend das Knie. Sobald Jerry seine Geschichte fertig erzählt hat, würde er versuchen, Cindy schonend beizubringen, was passiert war. Hugo ermuntert Jerry ungeduldig, die Geschichte auf den Punkt zu bringen: «Nun, sag schon, Jerry: Was ist Brian und Curt zugestossen? Was genau ist passiert?»

Jerry nimmt augenblicklich den Zeigefinger vor seinen Mund, deutet mit einem Kopfnicken in Cindys Richtung und flüstert: «Psst! Können wir irgendwo alleine reden? Ich will nicht, dass die Kleine mithört.»

Hugo versteht nicht, warum Cindy nicht zuhören darf. Aber seine Neugier ist so gross geworden, dass er fast alles tun würde, um endlich zu erfahren, wie die beiden umgekommen sind.

«Okay, wie du willst. Was schlägst du vor? Soll ich sie wegschicken?»

Jerry schüttelt energisch den Kopf.

«Um Himmels willen. Nein! Das Beste wird sein, wir schliessen sie im Zimmer ein und gehen nach unten an die Bar.»

Hugo befürcht, dass Jerry nun vollkommen durchgedreht ist.

«Wir brauchen sie nicht einzuschliessen. Cindy hat doch nichts getan. Und verlassen wird sie mich auch nicht. Das hast du mir doch beigebracht. Ausserdem habe ich ihr noch kein Geld für die letzten beiden Tage gegeben.»

Jerry lenkt ein. Es ist ja logisch, dass die Kleine sowieso jederzeit abhauen könnte wenn sie wollte. Sei es durch das Fenster, oder indem sie den Zimmerservice ruft.

«Na gut. Gehen wir nach unten. Aber wir müssen im Hotel bleiben. Ich habe der Polizei versprochen, dass ich bis sieben Uhr hier sein werde, falls sie noch Fragen haben. Ich will nicht unnötigerweise den Verdacht auf mich lenken.»

«Kein Problem. Na dann los.»

Hugo erklärt Cindy, dass sie beide alleine nach unten an die Bar gehen. Cindy, die es gewohnt ist, nicht zu verstehen, was die Männer miteinander plaudern, bleibt gelassen. So kann sie endlich in Ruhe Fernsehen.

Wenige Sekunden nachdem Noi das Telefon eingehängt hat, klingelt es wieder. Augenblicklich durchfährt sie der Schrecken. Wie ist Papa nur so schnell an ihre Nummer gekommen? Konnte er sie vom Telefon-Display in seinem Büro ablesen? Wie hätte er sonst noch herausfinden können, wo sie ist? Soll sie das Telefon abnehmen? Soll sie es klingeln lassen? Und wenn es nicht ihr Vater sondern vielleicht sogar die Polizei ist? Noi gibt sich einen Ruck und nimmt den Hörer ab.

«Hallo?»

«Noi, bist du es? Hier ist David. Wie geht es dir?»

Was für ein Glück. Es ist nur David, der alte Gauner, denkt Noi erleichtert. Ihr wird klar, dass sie grundlos in Panik geraten war. Wer ausser David kennt schon ihre direkte Durchwahl? Erleichtert lässt sie sich mit dem Hörer in der Hand auf das Bett fallen.

«Hallo David. Nun, um ehrlich zu sagen: Es könnte besser sein. Ich habe gestern wohl etwas zu tief ins Glas geschaut nach dem Schock über den Tod meiner Mutter und die Nachricht wegen meinem Vater. Und du? Wie geht's dir?»

«Bestens. Hör zu Noi: Ich habe dir das schon einmal versucht zu sagen: Wenn ich etwas für dich tun kann, oder wenn du Ablenkung brauchst, ich gehe gerne mit dir aus und tröste dich. Ich habe nämlich gar nichts gegen süsse Mädchen Mitte Zwanzig.»

David grinst frech. Noi weiss, dass er es nett meint und ihr aufrichtig zur Seite stehen will. David ist kein böser Krimineller. Nicht so einer, wofür ihn Jimmy hält. Schliesslich sind wir alle nicht perfekt und haben unsere dunklen Geheimnisse.

«Das ist lieb von dir, David. Aber heute habe ich schon etwas vor. Erinnerst du dich an den hübschen jungen Mann, der auf einmal in Sunandas Zimmer stand, als ich einen Kotzanfall hatte? Er hat heute Nacht einen Auftritt und ich werde ihn mir ansehen.»

Noi kann es nicht lassen, David wegen seiner Homophobie aufzuziehen.

«Du kannst gerne mitkommen. Ich habe den Eindruck, du stehst heimlich ein bisschen auf Schwule» provoziert sie ihn.

Darauf bricht David in schallendes Gelächter aus. Dann sagt er: «Wenn das so ist. Nein, nein, da komme ich nicht mit. Ich lasse dir den Vortritt bei dem kleinen Gathoey-Transvestiten. Du weisst, ich bin ein Gentleman. Aber ich befürchte, du hast weniger Chancen bei ihm als ich sie hätte.»

Auch Noi muss jetzt laut lachen. Wirklich erstaunlich, wie schnell es David gelungen ist, sie wieder aufzuheitern.

«Ach, David. Sei nicht beleidigt. Morgen gehen wir beide aus. Versprochen. Ich lade dich zum Essen ein und bei dieser Gelegenheit machen wir gleich Kasse. Wieviel schulde ich dir?»

David lacht immer noch schelmisch.

«Aber Noi, ich hätte mich ja nicht getraut, einfach so das Geld anzusprechen. Nicht nach allem, was du durchgemacht hast.»

David schweigt einen Augenblick.

«Aber wenn wir beim Thema sind: Ich glaube, du schuldest mir noch glatte 450 Dollar: 400, weil wir deine Mutter gefunden haben – tot oder lebendig. In deinem Fall leider das Erste. Dazu kommen 50 Dollar für Spesen.»

«Geht klar» erwidert Noi gelassen, «die Kohle werde ich dir morgen mitbringen. Mach's gut, David.»

«Du bist meine Lieblingskundin, Noi. Auf dich kann ich mich verlassen. Ich wünsche dir auch einen schönen Abend. Viel Spass mit den *Ladyboys*!»

Schmunzelnd legt Noi das Telefon auf die Gabel.

Endlich an der Bar in der Hotellobby angekommen, platzt Hugo fast vor Neugier. Jerry lässt es sich nicht nehmen, bei Jimmy zwei *Singha* zu bestellen, bevor er weitererzählt.

«Guten Tag, die Herren.»

Jimmy ist freundlich wie gewohnt.

«Ein hübscher Regentag heute. Aber ich kann sie beruhigen. Morgen wird wieder die Sonne scheinen.»

Mit einem galanten Lächeln serviert er den beiden ihr *Singha*. Hugo und Jerry, denen im Moment nicht nach Smalltalk zu Mute ist, ignorieren Jimmys netten Worte.

Hugo insistiert: «Nun komm schon, Jerry! Was ist mit Brian und Curt passiert? Erzähl!»

Jerry holt nochmals tief Luft und fährt dort weiter, wo sie vorher auf dem Zimmer stehen geblieben waren.

«Ganz genau weiss ich das auch nicht. Nachdem ich den beiden Polizisten nochmals 1000 Baht gegeben hatte, erzählten sie mir von der Sache. Anscheinend wurden beide tot in einem Stundenhotel gefunden. Die Besitzerin des Hotels hatte das Zimmer, das sie gemietet hatten, aufgeschlossen, nachdem die bezahlte Zeit abgelaufen war. Als sich nach mehrfach lautem Anklopfen niemand meldete, ist die Frau hinein gegangen. Angeblich lagen die beiden gemeinsam nackt im Bett und sahen aus, als ob sie friedlich schlafen würden. Erst als die Frau einen von ihnen wachrütteln wollte, merkte sie, dass er nicht mehr atmete und es nach faulen Mandeln roch.»

Hugo verschluckt sich fast an seinem Bier. Er hüstelt: «Du willst mir jetzt aber nicht sagen, die beiden waren ein heimlich schwules Paar!? Das sieht ja ziemlich eindeutig aus!»

Hugos Gedanken überschlagen sich: «Dann war diese Frauenaufreisserei nur Ablenkung. Diese perversen Schweine. Ich habe ja nichts gegen Schwule, solange sie einen in Ruhe lassen. Aber eins sage ich dir Jerry: Wenn mich auch nur einer der beiden angefasst hätte, der wäre schon vorher mausetot gewesen!»

Jerry unterbricht Hugo abrupt.

«Stopp, Hugo! Du steigerst dich da in etwas hinein. Es ist überhaupt nicht so wie du denkst. Die beiden sind aller Wahrscheinlichkeit nach ermordet worden. Neben dem Bett wurde ein leerer Plastikbecher mit Resten einer Flüssigkeit gefunden. Eine Mischung aus psychedelischen Pilzen, Wodka, Orangensaft und – halt dich fest – ein tödliches Nervengift. Solche Spezialdrinks – natürlich ohne das Gift – werden hier oft in Bars und Discos ausgeschenkt. So wie es aussieht, haben die beiden reichlich davon getrunken. Der Pilzdrink alleine hätte sie aber noch lange nicht umgebracht. Erst der chemische Zusatz hat ihnen den Todesstoss versetzt.»

Hugo, der nicht einsieht, was an seiner Auslegung der Dinge falsch sein soll, unterbricht Jerry triumphierend: «Das heisst doch noch gar nichts anderes. Ich sage ja, dass sie Selbstmord gemacht haben. Sogar Doppelselbstmord. Weil sie mit ihrer Lebenslüge nicht mehr weitermachen konnten oder so ähnlich. Ich habe mal so etwas im Fernsehen gesehen. Es gibt Schwule, die bringen sich lieber um, als einen Gesichtsverlust in der Öffentlichkeit zu riskieren. Aber sag mal: Warum darf eigentlich Cindy von der Geschichte nichts wissen?»

Jerry wird ungeduldig. Er packt Hugo energisch am Arm.

«Das ist es ja gerade, du Dummkopf! Wenn du mich mal ausreden lassen würdest anstatt hier rumzufantasieren, hätte ich dir schon lange erklärt, was das Problem ist. Von wegen heimlichen Schwuchteln. Brian und Jerry sind nicht alleine in das Stundenhotel gegangen. Sie waren in Begleitung einer Frau. Einer Nutte. Die haben es zu dritt getrieben. Und rate mal, was die Besitzerin des Stundenhotels sagte, wie die Kleine angeblich hiess?»

Hugo zuckt ahnungslos mit den Schultern.

«Woher soll ich das wissen?»

«*Uuugo,* du Dummkopf: Ihr Name war Cindy.»

Einen Augenblick herrscht Stille. Jerry sieht Hugo an, dass er am Nachdenken ist. Dann, ganz plötzlich, haut Hugo verärgert mit der Faust auf die Bartheke und schreit: «Cindy würde so etwas nie tun! Wie kannst du behaupten, sie habe die beiden umgebracht! Das ist eine haltlose Unterstellung!»

Jerry spürt, dass er etwas zu weit gegangen ist. Schliesslich kennt er Cindy auch schon einige Jahre und zweifelt im Grunde ebenso daran, dass sie wirklich fähig wäre, so etwas zu tun.

«Beruhige dich, Hugo. Es ist ja nur ein Verdacht. Nachdem Cindy gestern Abend so zornig abgehauen ist, habe ich mir halt so meine Gedanken gemacht. Ob sie vor lauter Wut eine Dummheit begehen würde? Wann ist sie eigentlich heute Nacht zu dir ins Hotel gekommen?»

Hugo überlegt.

«So genau weiss ich das leider nicht. Ich habe tief geschlafen und sie nicht kommen hören. Als ich um neun Uhr morgens aufgewacht bin, lag sie friedlich neben mir und schlief.»

Auch Hugo ist jetzt nachdenklich geworden. Könnte Cindy so etwas tun? Auf einmal kommt ihm der rettende Einfall. Er sagt: «Aber Cindy heisst doch eigentlich gar nicht Cindy. Ihr richtiger Name ist irgendetwas Vietnamesisches. Etwas, das klingt wie *Ping Pong*. Also kann sie es doch gar nicht gewesen sein. Oder?»

Jerry schnaubt verächtlich.

«Aber Hugo. Sei nicht so naiv. Alle Nutten hier geben sich andere Namen. Genau deshalb, weil solche Idioten wie du ihre richtigen Namen nicht aussprechen können. Sag mal: Hat Cindy einen gefälschten Ausweis?»

«Ich weiss nicht. Mir hat sie gesagt, sie habe überhaupt keine Papiere» entgegnet Hugo unsicher.

Jerry bohrt weiter: «Ist dir heute irgendetwas aufgefallen? War sie anders als sonst? Hatte sie vielleicht sogar Dollars bei sich? Ich meine, nicht solche, die du ihr gegeben hast?»

Hugo versteht die Frage nicht.

«Wieso?»

«Die Polizisten haben erzählt, dass sie Brian und Curts Kreditkartenbelastungen der letzten zwölf Stunden geprüft haben. Um einen Hinweis darauf zu finden, wo sie sich vor ihrem Tod rumgetrieben haben. Da stellten sie fest, dass Curt offenbar kurz vor seinem Tod an einem Bankomaten in der Nähe des Stundenhotels Geld abgehoben hat: 1000 Dollar! In zehn 100 Dollar Scheinen. Das Geld war natürlich weg, als die Polizei die Leichen fand.»

Hugo ist schockiert.

«Was! So viel Geld? Soviel ist doch hier kein Mädchen wert. Nicht für eine Nacht. Das weiss ja sogar ich als Neuling auf dem Gebiet. Was Curt wohl mit der Kohle vorhatte?»

«Ich weiss es nicht, *Uuugo*. Bin ausnahmsweise genauso ratlos wie du, Kumpel. Hör zu, du musst mir helfen. Wir müssen herausfinden, ob Cindy etwas mit der Sache zu tun hat.»

Hugo überlegt kurz. Wenn er aufrichtig über Cindy nachdenkt, muss er zwar zugeben, dass sie eine durchtriebene kleine Schlampe ist. Aber eine Mörderin? Nein! Ausserdem fehlt – abgesehen vom Geld – jegliches Motiv. Aber wegen ein bisschen Geld gleich zwei Leute umbringen? Das würde Cindy nie tun. Davon ist Hugo überzeugt. Ausserdem gibt es wahrscheinlich eine Menge Barladies die sich Cindy nennen. Für ihn steht fest: Er muss seiner Cindy irgendwie da raushelfen. Bevor die Polizei ihr auf die Schliche kommt und sie fälschlicherweise verdächtigt.

«Jerry, ich kann mir ehrlich nicht vorstellen, dass Cindy etwas mit der Sache zu tun hat. Aber ich werde es herausfinden. Ich verspreche es dir. Ich bin nicht so naiv wie du denkst. Ich würde vorschlagen, wir verhalten uns vorerst ganz unauffällig. Einfach so, als ob nichts passiert wäre. Wir gehen heute Abend in diesen Transenschuppen, wie abgemacht. Was meinst du?»

Jerry ist nicht so richtig von Hugos Plan überzeugt. Aber aus Mangel an besseren Alternativen lenkt er ein.

«Okay, dann treffen wir uns um halb Sieben wieder hier.»

Er dreht den Kopf zur Bartheke und ruft laut: «Jimmy, die Getränke gehen auf meine Rechnung.»

Rettung in Sicht?

Noi geht ungeduldig im Hotelzimmer auf und ab. Es ist kurz vor sechs Uhr und sie ist frisch geduscht und frisiert. Mit dem Doktor Würzmann wird sie sich um Sieben bei Sunanda treffen. Mit dem Sammeltaxi dauert es nur wenige Minuten bis zum *Moonlight Pub*, wo Sunanda wohnt. Deshalb beschliesst Noi, sich bei Jimmy einen Aperitiv zu gönnen. Obwohl sie gestern Abend mehr als genug getrunken hat, verspürt sie bereits wieder Lust auf einen Drink. Ausserdem will sie herausfinden, was Jimmy über sie denkt, nachdem er mitgekriegt hat, dass sie erst am frühen Morgen vom Ausgang zurückgekehrt war. Hoffentlich stellt er ihr keine unangenehmen Fragen. Jimmy sieht jeden Tag so viele Dinge, beruhigt sich Noi. Vermutlich ist ihre Angst vor seinem Urteil absolut unbegründet. Heute Abend sieht Noi *brav* aus. Sie trägt ein luftiges schwarzes Kleid. Dazu Turnschuhe. In der Zwischenzeit hatte es aufgehört zu regnen. Es ist angenehm kühl geworden. Durch das viele Wasser in den Strassen sind Pfützen mit Dreckwasser entstanden. Noi schlüpft in ihre Baumwolljacke und macht sich auf den Weg. Sie geht in die Hotellobby und setzt sich zu Jimmy an die Bar. Auf den gleichen Barhocker wie gestern. Heute ist jedoch etwas ganz Wesentliches anders: Noi hat ihre Strandtasche nicht dabei. Das heisst: keine Maskerade, keine gefährlichen Spiele. Darauf will Noi trinken. Fröhlich spricht sie den Barkeeper an: «Hallo, Jimmy! Wie geht es dir heute? Machst du mir einen schön fruchtigen Drink? Einen *Sex On The Beach?*»

Noi lässt Jimmy spüren, dass sie guter Laune ist. Auch der freut sich, Noi zu sehen. Während er mit Wodka, Pfirsichlikör, Orangen- und Cranberrysaft für Noi's Drink hantiert, sagt er: «Hallo, Noi. Danke. Mir geht es gut. Und was machst du? Bist du wieder frisch? Warst gestern lange aus. War es toll im *Roxy?*»

Hoppla! Noi hatte ganz vergessen, dass sie den Tipp, diesen Club zu besuchen, von Jimmy hatte. Betont fröhlich lügt sie: «Es war grossartig. Ich habe die ganze Nacht durchgetanzt. Mir tun die Füsse immer noch weh! Und heute Abend werde ich mir eine der vielgerühmten thailändischen Travestieshows angucken. Im *Miranda*. Kennst du das Lokal?»

Jimmy schmunzelt vielsagend.

«Ja. Das *Miranda* zeigt grossartige Shows. Im Moment tritt dort Kim Karnes auf. Einer der wenigen, der es geschafft hat berühmt zu werden. Er hat schon auf den Bühnen des ganzen Kontinents getanzt und gesungen. Jetzt hat er eine CD veröffentlicht. Die Menschen in Pattaya lieben ihn und sind stolz auf seine Karriere. Er ist für viele hier ein Vorbild. Nur wenige schaffen den Sprung vom *Ladyboy* zum Star. Es wird gemunkelt, dass Kim gar nicht operiert ist. So ein grosser Verwandlungskünstler habe das nicht nötig, wird gesagt. Aber das sind Gerüchte. Niemand weiss genau Bescheid. Kim lebt zurückgezogen und gibt sich in der Öffentlichkeit selten zu erkennen. Aber sobald er auf der Bühne steht, verwandelt er sich in einen Paradiesvogel. Er hat eine wunderschöne Stimme. Kräftig, klar und weiblich. Angeblich hat er nie Hormone genommen. Also ich kann mir nicht vorstellen, wie er ohne weibliche Hormone zu so einer Stimme gekommen ist. Aber ich rede zuviel. Willst du das Eis in deinem Drink zerhackt oder als Würfel?»

Noi hätte gerne noch mehr über diesen gutaussehenden Kim erfahren. Als sie bei Sunanda seine Bekanntschaft gemacht hatte, war sie vollkommen fasziniert von ihm. Aber nun, da Jimmy von sich aus das Thema gewechselt hat, traut sie sich nicht mehr, nachzufragen.

«Zerhacktes Eis wäre mir lieb. Danke.»

Jimmy füllt die dunkelorange Flüssigkeit, zusammen mit einer Menge *crashed* Eis in einen Becher, schüttelt ihn kräftig, und giesst den *Sex On The Beach* in ein Glas vor Noi ein. Er scheint heute sehr gesprächig: «Hast du dir schon überlegt, wohin du als Nächstes willst? Weiter südöstlich gibt es eine wunderschöne tropische Insel mit unberührten Stränden. Sie heisst *Chang*. Dorthin reisen viele Individualtouristen und es gibt zahlreiche günstige

Bungalows. Das wäre doch etwas für dich, nicht?»

Kaum zu glauben, denkt Noi. Jimmy macht sich immer noch Sorgen und will sie überzeugen, dass Pattaya kein guter Ort für ihren Ferienaufenthalt ist. Noi beschliesst deshalb, Jimmy etwas von ihrer Identität preiszugeben: «Ich bin nicht nur zum Vergnügen hier, Jimmy. Ich besuche eine nahe Bekannte. Sie ist sehr krank und hat kein Geld. Sie braucht meine Unterstützung. Der Arzt, den du mir empfohlen hast, wird sie sich heute ansehen. Übrigens: Er scheint nett zu sein. Vielen Dank für den Tipp.»

Jimmy, der Noi aufmerksam zugehört hat, schaut ihr jetzt beschämt in die Augen.

«Es tut mir Leid, Noi. Ich war dumm. Bei den vielen Touristen hier habe ich gedacht, dass du nur auf der Durchreise bist. Ich konnte mir einfach nicht vorstellen, was eine junge schöne Frau an so einem sündigen Ort macht. Es würde mich freuen, wenn du noch andere Gesichter meines Landes kennen lernen würdest. Diese kranke Frau, sie ist doch nicht etwa...», Jimmy stockt kurz, «...deine Mutter?»

Noi, der die Unterhaltung allmählich zu persönlich wird, sagt abweisend: «Bitte Jimmy, frag mich nicht aus. Das ist alles so kompliziert.»

Jimmy merkt, dass er zu weit gegangen ist.

«Es tut mir Leid, Noi. Ich stelle den Gästen normalerweise keine persönlichen Fragen. Aber ich habe mir Sorgen um dich gemacht. Es kommt selten vor, dass eine junge Frau alleine hierher kommt. Und manchmal passieren hier ganz schreckliche Dinge. Du kannst dir vielleicht vorstellen, dass ich in meinem Job viel sehe und höre. Aber das, was ich heute erfahren habe, hat sogar mich schockiert.»

Jimmy lehnt sich zu Noi über die Theke und flüstert verschwörerisch: «Heute Nachmittag habe ich zwei Männer hier an der Bar belauscht, die in ein Verbrechen verwickelt zu sein schienen. Der eine erzählte dem anderen von zwei ihnen bekannten Männern, die offenbar letzte Nacht umgebracht worden sind.

Stell dir vor: Der eine Mann, der ältere der beiden, sagte, dass beide tot in einem Stundenhotel gefunden wurden. Angeblich hat eine Barlady sie vergiftet.»

Noi gefriert fast das Blut in den Adern. Es gefällt ihr gar nicht, dass die Leute hier schon über den Tod der beiden Engländer reden. Diese Neuigkeit hat sich offenbar extrem schnell verbreitet. Das kann nur bedeuten, dass die Polizei bereits intensiv am Ermitteln ist. Noi versucht cool zu bleiben. Scheinbar überrascht und schockiert über Jimmys Erzählung sagt sie: «Das ist ja unglaublich! Wie kann denn so etwas passieren?»

Jimmy, der froh ist, dass er die schreckliche Geschichte mit jemandem teilen kann, redet leise weiter: «Die beiden Männer, die heute Nachmittag an der Bar über die Morde gesprochen haben, sind Gäste hier im Hotel. Der eine teilt sein Zimmer mit einer jungen Asiatin. So wie ich die zwei verstanden habe, verdächtigen sie diese Frau, die Männer umgebracht zu haben. Ganz sicher sind sie aber nicht. Sie wollen erst einmal zuwarten und beobachten, wie sich die Frau verhält. Stell dir vor Noi: In diesem Hotel wohnt vielleicht eine Mörderin, die zwei Männer vergiftet hat!»

In diesem Moment sieht Noi, wie der Schweizer, der ebenfalls hier im Hotel wohnt, seine kleine Freundin und sein alter Kollege, die Comic-Figur, die Treppe hinunter kommen. Als Jimmy die drei sieht, reisst er vielsagend die Augen auf und flüstert: «Wenn man vom Teufel spricht. Schau da rüber. Schnell! Das sind sie! Die zwei Männer mit der vermeintlichen Mörderin, von der ich dir eben erzählt habe. Sie kommen hierher an die Bar!»

Jimmy ist sichtlich nervös geworden. Noi kennt sowohl die zwei Männer als auch die Frau vom Sehen und nickt den dreien freundlich zu. Sie rückt einige Barstühle zurecht und deutet ihnen an, dass neben ihr an der Bar noch Plätze frei sind.

Jerry wirkt entspannt. Er hat sich vom ersten Schock über die Morde erholt, sich etwas ausgeruht und seine Insulintabletten genommen. Er grüsst Jimmy freundlich: «Hallo, mein

Freund. Bitte zwei *Singha*» und mit dem Kopf in Cindy's Richtung nickend, «und für die junge Dame ein Glas Champagner.»

Dann wendet er sich Noi zu.

«Vielen Dank, schöne Unbekannte, dass sie uns Platz gemacht haben. Vielleicht sollten wir einander vorstellen. Mein Name ist Jeremy und ich komme aus den USA. Meine Freunde nennen mich Jerry.»

Freundlich lächelnd reicht er Noi die Hand.

«Arbeiten sie hier, junge Dame?»

Unter dem misstrauischen Blick von Jimmy streckt Noi dem Mann die Hand zum Händedruck entgegen und stellt sich vor: «Hallo, ich bin Noi. Ich sehe zwar aus wie eine Thailänderin, komme aber aus der Schweiz.»

Sie hofft, mit dieser Aussage klar gemacht zu haben, dass sie nicht zur käuflichen Spezies hier gehört. Jerry tätschelt ihr mit seiner rechten Hand jovial auf die Schulter und sagt laut lachend: «Was für ein Zufall! Mein Freund *Uuugo* ist auch Schweizer.»

Er deutet mit der linken Hand auf Hugo, der neben ihm Platz genommen hat.

«Die Schweiz soll ja sehr klein sein. Vielleicht kennt ihr beiden euch?»

Noi schaut in das bekannte Gesicht des Mannes, den sie hier schon öfters gesehen hat.

«Nein, ich glaube, wir sind uns in der Schweiz noch nie begegnet. Dafür schon einige Male hier im Hotel.»

Sie streckt Hugo die Hand zum Gruss hin.

«Hallo.»

«Hallo. Freut mich, eine Landesfrau kennen zu lernen. Und das hier», er zeigt auf die hübsche Asiatin an seiner Seite, «ist meine Freundin Cindy.»

Die junge Frau lächelt Noi freundlich an, faltet ihre Hände, nickt mit dem Kopf und geht etwas in die Knie. Während Noi den *Wai*-Gruss anständig erwidert, spielen ihre Gedanken verrückt. Das darf doch nicht wahr sein, geht es ihr durch den Kopf.

Noi wird schlagartig klar, weshalb diese Frau des Mordes verdächtigt wird. Die Polizei kennt den Namen der Mörderin. Cindy. Vermutlich hat die Frau vom *Happy End* ihn ausgeplaudert. Noi beschliesst, noch heute Nacht ihre verräterischen Kleider, die Perücke und den gefälschten Ausweis in einer entlegenen Gasse zu verbrennen.

Es ist kurz vor acht Uhr. Noi wartet. Doktor Würzmann ist seit über einer halben Stunde in Sunandas Zimmer. Er hat darauf bestanden, sie alleine und in aller Ruhe zu untersuchen. Nervös steht Noi im Gang vor der geschlossenen Tür. Ihre Füsse spielen unruhig mit einer leeren Getränkedose. Wie wohl Kim reagieren wird, wenn er erfährt, dass sie die Sache in der Zwischenzeit selber in die Hand genommen hat? Hoffentlich fühlt er sich nicht übergangen, denkt sie. Sie muss heute Abend nach der Show unbedingt mit ihm reden. Noi überlegt, wie sie Kontakt mit ihm aufnehmen könnte. Das wird gar nicht so einfach sein, wenn er ein so bekannter Künstler ist wie Jimmy sagt. Noi versucht, sich das Bild von Kim in Erinnerung zu rufen. Seine schwarzen langen Haare, die grün funkelnden Augen. Während Nois Gedanken beim schönen Kim sind, kommt endlich Doktor Würzmann aus dem Zimmer und schliesst leise die Tür hinter sich.

«Wie geht es ihr? Hat sie noch eine Chance?» fleht Noi.

Sie platzt beinahe vor Neugier. Der Arzt macht ein besorgtes Gesicht.

«Ich darf doch ganz offen mit ihnen reden?»

«Aber klar» erwidert Noi, «ich bin kein kleines Mädchen mehr.»

Doktor Würzmann ist ein kleiner etwas rundlicher Mann mit einem Schnurrbart und Glatze. Noi sieht ihm an, dass er schon lange in Thailand lebt. Seine Haut ist tiefbraun und seine Kleider sehen alt und ausgewaschen aus. Er wirkt weise. Noi mag ihn.

«Für moderne Aids-Medikamente ist es zu spät. Sunanda wird wohl nicht mehr lange leben. Es ist eine Frage der Zeit, bis sie sich nicht mehr selber anziehen und waschen kann. Bald wird sie künstlich ernährt werden müssen. Davon, dass sie noch alleine auf die Toilette gehen kann, nicht zu reden.»

Doktor Würzmanns Aussage bestätigt zwar lediglich Nois Befürchtungen. Trotzdem stimmt sie die Diagnose traurig.

«Das heisst, wir können gar nichts mehr für sie tun?» fragt sie besorgt.

«Nicht ganz. Wir können versuchen, ihr das Sterben so angenehm wie möglich zu machen. Sie braucht die richtigen Medikamente gegen die Schmerzen und professionelle Pflege. Warum lassen sie die Frau nicht in ein Sterbehospiz bringen?» schlägt der Arzt vor.

Noi runzelt die Stirn.

«Daran habe ich auch schon gedacht. Aber ich kenne mich hier zu wenig aus. Deshalb brauche ich ihren Rat. Was denken sie? Gibt es einen Ort, an den ich sie bringen kann?»

Herr Würzmann braucht nicht lange zu überlegen.

«In Rayong, wenige Kilometer südlich von Pattaya, gibt es ein Zentrum. Dort wohnen Patienten mit HIV und Aids. Neben der Betreuung durch Pflegepersonal sorgen die Patienten gegenseitig füreinander. Das heisst: Jene, die bei besserer Gesundheit sind helfen denen, die sich nicht mehr um alltägliche Dinge kümmern können. In einem separaten Haus wohnen Aids-Waisenkinder, Kinder verstorbener Aids-Patienten. Einige sind ebenfalls HIV-positiv. Die Bewohner des Zentrums beteiligen sich aktiv an der Prävention. Weil in Thailand Aids-Kranke immer noch stigmatisiert werden, bietet das Zentrum Kurse für Besucher, zum Beispiel Schulklassen, an. So erleben die Menschen hautnah, was es heisst, Aids-krank zu sein und lernen, dass es jeden treffen kann, und wie sie sich selber vor einer Ansteckung schützen können.»

Noi hat den Ausführungen des Arztes interessiert zugehört. Sie denkt, dass dieses Zentrum ein guter Ort für Sunanda sein wird und sagt: «Das klingt beinahe zu gut, um wahr zu sein.

Kostet denn die Unterbringung und Pflege dort viel?»

Der Arzt sieht Noi gütig an.

«Keine Angst, junge Dame. Das Zentrum wird von internationalen Entwicklungsorganisationen unterstützt. Es werden nur Patienten aufgenommen, die keine finanziellen Mittel und keine Verwandten haben, die sich um sie kümmern können. Und das scheint bei Sunanda der Fall zu sein. Bevor ich hierher gekommen bin, habe ich mit dem Leiter des Zentrums telefoniert. Sie haben wenig freie Plätze und eine Warteliste. Aber einen einsamen sterbenden Menschen, hat der Mann gesagt, würden sie jederzeit aufnehmen.»

Ungefragt erzählt Doktor Würzmann mehr vom Leiter des Zentrums: «Sein Name ist Phra Suthep Asavachin. Er ist ein buddhistischer Mönch, der in Italien Medizin studiert hat. Er betreibt mit den Sterbenden intensive Sterbemeditationen. Die Buddhisten sagen, dass die kranken Menschen sich so auf ihre Wiedergeburt vorbereiten.»

Noi, die sich bisher kaum mit religiösen Themen auseinandergesetzt hat, schaut den Arzt skeptisch an: «Und sie meinen, das ist gut für Sunanda...?»

Sie zögert einen Moment und sagt dann: «Nun, wenn ich es mir recht überlege... Sie hat auch schon über den Buddhismus gesprochen. Sie scheint an die Wiedergeburt zu glauben. Ich schätze, die spirituelle Begleitung würde ihr gut tun.»

Der Arzt entgegnet ruhig: «Ich habe ihr die Unterbringung im Zentrum bereits vorgeschlagen. Habe ihr erklärt, um was für eine Klinik es sich handelt. Sie war sofort einverstanden. Und ich glaube, nicht nur aus Angst, ihnen nicht zu Last fallen zu müssen.»

Einen kurzen Moment bleibt es still. Dann sagt Noi nachdenklich: «Bleibt nur zu hoffen, dass es stimmt was die Buddhisten sagen. Was glauben sie? Gibt es ein Leben nach dem Tod?»

Der Mann überlegt nicht lange.

«Ja, natürlich. Unser Körper ist vergänglich. Aber etwas anderes ist in uns. In allen Dingen. Es ist verantwortlich für unsere

Gefühle, für Liebe, Freude, Trauer, Wut. Dieses Etwas sucht sich nach unserem Tod ein neues Gefäss. Ich weiss nicht, ob man nach vielen Wiedergeburten erleuchtet wird, wie die Buddhisten sagen. Aber ich glaube an die buddhistischen Verpflichtungen, die vier edlen Wahrheiten: Alle Lebensformen respektieren, sein Dasein nicht der Begierde unterzuordnen, im Leben dazu zu lernen und eins werden mit Buddha. Wer sich daran hält, kann mit einer *guten* Wiedergeburt rechnen.»

Noi ist nicht sicher, ob sie den Mann richtig verstanden hat.

«Wie muss man sich das vorstellen? Eins werden mit Buddha?»

«Für die Thais ist der Buddha nicht irgendein abstrakter Gott. Jeder kann wie Buddha sein, wenn er sich an die Verpflichtungen hält, meditiert und lernt. Buddha ist kein Übermensch. Es hat ihn wirklich gegeben. Er hat auch nicht besondere Kunststücke vollbracht. Er war ein junger Mann, der seine Grenzen kennenlernte indem er die Extreme gesucht hat. Friede und Erleuchtung hat er jedoch erst auf dem Weg der Mitte und dank der Meditation gefunden. Mit Hilfe der Meditation befreite er seinen Geist vom Egoismus.»

Der Arzt nimmt noch einen tiefen Atemzug.

«Stellen sie sich vor, Noi. Ein freier Geist. Keine Gier, kein Leid, keine Wut. Keine sturen Standpunkte. Man lässt diese Dinge einfach vorbei ziehen. Während der durchschnittliche Westler alles in seiner Kraft stehende tut, um sein Schicksal zu kontrollieren, führen die Thais ein beneidenswert unbekümmertes Dasein. Nach dem Motto: Was passieren muss, wird passieren. Man kann das für fatalistisch halten. Doch wer wie ich eine gewisse Zeit im thailändischen Königreich verbracht hat, beginnt, die Weisheit und Aufrichtigkeit westlicher Gedanken zu bezweifeln.»

Noi versteht den Arzt immer noch nicht ganz, aber sie will ihn nicht unterbrechen. Sein Blick schweift verträumt in die Ferne während er weiter redet: «Sehen sie, seit ich hier lebe habe ich viel gelernt. Auch in der Zeit als ich noch als Arzt praktiziert habe. Unser Körper ist keine Maschine. Da ist mehr. Und genau dieses

Mehr überdauert uns. Vielleicht ist es ein neues Leben, vielleicht sogar die Erleuchtung. Eines können sie mir glauben: Für die ach so aufgeklärten Kopfmenschen westlicher Prägung, selbsternannte Rationalisten – ich war selber fast 40 Jahre einer von ihnen – gibt es ausser dem mickrigen Leben, das sie besitzen, gar nichts. Sie halten Menschen, die den spirituellen Weg gehen für Fantasten. Denken, das Spirituelle einfach nicht den Mut haben, der Realität in die Augen zu sehen. Sie sind davon überzeugt, die Wahrheit für sich gepachtet zu haben. Dabei ist ihre Wahrheit auch nur eine Glaubensform.»

Herr Würzmann atmet einige Male ruhig durch und schweigt. Dann nimmt er noch einen tiefen Atemzug und redet weiter: «Der Dalaih Lama sagt, dass es nicht wichtig ist, welcher Religion man Glauben schenkt. Es gibt viele verschiedene Wege, die begangen werden können, und irgendwie sind sie doch gleich. Viel wichtiger sei Respekt gegenüber Andersgläubigen und das gegenseitige Lernen. Ich habe deshalb nie die Skepsis gegenüber strengen Verfechtern von Überzeugungen verloren. Zu viele Verbrechen und Kriege wurden schon um der Wahrheit Willen geführt.»

Das Wissen des Arztes beeindruckt Noi. Leise sagt sie: «Ich glaube, ich verstehe, was sie sagen. Niemand hat ein Recht auf Wahrheit.»

Dann wieder eine kurze Pause. Noi wägt ab, ob sie die Frage stellen soll, die ihr auf der Zunge brennt. Dann kommen ihr die Worte, schneller als ihr lieb sind, über die Lippen: «Was passiert eigentlich mit den schlechten Menschen, wenn sie sterben? Mit Mördern, Betrügern, Sextouristen und Kinderschändern?»

Der Arzt schmunzelt und sagt mit einem Augenzwinkern: «Glauben sie mir, wenn ich diese Frage beantworten könnte, wäre ich ein mächtiger Mann. Ich kann ihnen dazu nur meine persönliche Meinung sagen. Ich glaube, dass gute Taten die schlechten wieder neutralisieren können. Vielleicht ist es auch so wie die Menschen hier sagen: Dass schlechte Menschen eine schlechte Wiedergeburt haben. Oder dass sie als Geister dahinvegetieren, gefangen zwischen zwei Leben. Die Thais glauben an Geister. Viele behaupten, dass sie Kontakt mit Untoten haben, sogar mit ihnen reden. Das Haus eines Freundes von mir wird angeblich immer noch von seiner toten Mutter bewohnt. Sie konnte sich Zeit ihres Lebens nicht von ihren Kindern lösen und jetzt geistert sie durch die Räume, mit starrem Blick und strengen Lippen, und meckert, wenn ihr etwas nicht passt.»

Der Doktor lächelt bescheiden.

Noi schweigt und denkt nach. Sie hofft, dass der Mann Recht hat, und dass auch sie noch ein guter Mensch werden kann. Obwohl das bedeuten würde, dass auch ihr Vater ein guter Mensch ist. Auch die Sextouristen hier wären dann vielleicht gute Menschen. Auch jene, die Frauen und Kindern misshandeln, Kriege führen und ganze Völker vernichten. Das macht doch alles irgendwie keinen Sinn. Noi versucht, diese finsteren Gedanken zu verdrängen. Sie wechselt das Thema und fragt den Arzt: «Ist Sunanda noch wach? Kann ich zu ihr?»

Herr Würzmann antwortet: «Ja. Gehen sie nur rein. Ich werde hier draussen warten.»

Noi geht in das schäbige Zimmer. Wie bei ihrem letzten Besuch liegt Sunanda regungslos im Bett. Noi setzt sich auf die Bettkante und streichelt ihr über die Wange.

«Wie fühlst du dich, Sunanda?»

Sunanda, die erst jetzt gemerkt hat, dass es Noi und nicht der Arzt ist, der neben ihr sitzt, versucht mühsam, sich aufzurichten. Noi stopft ihr ein Kissen hinter den Rücken und hilft ihr, sich aufzusetzen.

«Noi, meine Kleine. Schön dich zu sehen. Der Doktor hat gesagt, dass ihr mich von hier wegbringt. Stimmt das?»

Noi nickt mit dem Kopf.

«Ja. Wir möchten dich in ein Betreuungszentrum für Aids-Kranke in Rayong fahren wo sich rund um die Uhr jemand um dich kümmern kann. Dort bekommst du regelmässig zu Essen, Medikamente und Pflege. Ausserdem gibt es einen guten Arzt, mit dem du reden kannst und der mit dir meditiert. Aber wir bringen dich nur dorthin, wenn du es auch willst.»

Während Noi redet, hat Sunanda die Augen geschlossen und Noi ist nicht sicher, ob sie eingeschlafen ist. Aber dann sagt sie: «Ach, Noi. Sicher bin ich damit einverstanden, dass ihr mich von hier fortbringt. Ich bin dir so dankbar. Ich habe nur noch einen Wunsch im Leben: dass ich nicht einsam und mit starken Schmerzen sterben muss.»

Nachdenklich hält Sunanda inne. Dann fragt sie: «Aber wer soll das bezahlen? Du weisst, dass ich kein Geld habe, und Kim ist zwar berühmt, hat aber kein regelmässiges Einkommen. Ich kann das doch von dir nicht annehmen, Noi.»

«Sunanda, mach dir keine Sorgen um das Geld» sagt Noi bestimmt, «ich habe alles organisiert. Das Zentrum ist für mittellose Patienten gratis. Aber ich werde veranlassen, dass der Organisation eine Spende aus der Schweiz überwiesen wird. Jemand schuldet mir noch einen grossen Gefallen und wird sich darum kümmern. Es ist dein gutes Recht dort zu sein. Vertrau mir.»

Die Augen immer noch geschlossen, fragt Sunanda: «Und wann werdet ihr mich holen?»

«So bald als möglich» sagt Noi, «ich werde noch heute Nacht mit Kim sprechen. Wenn alles klappt, werden wir dich schon morgen in das Zentrum fahren können. Ich werde zu dir kommen und dir beim Packen helfen.»

Sunanda fängt an, ungeschickt an ihrem Hals herum zu fingern. Sie rupft eine feingliedrige silberne Kette aus ihrem abgemagerten Dekolleté und sagt: «Noi, nimm mir die Kette ab.»

Noi hilft ihr und öffnet den Sicherheitsverschluss. Ein goldener Anhänger mit einem Buddhamotiv glänzt daran. Sunanda gibt Noi die Kette in die Hand.

«Noi, bitte tu mir einen Gefallen: Wenn du heute Abend Kim siehst, dann gib ihm diese Kette. Der Buddha soll ihn beschützen und ihn auf seinem Weg leiten. Er soll vorsichtig sein, nicht allen Menschen sofort vertrauen und nie vergessen, woher er kommt.»

Noi streichelt beruhigend Sunandas Kopf.

«Das werde ich tun. Ich werde es ihm ausrichten.»

Ganz plötzlich breitet sich wieder ein nervöses Kribbeln in ihr aus. Nun gibt es kein Zurück mehr, denkt sie aufgeregt. Sie muss heute Nacht irgendwie zu Kim gelangen. Diese Angelegenheit ist zu wichtig, als dass sie noch länger warten kann. Sunandas schwache Stimme reisst Noi aus ihren Gedanken: «Ach, mein Mädchen. Deine Mutter wäre stolz, wenn sie dich jetzt sehen könnte. Du bist tapfer und stark. Ich weiss, ich bin eine kranke Frau und für niemanden mehr von Nutzen. Aber sag mir: Gibt es noch etwas, das ich für dich tun kann?»

Noi überlegt. Sunanda hat schon Recht. Was soll Noi noch von ihr wollen? Doch da kommt ihr etwas in den Sinn: «Es gibt tatsächlich ein, zwei Dinge, die ich gerne wissen möchte, Sunanda. Du hast meine Mutter gut gekannt. Sage mir: Haben sie sich geliebt, mein Vater und meine Mutter?»

Sunanda, die sich in der Zwischenzeit wieder hingelegt hat, fixiert Noi mit ihrem trüben Blick.

«Ich möchte dir nichts vormachen, Noi.»

Sunanda überlegt eine Weile. Dann sagt sie: «Es war nicht diese Art romantische Liebe wie ihr Europäer sie kennt. Dein Vater war wohl schon irgendwie in Ratana verliebt. Er hat sie immer wieder besucht. Geld geschickt. Aber er hat es Ratana nie verziehen, dass sie – obwohl sie seine Geliebte war – mit Freiern schlief und so ihr Geld verdiente. Es kam für sie auch nicht in Frage, ihm in die Schweiz zu folgen. Ratana hatte zu jener Zeit viele Männer. Sie war unabhängig, aussergewöhnlich schön und verdiente viel Geld. Ich weiss nicht, ob das die Geschichte ist, die du hören willst. Aber es ist die Wahrheit. Trotzdem: Deine Mutter hat dich geliebt. Und auch dein Vater liebt dich, sonst hätte er dich nicht zu sich geholt. Das ist doch das einzige, was zählt.»

Noi ist gerührt über Sunandas Worte. Sie nimmt den Kopf der kranken Frau in ihre beiden Hände und küsst sie auf die Stirn.

«Vielen Dank, Sunanda. Das hat mir sehr geholfen.»

Dann bettet Noi mütterlich die Decke um Sunandas Körper und lässt einige Sekunden verstreichen. Sunanda sieht sie mit grossen, dem Tod geweihten Augen an. Noi überlegt. Dann sagt sie: «Da gibt es noch etwas, was du mir vielleicht sagen kannst: Weisst du etwas über meinen Halbbruder Sanan? Er kam auf die Welt, als Ratana selber noch fast ein Kind war. Was macht er heute? Wo ist er? Habe ich noch mehr Geschwister, von denen ich nichts weiss?»

Während Noi spricht, hat Sunanda ihre Hand genommen und sie sanft zu streicheln begonnen. Dann sagt sie mit einem zarten Lächeln auf den Lippen: «Aber natürlich! Wie konnte ich vergessen dir von ihm zu erzählen. Diese Krankheit greift allmählich mein Gehirn an. Sanan lebt. Es geht ihm gut. Er hat eine Frau und drei Kinder. Vor einigen Jahren sind sie aus Mae Chan, ihrer Heimatstadt im Norden, unweit von Chiang Rai, weggezogen. Nachdem Ratana nicht mehr in der Lage war, ihm Geld zu schikken, hat er zusammen mit seiner Familie ein eigenes Geschäft gegründet. Sie führen das *Sunshine Paradise*, eine Bungalow-Anlage für Rucksacktouristen auf Ko Lanta. Das ist eine Insel im Süden, in der Nähe von Krabi und den Phi Phi-Inseln. Soviel ich weiss, haben sie es geschafft und verdienen genug Geld, um sich über Wasser zu halten.»

Noi, die aufmerksam zugehört hat, ist erleichtert. Sie sagt: «Das freut mich zu hören. Sind Sanan und ich die einzigen Kinder von Ratana?»

Sunanda holt tief Luft. Die Konversation macht sie müde.

«Ja. Ratana hätte gerne mehr Kinder gehabt. Aber nachdem sie einmal sehr krank war und im Spital operiert werden musste, konnte sie keine Kinder mehr kriegen.»

Ein Hustenanfall unterbricht Sunandas Erzählung. Noi merkt, dass sie der kranken Frau für heute mehr als genug zugemutet hatte. Sie drückt nochmals die Decke fest an Sunandas Körper und sagt leise: «Vielen Dank. Du hast mir sehr geholfen. Schlaf etwas. Der Doktor und ich werden jetzt gehen. Ich komme morgen Nachmittag wieder. Du brauchst dich um nichts zu kümmern.»

Noi haucht Sunanda einen Abschiedskuss auf die Stirn und steht auf. Wieder im Gang beim Doktor Würzmann angekommen, klaubt sie zwei Hundert-Dollar-Scheine aus ihrer Tasche und reicht sie dem Arzt. Der sieht Noi völlig irritiert an: «Aber junge Dame, das ist doch viel zu viel Geld. Packen sie es wieder ein und geben sie mir einen Fünfziger. Das reicht. Ich konnte ja gar nichts für die kranke Frau tun.»

Noi schüttelt den Kopf.

«Sie haben mehr als genug getan. Bitte behalten sie das Geld. Ich möchte, dass sie morgen Nachmittag wieder kommen und uns in dieses Betreuungszentrum fahren. Und bitte teilen sie mir die Bankverbindung des Zentrums mit. Ich werde veranlassen, dass dorthin eine Spende überwiesen wird.»

Das *Miranda* ist ein grosses Lokal und sieht wie der Ballsaal einer Schule aus; nicht wie ein Travestie-Cabaret. Im vorderen Teil des eindrücklichen Raumes steht eine etwa zehn Meter breite und fünf Meter tiefe Bühne. Die schweren alten Holzstühle, auf denen die Zuschauer sitzen, sind parallel zur Bühne aufgestellt. Jeder Stuhl hat sein eigenes kleines Tischchen, das an der linken Armlehne festgemacht ist. Der Raum fasst etwa hundert Leute. In der Mitte der Bühne führt ein Laufsteg aus Bühnenelementen direkt in die Zuschauermenge. Wie bei einer Modeschau. Offenbar legen die Artisten grossen Wert auf den Kontakt zum Publikum. Am Ende des Laufstegs sitzt ein fettleibiger Chinese mittleren Alters in einem grossen Sessel und pafft an einer Zigarre. Er scheint hier so etwas wie ein Ehrengast zu sein. Jerry, Hugo und Cindy haben soeben ihre Plätze in einer der hinteren Reihen eingenommen. Cindy sitzt in der Mitte. Es ist elf Uhr abends. Die Show sollte um viertel nach Elf beginnen. Das Lokal ist noch fast leer. Nur langsam tröpfeln die Gäste herein. Der übliche Mix aus thailändischen Frauen in Begleitung von weissen Männern jeden

Alters, alleinstehenden Herren auf der Pirsch und Pauschaltouristen. Auch zahlreiche Schwule sind unter den Gästen. Oft ältere Männer, Europäer oder Amerikaner, mit blutjungen thailändischen Jungs. Hugo bezweifelt, dass diese jungen Männer schon volljährig sind. Das sind ja noch Kinder, denkt er bei sich. Ob es in Thailand keine Gesetze gibt, die den sexuellen Umgang der Erwachsenen mit Minderjährigen verbieten?

Am meisten fallen wie üblich die schrillen *Ladyboys* auf. Bis ins kleinste Detail herausgeputzt und gestylt stellen sie sich narzisstisch zur Schau. Sie tragen farbige mit glitzernden Pailletten, Federn und Plüsch bestückte Kleider und Kostüme. Ein grosser dicker Transvestit passiert die Eingangstür. Seinen massigen Körper hat er in ein weisses Brautkleid gequetscht, das einen 20 cm langen Stehkragen hat. Sein Make-up ist vom Schweiss verschmiert. Zwei kleine Männer – oder sind es als Männer verkleidete Frauen? – tragen ihm den endlos lang scheinenden Schleier nach. Am Rande der Bühne wärmen sich die Künstler mit Dehnübungen auf. Es sind acht zartgliedrige *Ladyboys* in glänzenden Strümpfen und engen Bikinis in grellen Farben. Hugo kann sich immer noch nicht vorstellen, wie sie es schaffen, die Ausbuchtung ihrer Penisse in den engen Höschen zu verstecken. Cindy hat zwar versucht ihm zu erklären, dass die ihr bestes Stück irgendwie nach hinten zwischen die Pobacken klemmen. Hugo würde ihr das erst glauben, wenn er einmal – natürlich ganz ohne erotische Absichten – einem *Ladyboy* zwischen die Beine fassen darf. Der Gedanke an die knackigen Pobacken in engen Tangas macht ihn an. Er umfasst Cindys Taille und hebt sie zu sich auf den Schoss. So ganz wohl ist es ihm bei der Sache seit heute Nachmittag nicht mehr. Hugo ist zwar fast sicher, dass Cindy nie einen Menschen umbringen könnte, dennoch wagt er nicht, daran zu denken, was mit ihm geschehen könnte, wenn die Polizei Cindy – unschuldig oder nicht – festnehmen würde. Die Bullen würden sicher auch mit ihm reden wollen. Oder Schlimmeres. Was würde passieren, wenn er nicht rechtzeitig abreisen könnte und pünktlich zurück zu Klara und den Kindern käme? Er müsste Klara gestehen, dass er sie betrogen hatte. Sie würde ihn bestimmt verlassen. Hugo verdrängt diese finsteren Gedanken und konzentriert sich auf das süsse kleine Ding auf seinem Schoss und die faszinierenden *Ladyboys*. Hugo ist nicht entgangen, dass viele dieser *Ladyboys* künstliche silikongestählte Brüste haben. Wie die sich wohl anfühlen? Diskret grabscht Hugo Cindy an die rechte Brust. Zu gerne würde er auch einmal den Busen eines *Ladyboys* anfassen, denkt er verträumt. Während Hugo über die Frauen in seinem Leben nachdenkt, lässt er den Blick über die Menschenmenge schweifen. In der Zwischenzeit hat sich das Lokal gefüllt und Hugo beobachtet, wie die kleine Schweizerin, die im gleichen Hotel wie er und Jerry wohnt, mit eiligen Schritten in den Saal kommt. In ihrem Gesicht ist offensichtliche Erleichterung zu lesen, als sie realisiert, dass die Show noch nicht angefangen hat. Hugo würde es brennend interessieren, welche Verbindung die Kleine mit Thailand hat. Was sie ausgerechnet hier in Pattaya treibt? Er denkt: Sie sieht aus wie ein Mischling und spricht perfekt Schweizerdeutsch. Das kann nur bedeuten, dass sie schon lange – vielleicht ihr ganzes Leben – in der Schweiz lebt. Ob sie hier Verwandte besucht? Hugo tippt Jerry auf die Schulter und sagt leise: «Du Jerry, schau mal da rüber. Ist das nicht die Kleine, die auch im Teresa Inn wohnt?»

Hugo zeigt mit dem Finger auf Noi. Jerry dreht den Kopf und lacht erfreut, als auch er Noi wieder erkennt.

«Du hast ganz Recht, *Uuugo*. Hast ein gutes Auge für hübsche Mädchen!»

Noch bevor Hugo etwas erwidern kann, steht Jerry auf und Hugo hört ihn durch den Saal rufen: «Hallo! Schöne Frau vom *Theresa Inn*!»

Jerry fuchtelt wild mit den Armen in Noi's Richtung.

«Hier sind wir!»

Es kommt ihm nicht in den Sinn, dass die Frau vielleicht gar kein Interesse daran haben könnte, den Abend mit ihm und Hugo zu verbringen. Noi, die gehört hat, dass ihr jemand ruft, lässt ihren Blick über die Menschenmenge wandern. Dann entdeckt sie Jerry und zaubert ein freundliches Lächeln auf ihre Lippen. Jerry ruft: «Kommen sie herüber und setzen sich zu uns!»

Noi bahnt sich den Weg durch die Menge zu dem freien Platz zwischen Hugo und Jerry. Galant steht Jerry auf, nimmt Nois Handgelenk und haucht ihr einen Kuss auf den Handrücken.

«Ich muss mich entschuldigen, aber ich habe ihren Namen vergessen» sagt er galant.

«Ich heisse Noi. Noi Keller.»

Noi lächelt den alten Mann höflich an. Jerry zeigt auf den freien Stuhl zwischen ihm und Hugo und sagt: «Jetzt wo sie es sagen, erinnere ich mich wieder. Noi, was für ein schöner Name. Setzen sie sich doch zwischen mich und Hugo. Cindy sitzt auf Hugos Knie. Und wenn es ihr unbequem wird, kann sie sich ja auf den freien Sitz auf der anderen Seite von Hugo setzen.»

«Sicher?»

Noi wirft einen fragenden Seitenblick in Hugos Richtung.

«Ist es wirklich in Ordnung, wenn ich mich zwischen euch setze?»

Hugo nickt mit dem Kopf und streckt Noi die Hand zum Gruss hin. Er wäre ihm wohler gewesen, am heutigen Abend nicht zu viel Aufmerksamkeit zu erregen, aber nun da Jerry bereits durch das ganze Lokal gebrüllt und die junge Frau zu ihnen eingeladen hat, gibt er sich galant: «Hallo, Noi. Setzt dich nur zu uns. Es macht Cindy bestimmt nichts aus, wenn sie sich auf die andere Seite setzen muss.»

Noi lächelt Cindy an und fragt höflich: «Ist es wirklich okay?»

Während Noi das sagt, hat sie sich schon auf den freien Platz gesetzt.

«Vielen Dank.»

Noi ist nicht entgangen, dass sie von Cindy mit einer gehörigen Portion Verachtung im Blick gemustert wurde. Noi kann sich gut vorstellen, dass die jungen Frauen hier täglich einen harten Konkurrenzkampf um die Gunst der Touristen austragen. Cindy würde schon noch merken, dass es Noi nicht auf ihren Hugo abgesehen hat. Jerry, der Unterhalter, versucht die Stimmung aufzulockern und plappert los: «Weshalb wir Jungs uns hier rumtreiben, ist ja wohl klar. Aber was macht so eine hübsche junge Lady wie sie hier? Sind sie auch in den Ferien? Besuchen sie Verwandte?»

Diese Frage hat Noi doch schon einmal gehört. Sie denkt einen Augenblick nach. Richtig. Das war ihr Nachbar im Flugzeug. Auf ihrer Reise nach Bangkok. Dieser besoffene Angeber. Brav gibt sie Jerry eine Antwort auf seine Frage: «Nein, ich habe keine Verwandten mehr in Thailand. Alle, die mir etwas bedeutet haben, sind gestorben. Ich besuche hier eine kranke Freundin.»

Noi, die keine Lust hat, über Sunanda zu reden, lenkt vom Thema ab: «Ich habe Durst. Kommt hier jemand, um die Bestellung aufzunehmen? Oder muss man sich seinen Drink selber an der Bar holen?»

Sagt sie und hält dabei im Lokal Ausschau nach dem Servicepersonal. Jerry, der Gentleman, der nicht zusehen kann, wenn die Bedürfnisse einer schönen Frau nicht sofort gestillt werden, entgegnet: «Warten sie, Noi. Ich werde uns etwas zu Trinken holen. Was hätten sie denn gerne?»

Noi überlegt nicht lange.

«Ich nehme einen Wodka mit Tonic. Dazu ein Wasser. Ohne Kohlensäure.»

Cindy versucht die Aufmerksamkeit wieder auf sich zu lenken und redet dazwischen: «Für mich eine Glas Weisswein, Jerry, bitte!»

Jerry nickt und signalisiert den beiden Frauen, dass er ihre Bestellung verstanden hat. Dann kneift er Hugo spielerisch in die Seite und fragt: «Und was willst du, Kumpel? Ein Bier?»

«Ja. Vielen Dank, Jerry» sagt Hugo.

Es ist ihm nicht entgangen, dass sich seine Cindy von der

anderen jungen Frau bedroht fühlt. Nachdem Jerry in der Menge verschwunden ist, versucht Noi, mit Hugo eine Konversation in Gang zu bringen. Sie hofft, etwas über den Stand der Ermittlungen herauszufinden. Während sie mit dem Kopf in Cindys Richtung nickt, fragt sie Hugo ganz direkt: «Sind sie beide verheiratet?»

Irritiert ab der indiskreten Frage schüttelt Hugo energisch den Kopf. Leise und mit gedämpfter Stimme sagt er: «Nein, Cindy ist nur eine Ferienbekanntschaft.»

Leider hat Cindy Hugos Antwort verstanden, obwohl er mit Noi Schweizerdeutsch gesprochen hatte. Ganz plötzlich wird sie energisch und giftelt ihn an: «Ich möchte sein Frau von Hugo. Er sagen, ich sein seine grosse Liebe. Aber er gehen zurück zu alten Frau in Schweiz. Ohne mich. Ich verstehen das nicht!»

Hugo versucht, Cindy zu beruhigen: «Aber Cindy. Ich habe dir doch erklärt, warum ich mir eine Trennung von Klara im Moment nicht leisten kann. Aber ich komme dich sobald als möglich wieder besuchen.»

Er streichelt ihr über den Rücken.

«Würdest du denn auf mich warten?»

Noi spürt, dass sie einen wunden Punkt getroffen hat. Das Gespräch entwickelt sich in die falsche Richtung. Cindy säuselt mit Tränen in den Augen: «Hugo, du wissen genau. Cindy können nicht weg von hier. Ich nicht haben Papiere. Was ich machen, wenn Polizei kommen?»

Hugo, der in diesem Augenblick vollkommen von Cindys Unschuld in den beiden Mordfällen überzeugt ist, versucht, sie zu beruhigen.

«Ich verspreche dir, Cindy. Ich lasse mir etwas einfallen.»

Zu Noi sagt er: «Es tut mir Leid. Ich wollte sie nicht in unsere Probleme hineinziehen.»

Erleichtert stellt Hugo fest, dass Jerry wieder auf dem Weg zu ihnen ist. Er sagt: «Ach, da kommt ja Jerry mit den Getränken zurück.»

«Jerry, hier sind wir!» ruft Hugo und schwenkt seine Arme, damit Jerry ihren Platz wieder findet. Während Jerry die Getränke auf die am Stuhl festgemachten Holztischen stellt, überschlagen sich Nois Gedanken. Klar, denkt sie, Cindy braucht nicht nur Angst vor der Fremdenpolizei zu haben. Sie steht auch noch als potenzielle Killerin unter Verdacht. Und daran ist nur sie, Noi, schuld. Das schlechte Gewissen fängt sie an zu quälen. So hatte sie das nicht geplant. Noi muss an ihr Gespräch mit Herrn Würzmann heute Nachmittag über das gute Leben denken. Hatte sie sich nicht vorgenommen, ein besserer Mensch zu werden? Nachdem sich Jerry wieder auf seinen Platz gesetzt hat, bückt sie sich unauffällig zu Hugo hinüber und zischt ihm ins Ohr.

«Ich glaube, ich kann ihnen beiden helfen. Haben sie ein Foto von Cindy?»

Kim

Noch fünfzehn Minuten. Kim sitzt am Schminktisch in der kleinen stickigen Garderobe des *Miranda*. Er ist nervös. Es ist der erste Auftritt in dieser Woche. Und das Lampenfieber befällt ihn auch noch nach Jahren in diesem Geschäft. Zahlreiche Gerüchte über seine neue Show sind ihm vorausgeeilt. Nun ist es seine Aufgabe, die Erwartungen der Menschen zu erfüllen und ihnen einen unterhaltsamen Abend zu bieten. Sie in Fantasiewelten zu entführen. Sie davon zu überzeugen, dass er ihr Geld wert ist.

Viele *Ladyboys* träumen davon, eines Tages auf der Bühne eines grossen Travestietheaters zu stehen. Doch der Job ist hart. Kim muss Nacht für Nacht da raus und eine gute Show liefern. Egal, wie er sich fühlt. Auch jetzt, wo es Sunanda immer schlechter geht und Kim nicht weiss, wie lange sie noch leben wird. Sunanda ist eine langjährige Freundin. Beide, Sunanda und Kim, wussten stets, dass sie aufeinander zählen konnten. Wieviele Male hatte ihm Sunanda aus der Patsche geholfen, als Kim pleite war und eine Bleibe zum Übernachten brauchte? Dann wurde er berühmt, war viel unterwegs und Kim erfuhr erst spät, dass Sunanda schwer krank war. Im letzten halben Jahr verschlechterte sich ihr Gesundheitszustand immer mehr. Kim hofft für sie, dass sie bald friedlich und ohne Schmerzen einschlafen kann. Die Zeit wird knapp. Bald würde sich Kim nicht mehr um Sunanda kümmern können. Die Show in Pattaya dauert nur noch diese und die nächste Woche. Dann geht die Tournee weiter und Kim wird wieder lange unterwegs sein. Was geschieht mit der kranken Sunanda während er weg ist? Kim ist ratlos. Er schiebt die negativen Gedanken beiseite und zwingt sich, optimistisch zu bleiben. Resigniert den Kopf hängen zu lassen, das passt nicht zu ihm. Kim ist bei seiner Crew bekannt dafür, positiv und ein guter Motivator zu sein. Die Leute arbeiten gerne mit ihm. Nach der Show, wenn alle noch aufgekratzt und voller Energie sind, gehen sie oft zusammen aus. Zum Beispiel in die im Moment sehr angesagte Discothek *Angel*. Das *Angel's* ist eines der Lokale in Pattaya, in welchem fast ausschliesslich Schwule und *Gathoeys* – so werden die *Ladyboys* in Thailand genannt – verkehren. Kim fühlt sich wohl unter ihnen. Sie sind seine Familie.

Kim hat fast ein Jahr an der Kreation seines Programms mit dem Namen *Divas* gearbeitet. Es ist ganz und gar sein Projekt. Er entwickelte die Idee, wählte die Songs und die Kostüme aus. Er buchte die Lokale für die Auftritte und castete eine Crew. Das war der schwierigste Teil. Zu viele hübsche aber untalentierte *Lady-boys* treiben sich in Thailands Städten rum. Oft überschätzen sie ihre Fähigkeiten masslos. Einen schönen Körper zu haben reicht noch lange nicht aus für eine Rolle. Viel wichtiger ist das Singen, Tanzen, die körperliche Fitness. Das Casting war immer wieder aufreibend: Viele, die es nicht geschafft hatten, fingen hemmungs-los zu heulen an. Verständlich. Denn die Teilnahme an einer Ca-baret-Show kann einen *Ladyboy* vor dem Absturz in Drogen und Prostitution bewahren. In *Divas* kopiert und parodiert Kim be-kannte Sängerinnen und singt deren Songs. Zum Beispiel von Klassikerinnen wie *Monserrat Caballé* oder *Sarah Brightman*. Oder von Popidolen wie *Madonna, Tina Turner, Cher, Kylie Minogue, Michael Jackson* und der legendären *Barbra Streisand*. Darüber hinaus hat Kim eine CD mit seinen Interpretationen der Songs der Stars aufgenommen. Die CD wird jeweils im Anschluss an die Show verkauft. Kims aktuelle Asien-Tour führt ihn als erstes durch sämtliche Touristenenklaven Thailands, danach wei-ter südlich, bis nach Indonesien. Kim hat vor, das auf seiner Asien-Tournee verdiente Geld zu sparen. Um danach den Sprung nach Australien zu wagen. Er will mit einem grossen Bus durch die Wüste fahren und in jeder Stadt auftreten. Dazu hat er sich vom Film *Priscilla – The Queen Of The Desert* inspirieren lassen. Obwohl Kim berühmt ist, ist er nicht reich. Während der Vor-bereitungszeit für die Show hatte er kein regelmässiges Ein-kommen und musste auf Pump leben. Ein willkommener Zustupf ist das Geld der Touristen, die sich im Anschluss an die Show gegen Bares mit den Künstlern fotografieren lassen. Manche Zuschauer stecken ihrem Lieblingsdarsteller auch während dem Auftritt Geld zu. Kim weiss, dass es einige in seiner Gruppe gibt, die es nicht dabei belassen. Viele *Ladyboys* gehen nach der Show mit Männern mit. Gegen Geld. Auch Kim träumt vom grossen Geld. Von langen Reisen rund um die Welt. Tagsüber, wenn Kim nicht auf der Bühne steht, flaniert er mit seinen Kollegen aus der Show in flippigen Kleidern durch die Strassen Pattayas und verteilt Handzettel als Werbung für die Show. Kim und seine Freunde sind Pattayas *Queens und Queers*. Ihre Kostüme funkeln in der prallen Sonne und die Touristen schielen ihnen neugierig nach. Die tagsüber angestaute Energie entlädt sich dann in der Nacht, wenn die Strassen der Stadt bis in die frühen Morgenstunden überfüllt sind mit Vergnügungssüchtigen.

«Wie haben sie das gemeint mit dem Foto?» fragt Hugo neugierig und mit leiser Stimme. Noi gibt sich geheimnisvoll. Unter dem misstrauischen Blick von Cindy stecken sie und Hugo die Köpfe zusammen und flüstern in Schweizerdeutsch miteinander.

«Ich habe so meine Kontakte hier in Bangkok. Aber zuerst müssen sie mir versprechen, dass sie mit keiner Menschenseele über das reden, was ich ihnen gleich sagen werde.»

Hugo hat realisiert, dass es offenbar um ein ernstes Thema geht. Stolz darauf, dass ihn die junge Frau ins Vertrauen ziehen will, antwortet er: «Selbstverständlich werde ich mit niemandem darüber reden. Nun legen sie schon los.»

Noi nimmt einen tiefen Luftzug und schielt zu Jerry hinüber, der ungewöhnlich still auf seinem Stuhl sitzt und sich ausnahmsweise nicht für ihr Gespräch zu interessieren scheint. Dann sagt sie: «Wie sie ja wissen, ist in Thailand alles käuflich. Wenn ich ein Foto von ihrer Cindy habe, ihren Originalnamen, ihre Grösse und das Geburtsdatum, kann ich einen gefälschten Ausweis anfertigen lassen. Für einige hundert Franken. Dann kann ihre Cindy gehen wohin sie will.»

Weil Hugo nicht nicht wissen kann, dass Noi weiss, dass seine junge Geliebte polizeilich gesucht wird, bleibt Noi in ihrer Aussage über die Vorteile eines Personalausweises bewusst vage. Hugo überlegt eine Weile. Die junge Schweizerin hat Recht. Wenn Cindy Papiere hätte, müsste sie sich nicht mehr vor der Polizei fürchten und könnte ins Ausland abhauen. Allerdings: Was würde er tun, wenn sie eines Tages vor seiner Schweizer Haustüre stehen würde? Das darf unter keinen Umständen passieren! Noi, die bemerkt hat, dass Hugo zögert, sagt: «Überlegen sie es sich. Sie müssen nicht sofort entscheiden ob sie meine Hilfe annehmen wollen. Wir wohnen ja im gleichen Hotel. Kommen sie einfach zu mir aufs Zimmer oder hinterlegen sie eine Nachricht für mich an der Rezeption.»

Dann dreht sich Noi von Hugo ab, und als hätte ihr kleines Gespräch nie stattgefunden wendet sie sich Jerry zu.

«Jerry, geht es ihnen nicht gut? Sie sind so still?»

Bald ist es soweit. Kims Schminke verschmiert in der brütenden Hitze dieser engen Garderobe. Er schlüpft in sein erstes Kleid. Es besteht aus tausenden Kunstfedern und weichem Füllmaterial für den Bauch. Das Kostüm verwandelt ihn flugs in eine bizarre Kopie der beleibten Operndiva *Monserrat Caballé*. Kim wirft einen Blick zwischen die Vorhänge und sieht, dass derselbe fette Chinese, der schon die letzte Woche jede Nacht hier war, wieder an seinem Stammplatz am Ende des Laufstegs sitzt. Kim und seine Crew können sich also wieder auf ein grosszügiges Trinkgeld freuen. Der Chinese geizt nicht mit Dollars. Am liebsten steckt er den *Ladyboys* fünf Dollar-Scheine in den Büstenhalter oder den Slip. Ansonsten ist das Lokal noch fast leer. Die Show fängt selten pünktlich an. Das bedeutet nervöses Ausharren im Hinterzimmer. Die Texte nochmals durchgehen. Tonleitern rauf- und runter singen. Aufpassen, dass die Stimme nicht wieder abkühlt.

Kim heisst eigentlich nicht Kim, sondern Alister wie sein Vater. Aber kaum jemand nennt ihn heute noch so. Den chinesischen Namen Kim hatte Alister jun. sich als Künstlernamen ausgesucht, weil Kim ein geschlechtsneutraler Name ist. Als Kim noch ein kleiner Junge war, gerade mal zehn Jahre alt, hatten sie in der Turnstunde akrobatische Übungen an der Reckstange gemacht. Elegant wollte er seinen Körper über das Gerät schwingen. Da ist es passiert. Die Stange geriet ihm mit voller Wucht zwischen die Beine und zerquetschte seine Hoden. Das hört sich jetzt schlimmer an als es damals für den kleinen Alister war. Er wurde sofort ohnmächtig und spürte nichts. Kim erinnert sich nur noch daran, wie er einige Stunden nach dem Unfall im Spital aufwachte. Die Ärzte konnten seine Fruchtbarkeit nicht mehr retten, die Keimdrüsen waren weitgehend zerstört. Alister hatte starke Blutungen. Was von seinen Hoden übrig geblieben war, wurde vernäht. Noch mehrere Wochen verspürte Klein Alister einen stechenden Schmerz zwischen den Beinen. Er schluckte Unmengen Schmerzmittel. Die erfüllten ihre Aufgabe und die Narben heilten während dieser Zeit. Damals waren Alister die Konsequenzen seines Unfalls noch nicht bewusst. Dass er keine Kinder würde zeugen können, seine Stimme niemals brechen würde. Dass die Hormonproduktion weitgehend ausbleiben würde und sich seine sekundären Geschlechtsmerkmale, zum Beispiel die Körperbehaarung, nur spärlich entwickeln würden. Seine Kolleginnen und Kollegen in der Schule hatten anfänglich keine Ahnung, was ihm fehlte. Seine krankheitsbedingte Abwesenheit war schnell vergessen und offensichtlich hatte sich ja nichts verändert. Später aber, als Kim in die Teenagerjahre kam, hatten ihn die Jungs in der Umkleidekabine jeweils so richtig fertiggemacht, als sie bemerkten, dass mit seinen Hoden offensichtlich etwas nicht stimmte. Sie hatten ihn ausgelacht, ihm *Schwuchtel, Eunuch und Impotenter* nachgerufen. Kinder können sehr brutal sein. Kim musste sich an das Leben als Aussenseiter gewöhnen. Obwohl er keine Kinder zeugen kann, hat er einen Penis wie jeder andere Mann. Seine angeschlagenen Hoden produzieren kleine Mengen unfruchtbarer Spermien und etwas Testosteron. Sein Schwellkörper funktioniert zwar nicht sehr zuverlässig. Kim ist aber sehr wohl in der Lage, körperliches Begehren zu empfinden. Kim sieht mit seinem kindlichen Gesicht, seinen oft zu Zöpfen geflochtenen Haaren, seinen langen Armen und Beinen und der schmalen Postur sehr weiblich aus. Früher hatte ihn das gestört. Er wäre gern ein richtiger Kerl gewesen. Heute ist er stolz darauf, etwas Besonderes zu sein. Wenn er nicht in seiner Rolle als Travestie-Künstler unterwegs ist, lebt Kim ein zurückgezogenes Leben. Dann kann ihn nur seine Stimme verraten. Sein einzigartiges sechs Oktaven umfassendes Organ. Kim singt wie ein Engel. Er kann die hellen hohen Töne mit voller Kraft wiedergeben. Schon als junger Mann hat Kim im Schulchor gesungen. Er ging auf eine amerikanische Privatschule in der Nähe von Bangkok. Sein Vater war ein US-Marine-Soldat und in Vietnam stationiert; seine Mutter Thailänderin. Sein Vater verbrachte die Kurzurlaube regelmässig in Pattaya. Dort lernte er Kims Mutter kennen. Die meisten Ausländer, die eine Prostituierte schwängern, interessieren sich nicht dafür, was mit ihrem Kind passiert. Sein Vater war eine Ausnahme. Er kehrte immer wieder zu seiner Mutter zurück. Als sie schwanger wurde, versprach er, für das Kind zu sorgen. Kim weiss, dass er gegenüber vielen anderen Mischlingen in Thailand privilegiert ist. Er konnte eine gute Schule und die Universität besuchen. Eine professionelle Gesangsausbildung absolvieren. Kim träumte davon, grosse Rollen in Musicals oder in der Oper zu singen. Aber es hätte aufgrund seiner Stimmlage eine Frauenrolle sein müssen. Dass Kim ein Mann ist, hätte er problemlos tarnen können. Deshalb ging er, nachdem er die Gesangsausbildung erfolgreich abgeschlossen hatte, für ein halbes Jahr nach New York und versuchte sein Glück. Dafür opferte er sein Erspartes und alles, was ihm sein Vater vererbt hatte. Leider waren die Produzenten, bei welchen er vorsprechen durfte, ausgesprochen konservativ.

Keiner wollte das Risiko eingehen, eine seriöse weibliche Hauptrolle mit einem Mann zu besetzen. Kim durfte in einigen, im 18. Jahrhundert für Kastraten geschriebenen Opern singen. Schliesslich ist er in Cabarets und in schwulen Clubshows gelandet. Hier ist er mit seiner Stimme die Hauptattraktion. Ein Virtuose der Täuschung. In der Zwischenzeit hat sich das *Miranda* bis fast auf den letzten Platz gefüllt. Es ist kurz vor Mitternacht. Kim prüft ein letztes Mal, ob sein Kleid auch perfekt sitzt. Es ist alles okay. Kim holt tief Luft, schiebt den Vorhang zur Seite und setzt sich der begeistert klatschenden Zuschauermenge aus. Die Show kann beginnen.

Die Vorführung dauerte anderthalb Stunden. Um halb zwei Uhr morgens verbeugen sich Kim und seine Tänzer unter tosendem Applaus. Niemand hatte bemerkt, dass ein alter Mann im Publikum ganz plötzlich von seinem Stuhl kippte und sein Körper, starr wie der eines Toten, von zwei Männern herausgetragen wurde. Beim Finale sind die Zuschauer spontan aufgesprungen und zur Bühne gerannt. Manche schafften es, die Darsteller zu berühren oder eine Hand zu drücken. Ein Fan stopfte Kim eine 20-Dollar-Note in den Ausschnitt. Der reisst seine zottlige *Tina Turner*-Perücke vom Kopf, schwenkt sie feierlich und macht tiefe Verbeugungen. Nachdem die Crew viermal hinter dem Vorhang verschwunden und – animiert vom immer noch während den Applaus – wieder auf die Bühne zurückgekommen ist, bleiben die Darsteller jetzt der Bühne fern. Obwohl die Menge immer noch tobt. Kim und seiner Crew bleibt nicht viel Zeit, sich zu erfrischen. In wenigen Minuten müssen sie bereitstehen für Autogramme und Fotos. Kim geht in seine Kabine, leert eine Flasche Wasser in einem Zug und hält seinen vor Schweiss triefenden Kopf unter den laufenden Wasserhahn. Wohltuend perlt das kalte Wasser über seinen Schädel, Hals und Rücken. Dann entfernt er mit Wattebauschen und einer Feuchtigkeitscrème schnell und routiniert seine Schminke. Danach windet er seine langen schwarzen Haare, spritzt sich etwas Wasser unter beide Arme, schlüpft in seine Jeans und in ein enges T-Shirt mit der Aufschrift *Super Pussy*. Seine feuchten Haare flicht er zu einem Zopf. Dann geht er durch den Künstlerausgang zurück in den Saal. Ungestört gleitet er durch die Menge. Erst nachdem er zu den CD-Verkäuferinnen an den Stand gegangen ist, und anfängt CDs zu signieren, merken die Leute, dass es sich bei diesem kleinen zierlichen Mann um den Star des Abends handelt. Schubweise werden die Zuschauer zu Kim an den Stand gespült. Alle wollen einen Blick auf ihn erhaschen. Ihn kurz berühren. Die Leute kaufen Poster und CDs, und ein Fotograf macht mit einer Polaroidkamera Schnappschüsse von Kim und seinen Fans. Kim setzt sich gekonnt in Szene: Er setzt sich oder seinem Gegenüber die *Tina Turner*-Perücke auf, hält seinen Kopf absichtlich viel zu nahe an die Linse, küsst einen Fan auf die Stirn oder guckt übertrieben verführerisch in die Kamera. Die getrockneten Fotos signiert er, dann werden sie für 200 Baht verkauft. Instinktiv packt Kim die nächste Frau in der Reihe um die Schultern und lacht mit ihr in die Kamera. Als diese das Foto ausgespuckt hat, nimmt es Kim in die Hand, wedelt damit geistesabwesend bis es trocken ist, und setzt seine Unterschrift darunter. Während er mit dem Foto beschäftigt war, hatte die Frau etwas zu ihm gesagt, aber ihre Worte sind in der lauten Geräuschkulisse untergegangen. Als er ihr das Foto übergeben will, und ihr dabei in die Augen schaut, kommt sie ihm bekannt vor. Unsicher spricht sie ihn an: «Kim! Hast du mir nicht zugehört? Ich bin nicht wegen den Fotos hier. Ich muss mit dir über Sunanda sprechen.»

Nachdem die Frau Sunandas Namen ausgesprochen hat, erkennt Kim sie wieder.

«Wir haben uns vor ein paar Tagen bei Sunanda getroffen. Du bist Noi. Ratanas Tochter, nicht?»

Auf Kim's Stirn bildet sich eine kleine Kummerfalte.

«Was ist mit Sunanda? Geht es ihr nicht gut? Sie ist doch nicht etwa...?»

«Nein. Sie lebt noch. Aber ich möchte sie gerne von hier wegbringen. An einen Ort, an welchem sie gut gepflegt wird. Aber nur, wenn du einverstanden bist.»

Kim überlegt einen kurzen Moment.

«Lass uns in Ruhe darüber sprechen. Auf der anderen Strassenseite hat es eine kleine Bar. Sie heisst *Cave*. Im hinteren Teil ist ein Tisch für die Künstler reserviert. Dort können wir ungestört reden. Treffen wir uns in einer halben Stunde, wenn ich hier fertig bin?»

Noi ist erleichtert und fühlt sich ein bisschen geschmeichelt. Der schöne Kim kann sich offensichtlich noch an sie erinnern.

«Klar. Kein Problem. Ich gehe schon mal rüber und warte solange.»

Kim nimmt Nois Hand freundschaftlich in die seine. In der anderen hält er immer noch das signierte Foto von sich und Noi.

«Es tut mir Leid, dass ich dich nicht gleich erkannt habe.»

Noi schüttelt lachend den Kopf.

«Das macht doch nichts. Bei diesem Rummel hier ist das auch nicht erstaunlich. Aber sag: Darf ich das Foto trotzdem behalten?»

Noi ist froh, dass sie es geschafft hat, mit Kim zu reden. Wohlwissend, dass es einen grossen Andrang auf CDs, Platten und Fotos von Kim geben würde, hatte sie ihren Sitzplatz zwischen Hugo und Jerry schon vor dem Ende der Show verlassen und zusammen mit den Fans an den Verkaufstischen gewartet. Nach der kurzen Unterhaltung mit Kim verlässt Noi das *Miranda*. Auf der Strasse hat es einen Menschenauflauf. Ein Polizeiauto und ein Krankenwagen stehen da. Polizisten in Uniform reden mit Passanten. Noi hört, wie zwei Touristen in ihrer Nähe aufgeregt auf Englisch diskutieren. Offenbar ist ein alter Mann zusammengebrochen. Er musste auf offener Strasse wieder belebt werden. Noi beobachtet, wie der Krankenwagen den Weg durch die Menschenmenge sucht und dann mit lauter Sirene davon fährt.

Danach macht sich Noi auf den Weg in die *Cave*-Bar, in der sie Kim treffen wird. Die Bar wirkt tatsächlich wie eine Höhle. Sie hat eine ovale Form, die Mauern sind aus Stein, und es ist angenehm kühl. In der hintersten Ecke befindet sich der für die Künstler reservierte Tisch. Noi nimmt auf einem bequemen Holzstuhl, der wie ein Baumstrunk aussieht, Platz. Sie versucht sich zu entspannen und schwärmt in Gedanken von Kim: Ein himmlisches Geschöpf, dieser zarte Mann mit seiner blauschwarzen Haarpracht und grünen Augen. Auf dem Tisch liegt eine kleine Speisekarte mit asiatischen Snacks. Noi ist aber nicht nach Essen zu Mute. Einmal mehr bestellt sie sich einen Wodka mit Tonic. Kim ist ein Mischling wie sie, denkt sie. Ob seine Mutter auch eine Prostituierte war? Ist Kim sein richtiger Name? Von wem er diese durchdringenden grünen Augen hat? Hat er oder hat er nicht Hormone genommen, um so auszusehen und zu singen? Der Kellner bringt Noi den Drink und während sie über diesen interessanten Mann nachdenkt, macht sie das Glas in wenigen Zügen leer. Noi hat nur einige Frühlingsrollen zu Abend gegessen. Irgendwo unterwegs an der Strasse gekauft. Jetzt merkt sie, wie ihr der Wodka schnell zu Kopf steigt. Gerne würde sie mit Kim über diese Dinge reden, die sie beschäftigen. Ihm ihre Fragen ganz offen stellen. Ihn spüren lassen, dass er ihr gefällt. Zu verlieren hat sie ja eigentlich nichts. Während Noi überlegt, ob sie einen weiteren Drink bestellen soll, merkt sie nicht, wie Kim das Lokal betritt. Plötzlich steht er vor ihr. Sein blauschwarzes Haar trägt er jetzt offen. Durch das Öffnen der Zöpfe hat es regelmässige grosse Wellen bekommen. Seine fast unnatürlich grünen Augen funkeln lebendig.

«Hallo, Noi. Ich bin so schnell gekommen wie es ging. Ich muss doch wissen, was mit Sunanda los ist.»

Sagt er und setzt sich neben Noi. Der Kellner bringt Noi und Kim je einen Sekt im spitzen Glas. Offensichtlich weiss er, was der Star trinkt.

«Du magst doch bestimmt mit mir ein Glas Sekt trinken?»
sagt Kim und schaut Noi lachend an. Sie nickt. Nachdem, was
sie in den letzten Tagen durcheinander getrunken hat, kann sie
jetzt auch zum Sekt wechseln. Die beiden prosten einander zu.
Dabei lassen seine Augen nicht von ihr ab. Noi sieht, dass Kim
nicht mehr so jung ist, wie sie gedacht hat. Um seine unglaublichen Augen schmiegen sich einige Fältchen. Ohne den Blick von
ihr zu wenden, sagt er sanft: «Du bist auch ein Mischling, habe
ich Recht? Was ist mit deinem Vater?»

Noi, die es nicht gewohnt ist, so direkt auf ihre Herkunft angesprochen zu werden, wendet unsicher den Blick ab. Um Zeit zu
gewinnen, streicht sie ihre Frisur zurecht. Schliesslich entscheidet sie sich für die Lüge: «Ich bin adoptiert. Meinen richtigen
Vater habe ich nie kennengelernt. Ich lebe in der Schweiz bei meinen Adoptiveltern. Nun bin ich hergekommen, um meine Mutter
zu finden. Wie du seit unserem Treffen bei Sunanda ja weisst, leider zu spät.»

«Dann weisst du gar nichts über deinen Vater?»
Kim lässt nicht locker. Noi räuspert sich.
«Keine Ahnung. Wohl irgendein Sextourist» sagt sie auswei-
chend.

Kim, der gemerkt hat, dass Noi die Konversation peinlich ist,
streichelt ihr zärtlich über den Unterarm und legt schliesslich seine Hand auf die ihre. Dazu fixiert er sie immer noch mit seinen
grünen Augen. Noi sitzt steif da. Sie traut sich kaum, einen Atemzug zu nehmen. Sie weiss nicht, ob sie sich diese Zärtlichkeiten
gefallen lassen will oder nicht.

Leise sagt Kim: «Bitte entschuldige meine Fragerei. Aber das
muss dir nicht peinlich sein. Mein Vater war im Vietnamkrieg.
Meine Mutter auch eine Prostituierte. Es leben so viele Mischlinge hier. Viele wissen nicht, wer ihr Erzeuger ist. Da ist die
Herkunft irgendwann für niemanden mehr wichtig.»

Er bleibt eine Sekunde still.

«Solange du Geld hast, wirst du geliebt» fügt Kim mit einem Schmunzeln hinzu. Er spürt, dass es nicht einfach ist, das Vertrauen der jungen Frau zu gewinnen. Er beschliesst, ganz offen mit ihr zu sein: «Sieh mich an. Zu allem hinzu kommt meine beeinträchtigte Männlichkeit. Ich bin unfruchtbar und habe eine Stimme wie ein Singvogel. Auf dem Land würden sie mich ächten oder ins Kloster stecken. Aber hier sind die Leute toleranter. Das Blut vieler verschiedener Kulturen hat sich vermischt. Ich versuche mein Leben so gut wie möglich zu leben. Könnte ich nicht singen, ich wüsste nicht was ich anderes tun sollte...»

Kim lächelt etwas verlegen.

Schon wieder wird sie in ein tiefgründiges Gespräch verstrickt, denkt Noi. Es gefällt ihr, dass Kim offen mit ihr redet. Dennoch kann sie nicht so unbeschwert von sich erzählen wie er. Langsam zieht sie ihre Hand unter seiner hervor. Eigentlich würde sie gerne mehr über Kims Handikap erfahren. Aber weil sie selber unangenehme Fragen nicht mag, bohrt sie nicht weiter. Etwas schroff sagt sie: «Mag sein, dass es für dich leicht war. Du lebst ja auch in Thailand und nicht in der Schweiz. Da wo ich aufgewachsen bin, haben sie mich spüren lassen, dass ich anders bin als die anderen. Thailänderinnen gelten bei uns als leicht zu habende Mädchen. Da wirst du von jedem Kerl blöd angemacht.»

Kim bleibt eine Weile stumm. Dann legt er wieder die Hand auf ihren Arm und sagt: «Es muss hart für dich gewesen sein so plötzlich zu erfahren, aus welchem Milieu du stammst.»

Beide schweigen einen Augenblick. Kim ist klar geworden, dass er mit ihrem gemeinsamen Thema über den Spagat zwischen den Kulturen das Gespräch nicht weiter bringt. Er wechselt das Thema.

«Erzähl mir von Sunanda.»

Noi ist dankbar, dass sie nicht mehr über sich selber reden muss. Sie holt tief Luft und erzählt Kim von ihrem heutigen Besuch bei Sunanda. Von der Diagnose des Arztes. Von dem Sterbehospiz, in das sie die kranke Frau bringen möchte. Schon morgen. Kim hört geduldig zu. Er stellt keine Fragen und wartet, bis Noi ausgeredet hat. Dann schweigen beide eine Weile. Kims volle Lippen kräuseln sich nachdenklich. In Gedanken versunken sagt er: «Bitte denk nichts Schlechtes über mich. Ich habe auch mit dem Gedanken gespielt, Sunanda in ein Sterbeheim zu bringen. Ich habe den Entscheid immer wieder aufgeschoben. Aids ist eine heimtückische Krankheit. An einem Tag liegt Sunanda im Sterben und es sieht aus, als ob es endgültig zu Ende geht mit ihr. Am nächsten Tag hat sie wieder ein Hoch. Es geht ihr gut, sie ist aufgekratzt und scheint fast gesund. Dann kommt die trügerische Hoffnung zurück, dass vielleicht doch noch alles gut werden könnte. Solange diese wechselhaften Zustände andauern, kann es noch Wochen, wenn nicht Monate dauern, bis sie sterben kann. Ich habe das einige Male miterlebt bei Freunden aus dem Cabaret, die an dieser hinterlistigen Krankheit zu Grunde gingen. Immer wieder die Hoffnung, dass es noch eine Weile gut gehen könnte. Aber du hast Recht. Wir sollten sie an einen Ort bringen, an dem sie friedlich von uns gehen kann. Ich werde morgen mitkommen und dir helfen.»

Noi hat ihm aufmerksam zugehört. Sie sagt: «Um Geld brauchst du dir keine Sorgen zu machen. Das geht klar.»

Kim sieht sie neugierig an: «Willst du damit sagen, du kommst für das Pflegezentrum auf? Das könnte auch für deine Verhältnisse nicht billig werden.»

Ein freches Lächeln umspielt seine vollen Lippen. Mit einem schelmischen Blick in den Augen fragt er Noi neckisch: «Oder habe ich es hier mit einer sehr wohlhabenden jungen Frau zu tun?»

Noi, die froh ist, dass sich die Situation zwischen ihnen beiden entkrampft hat, freut sich, dass er so offensichtlich mit ihr flirtet und muss jetzt auch schmunzeln. Sie sagt kokett: «Keine Sorge. Ich übernehme mich nicht. Das Pflegezentrum ist ein gemeinnütziges Projekt für Mittellose und wird von Spendengeldern finanziert. Jeder ist frei, im Rahmen seiner Möglichkeiten etwas zu bezahlen.»

Da kommt ihr ganz plötzlich wieder die Kette in den Sinn.

«Da ist noch etwas, das mir Sunanda für dich gegeben hat. Sie hat wohl befürchtet, dass sie dich nicht mehr wiedersehen wird.»

Noi klaubt die Kette aus der Tasche ihrer Jeans. Kim rückt näher zu ihr, um besser sehen zu können, was sie für ihn hat. Er zuckt zusammen, als er die Kette sieht. Leise sagt er: «Die hat sie dir anvertraut? Diese Kette hat Sunanda einst von ihrer Mutter gekriegt und ihr ganzes Leben lang wie einen Schatz gehortet.»

Noi antwortet ruhig: «Ja. Und nun sollst du sie tragen. Sunanda hat gesagt, dass der Buddha dich auf deinem Lebensweg beschützen wird. Sie sagt, du sollst ein gesundes Misstrauen haben und niemals vergessen, woher du kommst. Sie denkt wohl, dass du bald die weite Welt erobern wirst.»

Noi lässt die Kette in Kims Hand gleiten.

«Dann bleibt mir also nichts anderes übrig, als eifrig an meiner Karriere zu arbeiten»

sagt er mit einem Lachen im Gesicht. Noi realisiert erst jetzt, dass ihre beiden Köpfe ganz nahe beieinander sind. Sie spürt Kims Atem. Seine Lippen sind nur wenige Zentimeter von ihren entfernt.

Kim fühlt sich merkwürdig angezogen von dieser jungen wütenden und schönen Frau. Er flüstert: «Ich danke dir.»

Sein Mund kommt jetzt bedrohlich nahe an Nois.

«Du musst dich bei Sunanda bedanken. Du hast jetzt einen Schutzengel» sagt Noi geistesabwesend. Dann schweigt sie.

Sie weiss nicht, was sie noch sagen könnte und sie will sich auch nicht von ihm abwenden. Noch bevor sie einen Gedanken zu Ende denken kann, küsst er sie zärtlich auf die geschlossenen Lippen. Schüchtern erwidert sie seinen Kuss. Sie tauschen viele kleine zarte Küsse aus. Ihre Lippen finden sich immer wieder, manchmal kurz, manchmal länger. Ohne dass sich ihre Zungen berühren. Noi wird von intensiven Gefühlen fortgespült. Sie könnte auf der Stelle in diesem schönen Unbekannten aufgehen. In ihre zaghaften Zärtlichkeiten versunken, bemerken die beiden zuerst nicht, wie drei der Tänzer aus der Show amüsiert schwatzend das Lokal betreten. Erst als sie laut lachend zu Kim und Noi an den Tisch kommen, lassen die beiden voneinander ab.

«Hallo Kim! Das hübsche Mädchen da ist also der Grund, weshalb du so schnell abgehauen bist.»

Ein kleiner, durchtrainierter *Ladyboy* mit unweiblichem Muskelbau kneift Kim spielerisch in die Seite. Noi ist sprachlos. Sie fühlt sich ertappt und hat einen hochroten Kopf. Kim scheint sich augenblicklich gefangen zu haben, steht auf und begrüsst fröhlich seine Freunde.

«Hallo Leute! Kommt, setzt euch zu uns. Das ist Noi.»

Achter Tag

Hilfe für die Verzweifelten | Abschied | Die letzte Nacht

Hilfe für die Verzweifelten

Ein dumpfes Geräusch holt Noi abrupt aus dem Schlaf. Mühsam öffnet sie die Augen und schielt auf ihre Armbanduhr. Es ist sieben Uhr morgens und irgendein Idiot klopft wie wild an ihre Hotelzimmertür. Noi hat keine fünf Stunden geschlafen und ihr Kopf brummt.

«Wer ist da?» krächzt sie heiser.

Eine bekannte Stimme meldet sich: «Ich bins, Hugo. Wir haben uns gestern im *Miranda* getroffen. Bitte machen sie die Tür auf!»

Noi bleibt nichts anderes übrig, als aus dem Bett zu kriechen. Schnell schlüpft sie in ein Baumwollkleid. Sie kann die Augen kaum offen halten. Ein Kaffee, denkt sie, der würde ihr jetzt gut tun. Sie macht die Tür auf. Vor ihr steht der Hugo, der Schweizer, dem sie gestern Abend angeboten hatte, einen gefälschten Ausweis für seine thailändische Freundin zu besorgen. Er ist ganz bleich im Gesicht. Unter den Augen hat er dunkle Ringe und die wenigen Haare auf seinem Kopf sind zerzaust.

«Sie sehen ja schrecklich aus. Kommen sie herein» sagt Noi, schiebt den Mann in das Zimmer und schliesst die Tür.

«Setzen sie sich. Wollen sie etwas aus der Minibar?»

Nois Stimmung ist beim Anblick dieses verzweifelten Mannes versöhnlicher geworden. Dankbar nimmt Hugo in dem Sessel Platz. Es ist der gleiche der auch in seinem Hotelzimmer steht. Wehmütig denkt er daran, wie er und Cindy in seinem Sessel Sex miteinander hatten.

«Ein Bier bitte, wenn es ihnen nichts ausmacht.»

Noi schaudert bei dem Gedanken, bereits um neun Uhr morgens Bier zu trinken. Sie lässt sich jedoch nichts anmerken, öffnet den Kühlschrank, holt Hugo ein *Singha* heraus und nimmt eine Cola für sich. Ohne Worte setzt sie sich gegenüber von Hugo auf das Bett und blickt ihn finster an. Sie würde Hugo gerne helfen – schliesslich hatte sie sich vorgenommen, ein besserer

Mensch zu werden – aber er überrumpelt sie in einem ungünstigen Moment. Sie hat wenig und unruhig geschlafen. Der gestrige Abend mit Kim hatte sie verwirrt. Und sie hatte wieder etwas viel Wodka mit Tonic getrunken. Merkwürdig, denkt sie, nachdem sie diese Männer getötet hatte, konnte sie prima schlafen. Und nun hatte sie einen kennengelernt, der ihr gefällt und das raubt ihr den Schlaf. Den Blick immer noch auf Hugo gerichtet, sagt sie: «Also. Was ist das Problem? Erzählen sie.»

Hugo nimmt einige Schlücke von seinem Bier und fragt: «Darf ich hier rauchen?»

«Wenn's unbedingt sein muss» erwidert Noi etwas gereizt.

Als Jugendliche hat Noi hin und wieder geraucht. Heute hasst sie den Rauch von Zigaretten. Dennoch gibt sie sich zuvorkommend.

Sie sagt: «Aschenbecher und Streichhölzer liegen hinter ihnen auf dem Tisch.»

Hugo nimmt eine Zigarette aus der Schachtel, zündet sie an und zieht den Rauch tief in sich hinein. Dann atmet er langsam aus und legt los: «Sie waren so nett zu mir gestern und haben angeboten, mir zu helfen. Ich weiss nicht, an wen ich mich sonst wenden soll. Ich bin so verzweifelt.»

Nervös zieht er an der Zigarette. Noi, die immer noch nicht weiss, was Hugo von ihr will, versucht, ihn zu beruhigen.

Sie sagt: «Am besten, sie fangen ganz von vorne an. Eines nach dem anderen. Gemeinsam finden wir bestimmt eine Lösung für ihre Probleme.»

Nett sein ist gar nicht so schwierig, denkt Noi. Hugo, der in der Zwischenzeit Vertrauen zu ihr gefasst hat, fängt an, seine Geschichte zu erzählen. Von seiner Familie, seinem Schwindel, was sein Reiseziel betrifft. Von seinem Kumpel Klaus, der ihn nicht von Anfang an auf der Reise begleiten konnte. Sein unschönes Erlebnis mit der Prostituierten in Bangkok. Erzählt, wie er Cindy kennengelernt und zuerst geglaubt hat, es sei die grosse Liebe. Erzählt, wie sie ihn zunehmend unter Druck gesetzt hat mit ihrer Forderung, mit ihm gehen zu wollen. Wie sie anfing ihn zu nerven mit ihrer naiven unselbständigen Art. Und als sei nicht schon genug passiert, werde sie nun auch noch des Mordes an zwei Engländern verdächtigt. Hugo erzählt weiter: «Vielleicht haben sie von dem Verbrechen gehört. Zwei Männer wurden vergiftet. Es waren Bekannte von mir und Jerry. Wir sind zusammen rumgezogen und haben Mädchen getroffen.»

Verzweifelt sagt er: «Ich habe noch nie jemanden gekannt, der umgebracht worden ist.»

Noi nickt und sagt: «Ich kenne die Geschichte. Jimmy, der hier im Hotel arbeitet, hat mir davon erzählt. Eine tragische Sache.»

Hugo zündet sich die zweite Zigarette an. Seine Bierflasche hat er bereits ausgetrunken. Er fragt: «Hat es noch mehr Bier?»

Noi nickt mit dem Kopf in Richtung Kühlschrank.

«Ja. Bedienen sie sich. Sie brauchen nicht zu fragen.»

Hugo steht auf, geht zur Minibar und holt die zweite Flasche heraus. Vor dem Kühlschrank stehend erzählt er weiter: «Das Schlimmste kommt erst. Gestern Abend, gegen Ende der Show – kurz nachdem sie gegangen waren – ist mein Kumpel Jerry ganz plötzlich kollabiert. Er hat einige Male schwer geatmet und ist dann von seinem Stuhl gekippt. Ich hatte einen Schock. Es ist wahr, dachte ich, Cindy hat diese Männer umgebracht! Und jetzt war Jerry an der Reihe. Dann habe ich wahnsinnige Angst gekriegt. Würde ich ihr nächstes Opfer sein? Mit Hilfe des *Miranda*-Personals haben wir Jerry hinaus auf die Strasse getragen. Es dauerte beinahe eine halbe Stunde bis der Krankenwagen kam und uns in Pattayas staatliches Krankenhaus, das *Bangkok Pattaya Hospital,* brachte. Cindy und ich haben Jerry begleitet. Was hätte ich tun sollen? Wenn ich sie nicht mitgenommen hätte, wäre ja klar gewesen, dass ich sie verdächtige. Zum Glück hat Jerry überlebt. Es war ein leichter Herzanfall. Er war bereits im Krankenwagen wieder zu sich gekommen. Im *Bangkok Pattaya Hospital* hat sich herausgestellt, dass meine Angst, Cindy hätte ihm etwas angetan, unbegründet war. Ich habe die Nerven verloren. Sie müssen wissen, Jerry ist Diabetiker. Die Ärztin im Spital hat gesagt, dass er in letzter Zeit viel zu wenig auf seine Gesundheit geachtet hatte. Es konnte also gar nicht Cindy's Schuld gewesen sein. Sie können sich nicht vorstellen, wie erleichtert ich war.»

Hugo hat sich wieder in den Sessel gesetzt. Er redet weiter: «Wir sind die ganze Nacht bei Jerry geblieben. Vor einer Stunde bin ich zurück ins Hotel gekommen. Jerry hat friedlich geschlafen. Cindy blieb bei ihm. Sie wollte warten, bis er wieder aufwacht. Sie müssen wissen: Die beiden kennen sich schon einige Jahre und Jerry war immer gut zu dem Mädchen.»

Hugo hält einen Moment inne. Noi wundert sich, warum er ihr das so detailliert erzählt. Der Mann scheint ernsthaft verzweifelt und hat wohl deshalb ein grosses Mitteilungsbedürfnis. Sie fragt: «Und was kann ich in dieser Sache tun?»

Hugo, der gerade dabei ist, einen Schluck von seinem Bier zu trinken, macht mit der freien Hand eine wegwerfende Handbewegung.

«Warten sie. Ich bin noch nicht fertig.»

Ungeduldig und voller Neugier sagt Noi: «Dann kommen sie bitte endlich zur Sache.»

Hugo stellt die Bierflasche auf den Boden rechts neben den Sessel.

«Ich bin ja schon dabei.»

Er holt noch einmal Luft.

«Also, wie gesagt, ich bin zurück ins Hotel gegangen und habe Cindy bei Jerry im Krankenhaus gelassen. Als ich mich, totmüde wie ich war, hinlegen wollte, hat mich Jimmy von der Rezeption aus angerufen. Er sagte, dass die Polizei gekommen und auf dem Weg in mein Zimmer sei. Jimmy hat den Polizisten gesagt, dass ich alleine bin, aber sie bestanden trotzdem darauf, mich in meinem Zimmer aufzusuchen. Irgendwie mussten die herausgefunden haben, dass ich mit einem Mädchen zusammen bin, das Cindy heisst. Es blieb mir gerade noch Zeit, ihre Kleider und Schminksachen unter dem Bett zu verstecken. Zum Glück haben die Polizisten das Zimmer nicht durchsucht. Aber sie haben mich ausgefragt. Wollten wissen, wo die Kleine steckt. Ich habe zwar nicht abgestritten, dass ich etwas mit ihr hatte. Habe aber gesagt, es sei eine einmalige Sache gewesen. Ich habe mich dumm gestellt und die Polizisten gefragt, was sie von Cindy wollen.»

Hugo schluckt einmal leer.

«Der eine Polizist erzählte mir von den Morden an den beiden Engländern. Ich habe natürlich getan als wüsste ich nichts. Dann sagte der Polizist noch etwas, dass mich erschreckte. Angeblich wurde vor einigen Tagen bereits ein amerikanischer Tourist auf die gleiche Weise getötet. Mit dem gleichen Gift.»

Hugo nimmt die Bierflasche vom Boden und leert sie in einem Zug. Er rülpst. Nachdenklich sagt er: «Unter uns gesagt: Ich bin hin und hergerissen. Manchmal bin ich nicht mehr sicher, ob sie unschuldig ist. Mit Jerrys Anfall hat sie offensichtlich nichts zu tun. Aber die beiden ermordeten Engländer hat sie auch gekannt. Und an diesem Abend, als wir uns in einer Bar kennenlernten, ist auch ganz plötzlich ein Mann zusammengebrochen. Vielleicht war das kein Zufall. Es gibt doch Menschen, die sind einfach unberechenbar. Sehen aus wie Engel und benehmen sich auch so. Harmlos, als könnten sie keiner Fliege etwas zuleide tun. Innerlich jedoch werden sie vom Teufel geritten und sind zu allem fähig.»

Wie Recht er hat, denkt Noi. Sie, die als Einzige mit Sicherheit weiss, dass Hugos Cindy in jedem Fall unschuldig ist, versucht, ihn zu beschwichtigen. Sie heuchelt: «Also ich kann mir nicht vorstellen, dass ihre Cindy so etwas getan haben soll. Hätte sie denn ein Motiv?»

Hugo überlegt kurz und sagt: «Nicht dass ich wüsste. Bei den beiden Engländern waren Drogen im Spiel. Sagt die Polizei. Cindy trinkt hin und wieder Champagner oder Weisswein. Sonst nimmt sie nichts. Da bin ich sicher.»

«Sehen sie. Das entlastet sie doch» versucht Noi ihn zu beruhigen.»

Das gelingt ihr aber nicht. Hugo redet aufgeregt weiter: «Das Problem ist: Es spielt keine Rolle, ob sie es war oder nicht. Tatsache ist: Es besteht eine Verbindung zwischen ihr und mir. Ich habe grosse Angst. Ich will um Himmels willen nicht noch mehr in die Ermittlungen hineingezogen werden. In zwei Tagen kommt mein Kollege Klaus in Bangkok an. Er soll nicht wissen, dass ich eine Geliebte habe. Und erst recht nicht, dass die Polizei hinter ihr her ist. Verstehen sie?»

Noi nickt stumm. Hugo redet eifrig weiter: «Cindy ist immer noch bei Jerry. Sie kann unmöglich zurück zu mir ins Hotel kommen. Im Krankenhaus ist sie auch nicht sicher. Die Polizei könnte sie auch dort aufspüren.»

Hugo nimmt noch einen letzten Schluck aus der Flasche.

«Ich möchte der Kleinen helfen. Wie sie wissen kann Cindy nirgendwohin, weil sie keinen Ausweis hat. Und sie haben mir gestern Abend doch gesagt, dass sie ihr Papiere beschaffen könnten.»

Hugo seufzt. Er steht auf, geht zum Kühlschrank, holt die dritte Flasche Bier heraus, öffnet sie und setzt sich wieder hin. Mit weinerlicher Stimme redet er weiter: «Ich habe schreckliche Angst. Ich will nicht ins Gefängnis kommen. Die Bullen würden mir doch nicht glauben, dass ich nichts weiss. Und die Gefängnisse hier sollen schlimm sein.»

Diese Befürchtung teilt Noi von ganzem Herzen mit ihm. Sie überlegt: Was würde mit ihr geschehen, wenn sie wegen mehrfachem Mord drankommen würde? Schnell verdrängt sie die aufkeimende Angst. In der Zwischenzeit ist Hugos Stimmung am Nullpunkt angelangt. Vielleicht liegt es am vielen Bier. Gegen die Tränen kämpfend sagt er: «Ich habe zu Hause Frau und zwei Kinder. Meine Frau weiss noch nicht einmal, wo ich bin. Das darf sie auch niemals erfahren. Sie soll denken, ich sei in den Sportferien in Südthailand gewesen. Ich will sie nicht verlieren. Was soll ich nur tun?»

Noi bleibt gelassen. Sie ist fest entschlossen, den beiden zu helfen.

Sie sagt: «Mein Angebot von gestern Abend gilt noch. Ich kann ihrer Cindy einen Personalausweis besorgen. Haben sie das Foto, nach dem ich sie gestern gefragt habe?»

Hugo nickt.

«Geben sie es mir» sagt Noi bestimmt.

Hugo klaubt ein kleines Passfoto aus seiner Hemdtasche.

«Das habe ich aus Cindys Portemonnaie geklaut.»

Er reicht es Noi. Sie nimmt das Foto und mustert es. Es hat genau die richtige Grösse. Ein kleines Farbfoto einer stark geschminkten asiatischen Frau, wie es tausende gibt in dieser sündigen Stadt. Noi schmunzelt.

«Die Dame braucht einen anderen Namen. Sie darf sich auf keinen Fall mehr Cindy nennen. Haben sie eine Ahnung, wie ihr richtiger Name lautet?»

Hugo überlegt.

«Sie heisst nicht wirklich Cindy, das ist richtig. An ihren Taufnamen erinnere ich mich nicht. Irgendetwas Vietnamesisches.»

Immer noch sieht er Noi voller Verzweiflung an. Sie merkt, dass Hugo keinen vernünftigen Gedanken fassen kann und klare Anweisungen braucht. Sie sagt: «Gehen sie zu ihr und fragen sie, auf welchen Namen der Ausweis ausgestellt werden soll. Es spielt keine Rolle, ob es ihr richtiger Name ist oder nicht.»

Hugo nickt. Er hat verstanden. Noi erklärt ihm die weiteren Schritte ihres Plans: «Sie müssen das Mädchen irgendwo unterbringen, bis der Ausweis fertig ist. Am besten im *Dollhouse*, dem Stundenhotel gleich um die Ecke. Dort braucht sie keine Papiere zu hinterlegen. Sie müssen ihr klar machen, dass sie sich nicht mehr auf der Strasse zeigen darf. In zwei Tagen werde ich den Ausweis an der Rezeption des Stundenhotels abgeben lassen.»

Noi sieht Hugo ernst an und sagt bestimmt: «Sie müssen ihrer Freundin klar machen, dass sie auf keinen Fall mehr den Namen Cindy gebrauchen darf. Haben sie das verstanden?»

Der Anflug eines Lächelns macht sich auf Hugos Gesicht bemerkbar. Seine Anspannung scheint sich zu lösen. Erleichtert sagt er: «Sie schickt der Himmel! Wie kann ich das nur jemals wieder gut machen? Das ist alles meine Schuld und sie sind so grosszügig und helfen mir.»

Noi zuckt gelassen mit den Schultern und witzelt: «Ach, seien sie nicht so bescheiden. Auch ich habe meine dunklen Seiten.»

Sie zwinkert ihm zu und sagt dann mit ernster Stimme: «Ich habe ein paar Dinge wieder gutzumachen. Und sie sind der Glückliche, der davon profitieren kann. Aber ich warne sie. Sie dürfen niemals, hören sie, NIEMALS jemandem erzählen, dass ich ihnen geholfen habe. Wenn diese Sache hier vorüber ist kennen wir uns nicht mehr. Wir haben zwar im gleichen Hotel gewohnt und uns hin und wieder gegrüsst. Wir haben jedoch nie länger als zwei Minuten miteinander gesprochen. Haben sie das kapiert?»

Hugo nickt unterwürfig mit dem Kopf.

«Alles klar. Verstanden.»

Noi denkt nach. Sie hat sich heute mit David zum Abendessen verabredet. Sie würde ihn beauftragen, einen Ausweis zu organisieren wie er es bereits für sie getan hatte. Noi ist sicher, dass David ihr diese Bitte nicht abschlagen kann und den Auftrag innert kürzester Zeit erledigen wird. Hugo, der Noi vertraut, ist unendlich erleichtert. Er sagt: «Ich werde alles tun, was sie mir sagen. Wieviel sagten sie kostet der gefälschte Ausweis?»

«Das mit dem Geld lassen sie meine Sorge sein» erwidert Noi.

Noi hat noch Geld von Curt aus dem Automaten übrig, und sie ist fest entschlossen, damit Cindy's Ausweis zu bezahlen. Eigentlich waren die Dollars ja als Entschädigung für Noi's Zuneigung und Dienste vorgesehen. Und nun ist sie diejenige, die sich Gefälligkeiten von Männern erkauft mit diesem Geld. Noi, die immer noch müde ist, möchte allmählich wieder ihre Ruhe haben. Sie sagt: «Aber nun gehen sie zu ihrer Freundin. Sie müssen die Dame warnen. Sie kann nicht zurück ins Hotel kommen. Hier ist sie nicht mehr sicher.»

Hugo, der sich wieder einigermassen gefangen hat, trinkt sein Bier aus und geht zur Tür.

«Sie haben Recht. Ich werde mich gleich auf den Weg ins Krankenhaus machen. Vielen, vielen Dank. Sie sind so grosszügig!» Laut schlägt die Tür hinter Hugo zu.

Hugo ist ausser Atem als er die Tür zu Jerrys Krankenzimmer öffnet. Obwohl er eine schwere Tasche mit Cindys Sachen darin zu tragen hat, ist er die Treppe im Krankenhaus richtiggehend hochgerannt. Als ob er vor etwas flüchten müsste! Er ist erstaunt, wie sauber dieses staatliche Krankenhaus ist und wie gut alles organisiert ist. Das *Bangkok-Pattaya-Hospital* ist wie kein anderes Krankenhaus an der Ostküste auf ausländische Patienten eingestellt. Als Hugo und Cindy Jerry in der Nacht hierher brachten, wurde er umgehend von einer Ärztin behandelt, die Englisch und sogar Deutsch sprach. Hugo zeigte ihr Jerrys internationalen Diabetikerausweis. Darauf wurde er umgehend in ein Einzelzimmer gebracht, erhielt Infusionen und die nötigen Medikamente. Hugo geht leise in Jerrys Krankenzimmer und schliesst die Tür hinter sich. Der Raum ist dunkel und es riecht faulig. Es ist ganz still. Nur Hugos Atem macht ein pfeifendes Geräusch. Jerry scheint tief zu schlafen. Cindy sitzt in der Ecke auf einem Stuhl. In Gedanken versunken kaut sie an ihren Fingernägeln. Hugo lässt die Tasche fallen und eilt zu ihr hin.

«Cindy, mein Schatz!» sagt er und nimmt die Frau in den Arm.

Sie fühlt sich zart und zerbrechlich an. Hugo weiss, dass er sie nicht mehr mit dem Namen Cindy ansprechen sollte. Aber es fällt ihm schwer. Sie ist doch seine kleine hilflose Cindy! Ein schmerzliches Gefühl durchzieht seinen Körper als er realisiert, dass er sich bald von ihr wird verabschieden müssen. Nie mehr ihren nackten jungen Körper nahe an seinem spüren. Bevor Hugo ins Krankenhaus geeilt ist, hatte er Cindy dort angerufen und ihr von dem Besuch der Polizei erzählt. Cindy war ausser sich als sie erfuhr, dass sie eines Verbrechens beschuldigt und von der Polizei gesucht wird. Sie hatte schon gemerkt, dass sich Hugo und Jerry ihr gegenüber in letzter Zeit merkwürdig verhielten. Aber dass es sich um so eine schlimme Geschichte handeln könnte, darauf wäre sie nie gekommen. Leise fängt sie an zu schluchzen.

«Oh, mein lieber Hugo. Alles sein traurig. Jerry sein krank. Cindy müssen vielleicht in Gefängnis.»

Hugo wiegt sie in seinen Armen hin und her wie ein kleines Kind.

«Hab keine Angst, Cindy. Dir wird nichts passieren. Dafür werde ich sorgen.»

Er nimmt ihr verweintes Gesicht in beide Hände und trocknet mit seinen Daumen die Tränen. Er sieht ihr in die Augen und sagt ernst: «Hör mir gut zu: Du musst von hier verschwinden. Und zwar schnell. Ich habe deine Sachen und Geld mitgebracht.»

Hugo klaubt einige hundert Baht-Scheine aus seiner Hosentasche und reicht sie ihr.

«Damit gehst du ins *Dollhouse*. Du mietest dir ein Zimmer und wirst dort bleiben, bis ich dich anrufe. Ich habe einen gefälschten Ausweis für dich organisiert. Damit kannst du flüchten. In zwei Tagen wird jemand kommen und für dich einen Umschlag an der Rezeption abgeben. Während dieser Zeit darfst du dich nirgends blicken lassen und mit niemandem reden. Hast du verstanden?»

Hugo schaut die Frau mit strengem Blick an. Sie nickt. Er redet weiter: «Und jetzt überlegst du dir einen neuen Namen. Du darfst dich ab sofort nicht mehr Cindy nennen. Und keiner, der dich unter diesem Namen kennt, darf dich mehr zu Gesicht bekommen. Auch mich hast du nie gesehen. Verstanden?»

Cindy kann nicht aufhören zu weinen. Ihr Gesicht ist von der verflossenen Schminke ganz verschmiert. Sie nickt. Dankbar sagt sie: «Ja. Ich haben verstanden. Vielen Dank, Hugo. Du sein sehr lieb.»

Eine Weile bleibt es ruhig im Zimmer. Dann sagt das Mädchen: «Aber was passieren mit Jerry? Er sein krank und brauchen Hilfe. Er sein immer gut zu mir gewesen. Ich ihn doch nicht lassen können alleine.»

Verzweiflung hat sich in ihre Stimme gemischt. Hugo, erschrocken darüber, dass sie den Ernst ihrer Situation noch immer nicht verstanden hat, sagt: «Mach dir keine Sorgen um Jerry. Ich werde mich um ihn kümmern. War der Arzt schon da?»

Das Mädchen nickt mit dem Kopf.

«Ja. Frau Doktor haben gesagt, Jerry müssen gehen nach Amerika in Krankenhaus. Haben gesagt, jemand soll begleiten kranken Mann.»

Hugo denkt nach. Noch ein Problem, das es zu lösen gilt. Jerry hat niemanden, der seine Heimreise organisiert. Hugo beschliesst, sich später darüber Gedanken zu machen. Zuerst muss er sich um Cindy kümmern. Er sagt: «Du brauchst dich nicht um Jerry zu sorgen, Cindy. Du musst jetzt an dich denken. Ich werde bei ihm bleiben und alles regeln.»

Verdammt, nervt sich Hugo. Schon wieder hat er Cindy zu ihr gesagt. Es fällt ihm schwer, diesen Namen zu vergessen. Hugo ist tief berührt. Seine kleine Cindy tut ihm Leid. Sie hat doch nur ihn. Er ist der einzige, der ihr helfen kann. Hugo durchströmt ein starkes ungewohntes Gefühl. Selbstvertrauen, Kraft. Für jedes Problem gibt es eine Lösung, sagt er in Gedanken zu sich. Und er ist fähig, diese Lösung zu finden. So muss sich ein Held fühlen. Er, Hugo, wird gebraucht und tut Gutes. Er weiss, dass er es kann. Ohne ihn – wer weiss – würde Cindy vielleicht ins Gefängnis kommen und Jerry wäre vielleicht schon tot. Hugo verdrängt die Tatsache, dass es die junge Frau aus dem Hotel war, die den rettenden Plan für Cindy ausgeheckt hatte. Er sagt zu seinem Mädchen: «Sobald du den Ausweis hast, verschwindest du aus Pattaya. Am besten du verlässt Thailand. Wenn du mehr Geld brauchst, werde ich dir welches geben.»

Hugo überlegt, wie er seiner Frau Klara erklären soll, wofür er in diesen Ferien so viel Geld ausgegeben hat. Er muss ihr glaubhaft machen, dass Golf spielen und Wassersport auf Phuket eine teure Angelegenheit war. Hugo schaut auf die Uhr. Es ist kurz vor Elf. Er wird allmählich ungeduldig. Jeden Moment könnte die Polizei das Krankenzimmer stürmen. Nervös sagt er: «Hast du dir einen Namen für den Ausweis ausgedacht?»

Cindy nickt und flüstert: «Ich wollen Ausweis auf meine richtige Namen *Phuong Thi Nguyen*. Vielleicht ich gehen zurück nach Hause. Nach Vietnam.»

Hugo überlegt kurz. Diesen Namen kann er sich unmöglich merken, und schon gar nicht schreiben. Er fragt: «Kannst du deinen Namen aufschreiben? Welches ist der Vor- und welches der Familienname?»

Cindy, die – ausser ihren Namen, nie richtig Schreiben gelernt hat – nimmt Bleistift und Block vom Tisch neben ihr und kritzelt in Grossbuchstaben ihren Namen *Phuong Thi Nguyen* auf das oberste Blatt. Der Vorname *Phuong* bedeutet Phönix. Wie der Vogel. Sie haucht zärtlich einen Kuss auf Hugos Backe. Ein zaghaftes Lächeln ist auf ihre Lippen zurückgekehrt. Sie sagt: «Schade, dass Cindy, ähh Phuong nicht mit Hugo gehen dürfen. Hoffentlich deine Frau wissen, dass du sein ein guter, guter Mann, Hugo. Danke. Danke.»

Cindys, respektive *Phuongs* Dankbarkeit erfüllt Hugo erneut mit heldenhaftem Stolz. Ein letztes Mal nimmt er sie in seine starken Arme. Dann steht sie auf und geht zum schlafenden Jerry an das Bett. Leise flüstert sie: «Goodbye, Jerry, alter Freund. Ich werden sprechen Gebet mit Buddha, damit er dich wieder machen gesund.»

Sie bückt sich über den kranken Mann und küsst ihn sanft auf die Stirn. Ohne einen Blick zurück auf Hugo zu werfen, dreht sie sich um, nimmt die Tasche, reisst die Tür auf und geht aus dem Zimmer. Dabei kollidiert sie um ein Haar mit Jerrys Ärztin, die gerade dabei ist, das Zimmer zu betreten. Leise murmelt Phuong eine Entschuldigung und macht sich aus dem Staub.

Es ist die gleiche Ärztin, die sich bei Jerrys nächtlicher Einlieferung um ihn kümmerte. Sie heisst Frau Wattanayagorn und ist eine kleine flinke Frau. Hugo geht zu ihr und reicht ihr die Hand. «Hallo, Frau Doktor. Immer noch im Dienst?»

Die Frau nickt freundlich lächelnd und sagt dann in fast einwandfreiem Deutsch: «Zwei Stunden habe ich im Ärztezimmer schlafen können. Aber während der Feriensaison ist hier viel los. Andauernd werden Touristen eingeliefert: Alkoholvergiftungen, Kreislaufzusammenbrüche, schwere Sonnenbrände, hohes Fieber, akute Geschlechtskrankheiten und so weiter.»

Hugo nickt verständnisvoll. Aus eigener Erfahrung weiss er, dass man hier gerne etwas über die Stränge schlägt. Doktor Wattanayagorn hat Jerrys Handgelenk genommen und fühlt seinen Puls. Neugierig fragt Hugo: «Wie geht es ihm? Hat sich sein Zustand gebessert?»

Die kleine Frau runzelt die Stirn.

«Der alte Mann ist in letzter Zeit nicht sehr sorgfältig mit seiner Gesundheit umgegangen. Für einen Diabetiker hat er zu viel gegessen und getrunken. Vor allem der Alkohol ist ihm nicht gut bekommen. Bei seiner Einlieferung war der Mann schwer dehydriert. Dazu kommt, dass er wahrscheinlich seine Insulintabletten nicht vorschriftsmässig genommen hat. Das hat sein altes Herz nicht mehr mitgemacht. Ich habe es schon der jungen Frau gesagt. Es war zwar nur ein leichter Infarkt, aber der Mann sollte, sobald es ihm etwas besser geht, nach Hause fliegen und sich erholen. Pattaya ist kein Ort, an dem ein Mensch sich in Abstinenz üben kann.»

Beim letzten Satz huscht ein schwaches Lächeln über die Lippen der Ärztin. In diesem Moment wacht Jerry auf und bewegt sich. Dann schlägt er die Augen auf. Doktor Wattanayagorn reicht ihm einen Becher mit Wasser. Jerry zieht gierig am Strohhalm.

«Wie fühlen sie sich?» fragt die Ärztin.

Jerry räuspert sich. Er flüstert: «Schon viel besser. Danke. Ein kühles Bier würde mir jetzt gut tun.»

Seinen Humor hat Jerry offensichtlich bereits wieder gefunden. «Ich schwitze wie ein Schwein. Wann werde ich entlassen?»

Die Ärztin verzieht das Gesicht und sagt in belehrendem Ton: «Ich glaube, sie haben keine Ahnung, wie ernst ihr Zustand ist. Als sie heute Nacht eingeliefert wurden hing ihr Leben an einem seidenen Faden. Ihr Zustand hat sich zwar stabilisiert. Aber ab heute gilt: strenge Diät und keinen Alkohol. Sie müssen jeden Tag zwei Liter Wasser trinken.»

Jerry seufzt.

«Aber dann macht das Leben ja keinen Spass mehr. Und was ist mit Sex?» fragt er keck.

Doktor Wattanayagorn lässt sich nicht auf Jerrys Scherze ein. Solche Sprüche hört sie beinahe jeden Tag von männlichen Patientien. Mürrisch gibt sie ihm Antwort: «Den dürfen sie haben. Solange sie sich dabei nicht zu sehr anstrengen. Haben sie zu Hause jemanden, der für sie sorgt? Familie?»

Jerry schüttelt den Kopf.

«Dann würde ich empfehlen, dass sie in ein Altenheim ziehen, in welchem sich jemand um sie kümmert. Ich bin sicher, in Ihrer Heimatstadt Las Vegas gibt es gute solche Einrichtungen.»

Jerry schliesst die Augen und dreht seinen Kopf auf die andere Seite, weg von Hugo und der Ärztin. Hugo sieht ihm an, dass er sich mit dem Gedanken, seinen Lebensabend in einem Altenheim zu verbringen, nicht anfreunden kann. Nicht er, Jerry, der das Leben immer total im Griff hatte und sogar bei den jungen Frauen noch gut ankommt. Die Ärztin, der nicht entgangen ist, dass Jerry die Neuigkeiten zu seinem Gesundheitszustand nicht gut aufgenommen hat, sagt beschwichtigend: «Nun gut. Sie haben jetzt Zeit, sich mit ihrer neuen Zukunftsperspektive anzufreunden. In einer halben Stunde kommt die Schwester und wird ihnen ihre Medikamente verabreichen. Danach kriegen sie eine leichte Mahlzeit. Und vergessen sie bitte nicht, genügend Wasser zu trinken. Ich werde heute Abend wieder nach ihnen schauen.»

Zu Hugo sagt sie: «Sie dürfen bleiben, solange sie möchten. Aber beanspruchen sie den Patienten nicht zu sehr. Er braucht viel Ruhe.»

Dann verlässt Frau Doktor Wattanayagorn das Zimmer und macht die Tür hinter sich zu. Erst jetzt dreht Jerry den Kopf wieder zu Hugo. Der setzt sich zu ihm auf den Bettrand und tätschelt dem alten Mann beruhigend die Schulter.

«Mach dir keine Sorgen, Jerry. Du wirst bald wieder auf dem Damm sein und gesund werden. Dann werden wir zusammen einen draufmachen.»

Hugo glaubt zwar selber nicht an die Worte, die ihm da über die Lippen kommen, aber irgendetwas Aufmunterndes muss er in dieser Situation ja sagen. Das hat er in amerikanischen Filmen gesehen. Dort sagen die Leute in hoffnungs- und ausweglosen Situationen immer zueinander, dass alles wieder gut werden wird. Jerry steht der Kummer ins Gesicht geschrieben. Leise und heiser fängt er an zu reden: «Ach, *Uuugo*, schau mich an. Ich bin ein alter Mann und habe nicht mehr lange zu leben. Da kannst du sagen was du willst. Macht denn das Leben noch Spass in einem Altenheim?»

Hugo weiss darauf keine Antwort und schweigt. Jerry redet weiter: «Stell dir vor: Jeden Tag mit greisen Mitbewohnern Karten spielen. Hässliche fette alte Schwestern, die dir Haferbrei einlöffeln. Und Schwuchteln als Pfleger, die deinen Arsch putzen. Nein, danke. Dann mach ich lieber einen Abgang.»

Jerry atmet einige Male tief durch. Hugo merkt, dass ihn das Reden anstrengt. Eine Weile bleibt es ruhig. Jerrys Schicksal scheint unausweichlich. Hugo fehlen die tröstenden Worte. Nach einer Weile durchbricht Jerry das Schweigen: «*Uuugo*, weisst du noch, wie ich dir vor ein paar Tagen gesagt habe, dass ich mir hier in Thailand ein junges Mädchen suchen werde, das für mich sorgt wenn ich alt und krank bin. Erinnerst du dich?»

Hugo nickt. Klar. Damals sassen sie bei Jimmy an der Bar und die Welt war noch in Ordnung. Jerry redet weiter: «Nun, der

Zeitpunkt ist gekommen. Ich werde nicht mehr selbstständig leben können und so ein junges Ding wird mir das Altenheim ersparen.»

Das ist die Lösung, denkt Hugo überrascht. Dass er nicht selber darauf gekommen ist! Jerry wollte ja ohnehin einmal eine Thailänderin zu sich nach Hause nehmen. Breit grinsend sagt er: «Das ist es! Jerry, du bist ein Teufelskerl! Ich habe ja schon immer gewusst, was für ein cleverer Bursche du bist.»

Eilig sagt er: «Ich weiss auch schon wie wir das machen: Ich werde für dich auf die Suche nach einem tollen Mädchen gehen.»

Hugo lacht verwegen.

«Und jene, die hübsch genug sind, werde ich ins Krankenhaus einladen und dir vorführen. Was meinst du, Jerry? Das wird bestimmt einen Riesenspass!»

Jerry hustet nervös. So laut wie es seine Stimme zulässt, unterbricht er Hugo: «Ach *Uuugo*, du Dummkopf. Du hast nichts verstanden! Ich möchte, dass Cindy sich um mich kümmert. Ich kenne sie schon viele Jahre. Sie ist wirklich ein liebes Mädchen und ich bin sicher, sie hat nichts Böses getan. Sie hat es verdient, mit mir nach Amerika zu gehen und ein schönes Leben zu haben. Dann braucht sie keine Angst mehr vor der Polizei zu haben. Natürlich werde ich sie nur mitnehmen, wenn du einverstanden bist.»

Jerry zwinkert Hugo vielsagend zu. Die Lebensgeister scheinen allmählich wieder in ihn zurückzukehren. Mit dem Schalk in seinen Augen ist er schon fast wieder der Alte. Er sagt: «Du warst zuletzt mit ihr zusammen und ich würde verstehen, wenn du sie für dich haben möchtest. Schliesslich weiss ich selber, wie gut sie blasen und massieren kann.»

Nun lachen beide Männer laut heraus. Was für eine geniale Idee, die hätte von ihm stammen können, denkt Hugo. Das ist die Lösung für alle Probleme! Sobald Cindy ihren gefälschten Ausweis hat, kann sie mit Jerry ausreisen. Hugo sagt: «Natürlich macht es mir nichts aus, Jerry. Ich habe mein Abenteuer gehabt.

Ich werde bald wieder nach Hause fliegen zu meiner Frau und den Kindern.»

Hugo fühlt, dass in ihm neben Freude über die gelösten Probleme auch Mitleid mit Jerry aufkommt. Hugo hat Klara, die für ihn sorgen wird, wenn er einmal alt und krank ist. Manchmal geht sie ihm zwar mächtig auf die Nerven. Aber immerhin können sie wie zwei Erwachsene miteinander reden. Das kann ihm ein kleiner Ferienflirt mit einer Frau Anfang Zwanzig, die seine Sprache nicht spricht, nicht ersetzen. Ausserdem hat er zwei wunderbare Töchter, die er über alles liebt. Sein eigenes Fleisch und Blut. Sie, und wiederum ihre Kinder, werden weiter existieren, wenn es ihn einmal nicht mehr gibt. Er seufzt und verleiht dem vorher Gesagten Nachdruck: «Ach Jerry, natürlich habe ich nichts dagegen, wenn du Cindy mit dir nimmst. Zuerst habe ich ja gedacht, dass ich in sie verliebt sei. Aber es war ein Irrtum.»

Hugo ist klar geworden: Cindy ist der Grund, warum er sich wieder stark, wie ein Mann, fühlt. Aber wahre Liebe ist etwas anderes. Er sagt: «Die Mädchen hier sind wirklich grossartig. Ich werde bestimmt wieder kommen und mich mit ihnen amüsieren. Aber meine Frau und die Kinder verlassen für eine von ihnen, das werde ich nicht tun. So weit kann und will ich nicht gehen.»

Jerry nickt verständnisvoll.

«Du hast ganz Recht, *Uuugo*, mein Freund. Nimm dir das Beste aus beiden Welten, wenn du kannst. Wer würde das nicht tun?»

Hugo hat das Gefühl, in Jerrys Schuld zu stehen. Schliesslich war es Jerry, der ihm gezeigt hat, wie es mit den Mädchen läuft. Jetzt ist für Hugo die Zeit gekommen, etwas für seinen neuen Freund zu tun.

«Hör zu, Jerry. Cindy ist vor ein paar Minuten gegangen. Ich werde mir ihr sprechen und ihr von deinem Angebot erzählen. Ich bin sicher, sie wird überglücklich sein. Ich weiss, dass sie dich mag. Sie ist die ganze Nacht an deinem Bett gesessen. Kann ich dir sonst irgendwie helfen? Wie willst du deine Heimreise organisieren?»

Jerry, den das Gespräch mit Hugo anstrengt, antwortet dumpf: «Ja, bitte, Hugo. Du kannst etwas für mich tun. Im Safe in unserem Hotel habe ich in einem Etui das Flugticket. Darin ist ein Zettel mit der Telefonnummer meines langjährigen Reiseagenten Jack. Ich wäre froh, wenn du mir meine Sachen packen und zusammen mit meinen Reiseunterlagen hierher bringen könntest. Dann werde ich Jack anrufen und ihn bitten, meine und Cindys Heimreise zu organisieren.»

Hugo nickt und sagt: «Alles klar. Verstanden. Das werde ich für dich tun.»

Jerry sieht Hugo jetzt liebevoll an. Er nimmt seine Hand. Er sagt: «Ach, Uuugo. Vielen Dank. Du bist wirklich ein guter Buddy. Sobald Cindy und ich uns in Las Vegas eingerichtet haben und es mir wieder besser geht, musst du uns besuchen kommen. Du kannst auch deine Frau mitbringen. Oder auch nicht.»

Jerry zwinkert Hugo lässig zu.

«Wie du willst.»

Hugo, der gerührt ist ab Jerrys zärtlichem Ausbruch, bedankt sich ebenso herzlich. Er drückt die Hand des alten Mannes.

«Aber klar, mein Freund. Wir kommen bestimmt gerne. Vielen Dank für die Einladung.»

Dann nimmt Hugos Gesicht nochmals ernste Züge an. Er sagt: «Nun muss ich dir noch etwas ganz Wichtiges sagen. Hör gut zu: Cindy heisst ab sofort nur noch Phuong. Bitte merk dir das. Wenn du Phuong nicht aussprechen kannst, kannst du sie irgendwie nennen – Pam, Jane, Sandy,.. nur nenne sie auf keinen Fall mehr Cindy. Ich habe Ausweispapiere für sie organisiert, die auf ihren Taufnamen lauten. Sie sind eine Fälschung. Das muss für immer unser Geheimnis bleiben!»

Jerry, der gar nicht daran gedacht hat, dass Cindy möglicherweise gar keinen Pass besitzten könnte, ist froh, dass sich Hugo um alles kümmert. Er ist müde und vertraut Hugo.

«Alles klar, *Uuugo*. Unser Geheimnis. Werde es mir merken.»

Jerry seufzt dankbar.

«Du bist ein perfekter Freund. Vielen Dank.»

Erschöpft lässt sich Hugo auf sein Hotelbett plumpsen. Es ist erst kurz nach eins. Nachdem er mit dem Taxi zurück zum Hotel gefahren war, hatte er zuerst von einem Strassentelefon aus im Stundenhotel bei Cindy alias Phuong angerufen und ihr die tolle Neuigkeit mitgeteilt. Wie Hugo erwartet hatte, wäre sie vor Freude am liebsten durch den Hörer gekrochen. Auf dem Heimweg hatte er seinen Hunger im *Daisy* gestillt. Dann hatte er Noi den Zettel gebracht, auf dem Cindy ihren Namen *Phuong Thi Nguyen* geschrieben hatte. Für den Ausweis. Er hatte die junge Thailänderin mit dem Schweizer Dialekt zum zweiten Mal an einem Tag geweckt. Das war ihm etwas peinlich. Als sie sich auf sein Klopfen an der Zimmertür nicht meldete, hatte er lauter gepoltert und nach ihr gerufen. Mit vom Schlaf getränkter Stimme hatte sie ihn schliesslich angewiesen, den Zettel unter der Tür durchzuschieben. Hoffentlich ist die Kleine zuverlässig und alles verläuft nach Plan, denkt Hugo. Eigentlich kennt er diese Noi überhaupt nicht, geht es ihm durch den Kopf. Hugo überlegt. Irgendwie erinnert sie ihn an seine Cindy. Nur cleverer. Es bleibt ihm nichts anderes übrig, als ihr blindlings zu vertrauen. Hugo ist satt und müde. Die letzte Nacht war turbulent und an Schlaf war nicht zu denken. Ausserdem hat ihn die Angst vor der Polizei fast umgebracht. Jetzt sollen sie ruhig kommen, denkt er trotzig. Er hat nichts mehr zu verbergen. Das Zimmer ist frisch geputzt und alles, was an Cindy erinnern könnte, hat er ihr gebracht. Entspannt streckt sich Hugo auf dem Hotelbett. Er hat sich vorgenommen, in seiner zweiten Ferienwoche in Thailand so richtig zu entspannen. Nicht mehr so viel zu trinken, leicht zu essen, das Rauchen wieder aufzugeben, mit seinem Kumpel Koni Ausflüge aufs Land zu machen; und, wie er es Klara versprochen hat, etwas Sport zu treiben. Bevor Hugo sich hinlegt um ein paar Stunden zu schlafen, greift er zum Telefonhörer: «Ja. Hallo. Ich hätte gerne ein Ferngespräch.»

Die Rezeption gibt die Leitung frei und Hugo wählt die ihm vertraute Nummer.

«Melanie.»

Hugos 18-jährige Tochter, die jüngere, die noch zu Hause wohnt, meldet sich mit dem Vornamen.

«Hallo, Melanie. Hier ist Papa.»

«Oh, hallo Vati. Wie geht es dir? Ist es warm bei euch?»

Hugo, der keine Lust hat, über sich zu reden, sagt: «Mir geht es gut. Es ist sehr heiss hier und meistens sonnig. Und was machst du? Hat sich die Mama schon gemeldet?»

Melanie antwortet gelangweilt.

«Ach, hier ist es wie immer im Januar. Regnerisch. Nur in den Bergen hat es Sonne und Schnee. Aber ich muss ja arbeiten und habe keine Zeit, dem schönen Wetter nachzufahren.»

«Und die Mama?» fragt Hugo neugierig.

«Die hat schon dreimal angerufen um zu kontrollieren, ob ich auch schön brav bin. Sie lässt dich grüssen.»

Melanie klingt gelangweilt. Hugo insistiert: «Gefällt es ihr in Miami?»

Er merkt, dass er etwas eifersüchtig wird.

«Hat sie sonst noch etwas gesagt?»

Melanie überlegt.

«Nein. Nichts Wichtiges. Es gefällt ihr. Die Amerikaner sind anscheinend ganz nett.»

Hugo überlegt, ob Klara sich auf einen Ferienflirt einlassen würde. Ganz schnell verscheucht er den schmerzvollen Gedanken wieder und sagt: «Schön. Warte. Ich gebe dir die Nummer vom Hotel hier. Dann kannst du oder die Mama mich anrufen.»

«Aber, Vati, du kommst ja in weniger als sieben Tagen wieder nach Hause. Das wird doch nicht nötig sein.»

Hugo, ein bisschen enttäuscht darüber, dass er offensichtlich von niemandem vermisst wird, meint: «Okay, wie du meinst. Aber grüss die Mama von mir, wenn sie das nächste Mal anruft. Sag ihr, es geht mir gut und ich freu mich, euch bald wieder zu sehen.»

«Mach ich. Vati. Also machs gut. Tschüss!»

«Du auch. Tschüss meine Kleine. Ich..»

Bevor Hugo ihr sagen kann, dass er sie liebt, hat Melanie aufgelegt.

Abschied

Was für ein Tag! Erschöpft lässt sich Noi in einen bequemen Sessel im *Blue Velvet*, Strandbar und Restaurant am Hafen, plumpsen. Sie hat einen Bärenhunger. Es wird allmählich dunkel. Noi beobachtet, wie die Sonne am Horizont langsam untergeht und das Meer sich rot färbt. Sie sieht, wie die Schiffe in den Hafen zurückkehren und die Tagesausflügler nach Hause bringen. Noi ist früh dran. David wird erst in einer Stunde auftauchen. So lange kann sie mit dem Essen nicht warten. Sie steckt die Nase in die Speisekarte. Heute hat sie keine Lust auf thailändische Kost. Sie will etwas Schweres, Nahrhaftes. Gut, dass in den meisten Restaurants auch westliche Küche angeboten wird. Denkt sie und bestellt einen Cheeseburger mit Fritten und Salat. Dazu eine grosse Cola mit viel Eis und Zitrone. Vor ihr auf dem Tisch liegt die brandneue Ausgabe der *Pattaya Zeitung*. Noi lässt den vergangenen Tag Revue passieren. Dreimal wurde sie heute Morgen geweckt: Zuerst von dem hysterischen Schweizer Hugo, der ihr sein Herz ausgeschüttet hatte. Darauf vom Zimmermädchen, das sauber machen wollte. Dann wieder von Hugo, der ihr den Zettel mit dem Namen seiner vietnamesischen Freundin brachte. Danach gab es Noi auf, noch etwas Schlaf zu finden und zwang sich aus den Federn. Es war kurz nach Mittag, als sie das Hotel verliess und sich im *Daisy* Kaffee, einen Papaya-Shake und Toast mit Rührei genehmigte. Dann ging sie zurück ins Hotel und rief ihren Vater an. Zu Hause war es acht Uhr morgens und Koni Keller war bereits in der Firma. Noi liess ihn aus einem angeblich wichtigen Meeting holen.

«Ja, Keller hier» meldet sich Nois Vater mit hörbarer Ungeduld in der Stimme.

«Hallo, Papa. Ich bin's. Noi.»

Stille. Dann redet er ruhig weiter.

«Hallo Anoucha. Endlich meldest du dich. Ich habe mir schon grosse Sorgen gemacht. Wo bist du? Wann kommst du heim?»

Ohne auf seine Fragen einzugehen, sagt Noi: «Ich habe dir doch das letzte Mal gesagt, dass du mir einen Gefallen schuldest. Die schwerkranke Sunanda, eine lebenslange Freundin von Ratana, ist an Aids erkrankt und wir müssen sie in ein Sterbehospiz bringen. Sobald du für ihren Aufenthalt eine Spende eingezahlt hast, werde ich nach Hause kommen.»

Koni, der keine Lust mehr auf Diskussionen hat, und die Sache nur noch so schnell als möglich wieder ins Lot bringen will, lenkt ein.

«Gut. Wie du willst. Welche Summe hast du dir denn vorgestellt?»

Noi räuspert sich. Dann lässt sie die Katze aus dem Sack. Leise aber deutlich sagt sie: «5000 Franken. Ein deutscher Arzt wird dir einen Fax schicken mit der Bankverbindung.»

Sie hört, wie ihr Vater einige Male laut durchatmen muss. Aber weil er weiss, dass Widerstand zwecklos ist, lenkt er ein.

«Gut. Wie du willst. Aber dafür will ich, dass du nach deiner Rückkehr in die Schweiz als erstes nach Hause kommst und wir uns aussprechen. Versprichst du mir das?»

Nois Wut über ihren Vater ist bereits nicht mehr so unbändig wie gestern.

«Okay. Einverstanden. Aber ich werde nicht so bald heimkehren. Ich werde noch einige Wochen auf Reisen gehen. Aber ich verspreche dir, dass wir reden sobald ich zurück bin.»

Ab sofort wird Noi diejenige sein, die das Tempo bestimmt. Der Papa soll warten und Geduld haben. Noi hat sich vorgenommen, gleich morgen nach Bangkok zum Flughafen zu fahren und einfach ein Ticket irgendwohin zu kaufen. Sie will endlich richtige Ferien machen. Jimmy hat Recht: Pattaya ist kein Ort, der – ausser Nachtleben und Barladies – viel zu bieten hat. Noi will eine Weile irgendwo hinfliegen, wo es ruhiger ist, weniger Touristen und schöne Strände hat. Vielleicht nach Malaysia, Vietnam oder, wie sie ihren Eltern und Bekannten erzählt hat, nach Australien. Sie wird einfach losziehen und jeden Tag spontan entscheiden, wohin sie ihre Reise als nächstes führen wird. Noi ist in den letzten 24 Stunden optimistischer geworden. Vielleicht liegt das an Kim, der ihr gezeigt hat, dass man als Paradiesvogel und Mischling zwischen den Kulturen ein zufriedenes Leben führen kann. Oder daran, dass sie es geschafft hat, Sunanda und Hugo zu helfen. Noi hat vor, ihr Leben zu überdenken und neu anzufangen. Auch darüber, ob sie ihr Studium fortsetzen soll, will sie in aller Ruhe nachdenken. Am liebsten würde sie sich eine Arbeit suchen, mit welcher sie Gutes tun kann für ihre Mitmenschen. Zum Beispiel in einer Klinik für Aids-Kranke. Sie überlegt: Könnte es sein, dass sie mit dem Psychologiestudium auf dem richtigen Weg ist und beides miteinander verbinden kann?

«Noi? Bist du noch da? Meldest du dich wieder sobald du weisst, wann du heimkommst?»

Hoppla. Noi war so in Gedanken versunken, dass sie ganz vergessen hat, dass ihr Vater noch am anderen Ende des Apparats ist.

Mit ruhiger Stimme sagt sie: «Natürlich. Ich ruf dich wieder an. Versprochen.»

Nachdem Noi das Telefon mit ihrem Vater beendet hat, packt sie gutgelaunt ihren Rucksack für die Abreise am nächsten Tag. Dann macht sie sich auf den Weg. Sie kauft für Sunandas Aufenthalt im Sterbehospiz ein: eine grosse Reisetasche, einige leichte Baumwollkleider, T-Shirts, Unterwäsche und Trainerhosen, frische Seife sowie Bade- und Handtücher. Diese Dinge würde Sunanda gut gebrauchen können. Die Zeit, in der sie sich nur notdürftig mit dem kalten Wasser in ihrem Zimmer waschen konnte, war ja nun engültig vorbei. Kurz vor zwei Uhr am Nachmittag trifft sie sich mit Kim im *Moonlight Pub*. Er ist schon da als Noi hereinkommt. Sie hat sich vorgenommen, gelassen zu bleiben und einfach nett zu ihm zu sein. Seine Küsse hat sie nicht vergessen. Es fühlt sich an, als ob sie den Druck seiner Lippen immer noch auf den ihren spürt. In dem Moment, als sie das Pub betritt und Kim an der Bar bei einer Cola sitzen sieht, spürt sie es wieder. Eine angenehme Spannung. Neugier? Sympathie? Erotik? Noi schüttelt den Kopf und die Gedanken ab und geht zu ihm an die Bar.

«Hallo, Kim. Schön, dass du kommen konntest» sagt sie lässig und bestellt sich auch eine Cola.

«Hallo, Noi. Klar bin ich gekommen. Ich habe doch versprochen, dass ich beim Packen helfe. Wie geht es dir? Bist du gestern noch gut nach Hause gekommen?»

Dass er sie als erstes auf den gestrigen Abend anspricht, macht Noi nervös. Sie spürt, dass es ihr nicht gelingt, ihre Gefühle für Kim zu verharmlosen. Es interessiert sie, was er von ihr hält. Ob er etwas für sie empfindet? Aber ein Transvestit passt doch sowieso nicht zu mir, denkt sie. Obwohl sie sich auch eingestehen muss, dass es viele Dinge gibt, die sie beide verbindet. Sie antwortet kurzangebunden: «Ja, klar. Kein Problem.»

Ohne weiter auf den vergangenen Abend einzugehen, erklärt ihm Noi das weitere Programm: «Ich habe einige Dinge eingekauft, die Sunanda im Sterbehospiz brauchen kann.»

Sie zeigt auf die halb gefüllte Sporttasche, die sie mitgebracht hat.

«Der Arzt, er heisst Doktor Würzmann, wird um Drei mit seinem Wagen kommen. Bleibt genug Zeit, Sunandas wenige Sachen zu packen.»

Kim, der ihr das Ausweichen nicht so einfach machen will, sagt: «Ich fand es sehr schön mit dir gestern. Schade, dass wir nicht länger zu zweit reden konnten. Was hast du für Pläne?»

Noi räuspert sich. Es ist ihr immer noch unangenehm, dass er so viel über sie wissen will.

«Ich werde morgen abreisen. Zuerst mache ich einige Wochen Ferien, danach gehe ich zurück in die Schweiz. Ich muss mit meinen Eltern reden. Jetzt wo ich weiss, dass meine Mutter tot ist, sind sie die einzigen, die mir bleiben.»

Kim findet es schade, dass Noi Pattaya verlassen will. Aber er lässt sich nichts anmerken und sagt: «Hast du Lust, mich heute nach meiner Show nochmals zu treffen? Zum Abschied. Ich kann dich auf die Gästeliste des *Miranda* nehmen.»

Noi wird nervös. Was ist, wenn sich Kim wirklich für mich interessiert, geht es ihr durch den Kopf. Aber wäre er ein Mann für sie? Gilt er mit seinem Handicap überhaupt als Mann? Was für eine Beziehung würde sie mit ihm führen können? Klar, auf der Welt gibt es nicht nur schwarz und weiss. Kim ist der lebende Beweis für die Bunttöne dazwischen. Eigentlich spielt es keine Rolle, was genau Kim von mir will, denkt Noi. Es reicht, dass er offensichtlich Interesse bekundet. Es ist Noi, die ein Problem mit Beziehungen hat. Jeden Mann, der ihr zu nahe kommt, weist sie panikartig von sich. Nach all ihren demütigenden Erfahrungen hat sie hat wahnsinnige Angst, enttäuscht zu werden. Sie muss an ihre Freundin Carla denken. Die spornt sie oft an, sagt, sie solle gegenüber Männern wieder offener und lockerer werden. Also nimmt Noi ihren ganzen Mut zusammen und sagt Kim zu: «Okay. Wann und wo wollen wir uns treffen?»

Kim ist sichtlich erfreut.

«Toll. Am besten du kommst nach der Show zu mir in die

Garderobe. Ich werde versuchen, die Autogrammschreiberei so schnell als möglich hinter mich zu bringen.»

Warum nur sind Gefühlsdinge immer so furchtbar kompliziert, denkt Noi während sie Kim anlächelt und zustimmend mit dem Kopf nickt.

Sunandas wenige Sachen sind schnell in die neue Tasche gepackt. Nun fehlt nur noch Doktor Würzmann. Während Noi, Sunanda und Kim auf ihn warten, sitzen sie schweigend auf dem Bett und spielen ein Spiel, das Noi bisher unter dem Namen *Vier Gewinnt* kannte. In Pattaya steht das Spiel auf den Bartheken der Kneipen für die Gäste bereit. Die Barladies knüpfen so spielend Kontakte zu potentiellen Freiern. Die Mädchen sind unschlagbar. Sie haben fast jeden theoretisch möglichen Spielzug im Kopf. Die Touristen verlieren eigentlich immer. Sunanda lehnt sich an Kim an. Die beiden spielen zusammen gegen Noi. Sunanda weist Kim an, in welcher Reihenfolge er die Steine zu platzieren hat. Immer wieder schaffen es die zwei eine Reihe von vier Steinen zu bilden, ohne dass Noi dies vorraussehen konnte. Noi verliert fünf Mal, danach macht ihr das Spiel keinen Spass mehr. Sie ist erleichtert, als sie während der sechsten Partie die Stimme von Doktor Würzmann durch das offene Fenster hört. Der Arzt hat sein Auto direkt vor dem Haus geparkt und ruft laut nach Noi. Dann geht alles ganz schnell. Während Kim Sunandas Tasche schultert und einen letzten prüfenden Blick in den Raum wirft, stützt Noi Sunanda auf ihrem Weg durch das Treppenhaus. Beim Auto angekommen, hilft sie ihr auf den Beifahrersitz. Währenddessen stattet Kim Miaw, der Vermieterin von Sunandas Zimmer, einen kurzen formellen Besuch ab. Kim sagt ihr, dass Sunanda auszieht und das Zimmer frei ist. Obwohl sich Miaw bestimmt über diese Neuigkeit freut, macht sie ein betrübtes Gesicht. Aus reiner Höflichkeit sagt sie, dass sie hofft, Sunanda würde im Krankenhaus wieder gesund werden.

Aber Miaw ist froh, wenn Sunanda wegbleibt. So kann sie das freie Zimmer gewinnbringend vermieten. Kim verspricht für einen Teil der offenen Miete und die Zimmerreinigung aufzukommen.

Die Fahrt nach Rayong dauert eine gute halbe Stunde. Ein Katzensprung. Doktor Würzmann hatte den Mönch Phra Suthep Asavachin im Sterbehospiz angerufen und angekündigt, dass sie heute die schwerkranke Frau bringen würden. Und er versprach, dass ein Bekannter der Frau dem Zentrum eine grosszügige Summe spenden werde. Obwohl sich der Mönch die Freude über die Spende am Telefon nicht anmerken liess, spürte Doktor Würzmann, dass er froh ist um das Geld. Bald würde die Renovation des Schulgebäudes, in welchem die Präventionskurse abgehalten werden, anstehen. Zudem ist es immer noch nicht möglich, allen Aids-kranken Menschen in der Gegend ein Heim zu geben. Einer Vergrösserung des Zentrums stünde also theoretisch nichts im Weg. Der Wagen fährt eine kleine Landstrasse entlang und zweigt in einen grossen grünen Park ein. Dessen Mittelpunkt bildet ein grosses zweistöckiges Haus aus weissem Holz. Im überdachten Garten stehen Korbstühle, Tische, und zwischen zwei Bäumen ist eine Hängematte aufgespannt. Im ersten Stock, in welchem die Intensiv-Pflegestation untergebracht ist, hat jedes Zimmer einen eigenen Balkon. Im grossen Park wachsen viele Blumen und Grünpflanzen. Palmen spenden wertvollen Schatten und laden zum Spaziergang ein. Die Bewohner des Zentrums kümmern sich selber um Bewässerung und Pflege der Anlage. Im Park stehen etwa ein Dutzend kleine einfache Holzhäuser, in welchen HIV-positive und Aids-kranke Menschen mit ihren Kindern wohnen. Und es hat einen kleinen Tempel. Der goldene *Chedi* – eine glockenförmige Kuppel und Symbol des thailändischen Buddhismus – funkelt im Sonnenlicht. Der Eingang des Tempels ist mit Buddha-Figuren und Bildern, Teppichen, Vasen und Nippes in gold und rot geschmückt. Ein Betonblock, in dem die

Schule untergebracht ist, grenzt das Gebiet des Sterbehospiz zur Hauptstrasse ab. Das Zentrum wirkt auf die Neuankömmlinge wie eine eigene kleine heile Welt. Doktor Würzmann fährt direkt auf den Vorplatz des grossen Holzhauses und parkt nur wenige Meter vor dem Eingang. Er stellt den Motor ab und schon taucht ein junger Pfleger mit einem leeren Rollstuhl auf. Die neue Patientin wird bereits erwartet. Kim steigt als erster aus und hält den Rollstuhl fest, während der Pfleger Sunanda aus dem Auto hilft und vorsichtig in den Stuhl hieft. Kim schiebt den Rollstuhl durch die offen stehende Tür in das Haus, in welchem Sunanda ihren letzten Lebensabschnitt verbringen wird. Dann betreten Noi und Doktor Würzmann das Gebäude. Noi fühlt, dass an diesem Ort, trotz seiner Nähe zum Tod, eine positive friedliche Stimmung herrscht. Im Erdgeschoss des Hauses angekommen übernimmt der Pfleger, ein junger Mann mit freundlichem Gesicht, Sunandas Rollstuhl und dreht ihn so, dass sie ihre Freunde ansehen kann. Er stellt sich vor und erklärt, wie das Zentrum funktioniert. In dem grossen Haus, in welchem sie sich gerade befinden, wohnen die schwer kranken Patientinnen und Patienten. Das Haus sei wie ein kleines Krankenhaus ausgerüstet, sagt der Pfleger. In den Zimmern stehen moderne Krankenbetten. Es hat ein Alarmsystem und rund um die Uhr sind Arzt und Pfleger in der Nähe. Der junge Mann erklärt, warum vor allem Frauen hier wohnen. Das komme daher, dass Prostituierte konstant einem sehr grossen Ansteckungsrisiko ausgesetzt seien. Ausserdem haben die Barladies, wenn sie krank werden, oft kein funktionierendes soziales Netz. Von der Familie verstossen, ohne Krankenversicherung, und von den Freiern gegen eine gesunde Frau eingetauscht, seien sie auf sich alleine gestellt.

Während der Fahrt ins Zentrum hatte sich Noi überlegt, warum es eigentlich kein Gesetz gibt, das die Reiseveranstalter dazu zwingt, auf jede Reise an eine Sextourismus-Destination eine Steuer zu erheben. Dieses Geld könnte für die Pflege von an Aids erkrankten Menschen und für die Prävention vor Ort eingesetzt werden. Noi ist überzeugt: Das wäre eine sinnvolle Anwendung des Verursacherprinzips.

Im Erdgeschoss des grossen Hauses befinden sich Ess- und Wohnzimmer, und eine gut ausgerüstete Küche. Durch ein grosses Fenster strahlt die Sonne und verströmt eine helle Wärme. Die Menschen im Zentrum kochen selber, kümmen sich um die Reinigung und den Einkauf. Jeder beteiligt sich nach seinen Möglichkeiten. Noi späht in das Wohnzimmer und sieht, dass es sich einige Patientinnen gemütlich gemacht haben. Sie sitzen auf weichen Kissen, lesen oder schauen fern. Zwei kleine Kinder sitzen auf dem Boden und spielen mit Puppen. Als die Bewohnerinnen bemerken, dass eine neue Patientin angekommen ist, strecken sie neugierig ihre Köpfe zur Tür. Der Pfleger schiebt Sunanda ins Wohnzimmer und stellt ihr ihre zukünftigen Mitbewohnerinnen vor. Mit einem höflichen Kopfnicken begrüsst Sunanda die anderen Patientinnen. Dabei strahlt sie über das ganze Gesicht. Dann schiebt sie der Pfleger zurück in den Gang. Noi sieht, dass sich in Sunandas Augen einige Tränen gelöst haben. Noi hat das Gefühl, dass Sunanda nicht recht weiss, ob sie glücklich oder traurig sein soll. Aber Noi ist sicher: Von jetzt an würde Sunanda in diesem schönen und friedlichen Haus gut aufgehoben sein. Dennoch weiss Sunanda sehr wohl, dass dies hier die letzte Station ihres Lebens ist. Noi würde sie morgen verlassen, und auch Kim wird sie nicht mehr regelmässig sehen. Jetzt wird Sunanda in den modernen Fahrstuhl gerollt. Der Pfleger fährt mit ihr in den zweiten Stock, auf welchem sich die Zimmer der Patientinnen und Patienten befinden. Doktor Würzmann, Kim und Noi folgen zu Fuss über die Treppe. Sundandas Zimmer ist hell und freundlich. Eine grosse Tür führt auf den Balkon, auf welchem eine Schaukel steht. Das Zimmer ist mit zwei grossen komfortablen Betten mit leichten Decken und einer rollstuhlgängigen Toilette ausgerüstet. Es wird bereits von Lily, einer krebskranken Frau, bewohnt. Lily ist gerade mit dem Mönch Phra Suthep im Tempel beim Gebet. Noi und Kim sind froh, dass Sunanda nicht allein wohnen muss. Sie wissen, dass es die Einsamkeit ist, die ihr zu schaffen macht. Noi hofft, dass sich die Frauen gut verstehen und aufeinander aufpassen werden. Während Noi Sunandas wenige Sachen in den dafür vorgesehenen Schrank verstaut, wird ihr schmerzhaft bewusst, dass sie Sunanda heute das letzte Mal sieht. Sie muss die Tränen zurückhalten. Noi hätte sich gerne länger um Sunanda gekümmert. Immerhin kann Kim sie tagsüber und an freien Tagen besuchen, solange er noch in Pattaya und Bangkok auf der Bühne steht, versucht sich Noi zu trösten. Sunanda ist ihr in der kurzen Zeit sehr ans Herz gewachsen. Als Sunanda das komfortable Badezimmer sieht, hat sie spontan den Wunsch, ein Bad nehmen. Zu lange ist es her, seit sie das letzte Mal im warmen Wasser mit Seife gebadet hat. Die beiden Männer haben es sich in der Schaukel auf dem Balkon gemütlich gemacht und bestaunen den Garten. Noi hilft Sunanda im Bad. Sie hüllt die magere Frau in eines der neuen Tücher ein und lässt warmes Wasser in die Wanne laufen. Den Rest kann Sunanda selber machen. Während aus dem Badezimmer ein leises Plätschern zu hören ist, legt Noi für Sunanda saubere Kleidung bereit. Noi ist froh, dass Sunanda den ganzen Nachmittag über im Mittelpunkt steht. So muss sie sich nicht mit ihren Gefühlen für Kim beschäftigen. Dennoch wird ihr schmerzhaft bewusst, dass sie nicht nur von Sunanda wird Abschied nehmen müssen. Auch Kim würde sie bald nicht mehr wieder sehen.

Nachdem Sunanda gebadet hatte, war sie sehr müde und musste sich hinlegen. Phra Suthep kam und untersuchte sie über eine Stunde lang. Danach sassen Noi und Kim gemeinsam an Sunandas Bett und warteten, bis sie eingeschlafen war.

Noi sitzt immer noch im bequemen Stuhl in der Strandbar. Während ihre Gedanken weit abgeschweift sind, und den vergangenen Tag vor ihrem inneren Auge abgespult haben, hat sie nicht gemerkt, dass die Sonne hinter dem Horizont des Meeres untergegangen ist. Erst als ihr der Duft von geschmolzenem Käse und Fritieröl in die Nase steigt, wacht sie aus ihrem Tagtraum auf. Der Kellner hatte ihr das Essen hingestellt, ohne dass sie ihn hat kommen sehen. Hungrig beisst sie in den Burger und verschlingt ihn in wenigen grossen Bissen. Während sie die Fritten im Ketchup tunkt, und sie langsam Stück für Stück isst, nimmt sie die *Pattaya Zeitung* zur Hand. *Doppelmord an englischen Touristen - Blausäure im Drink.* In grossen roten Lettern sticht die Schlagzeile auf der Titelseite der Zeitung ins Auge. Noi hat ihr Ziel erreicht. Mit ihrem Doppelmord hat sie es in die lokalen Medien geschafft. Es lässt Noi erstaunlich kalt. Noch vor wenigen Tagen hatte sie gehofft, triumphieren zu können. Eine halbe Seite nimmt der Artikel über den mysteriösen Mord an zwei englischen Touristen ein. Die Täterin werde im Rotlichtmilieu gesucht, steht dort. Sie hätten bereits einige Hinweise, um wen es sich handeln könnte. Die Polizei sei daran, die Beweise sicher zu stellen. Das Motiv sei nach wie vor unklar. Es sei nicht das erste Mal, dass männliche Touristen mit Blausäure im Drink ermordet wurden. Die Polizei rate den Feriengästen deshalb dringend, ihre Drinks nicht unbeaufsichtigt stehen zu lassen und sich von Fremden, besonders von Barladies, keine Getränke spendieren lassen. Ein unscharfes Phantombild einer Thailänderin ist neben dem Text abgebildet. Das Bild sieht weder Noi noch einer der beiden Cindys wirklich ähnlich. Noi muss schmunzeln. Es gibt tausend Barladies in dieser Stadt, die – wenn sie abends geschminkt und in hübschen Kleidchen unterwegs sind – so aussehen. Noi kann zwar nicht behaupten, dass ihr Leid tut, was passiert ist. Aber das befriedigende Erfolgsgefühl, das sie sich erhofft hatte, ist ausgeblieben. Nicht, dass Noi für die Kerle, die für ihre Rache mit dem Leben bezahlen mussten, Mitleid empfinden würde.

Jeden Tag sterben Menschen. Im Krieg. An Hunger. Weil es an Trinkwasser mangelt oder sie leiden an unheilbaren Krankheiten. Leider meistens die Falschen. Während Noi, wie so oft in den letzten Tagen, über das Gute und das Böse im Menschen nachdenkt, isst sie den Salat. Sie wird den bedrückenden Gedanken nicht los, dass die Erde sich von dem unberechenbaren menschlichen Ungeziefer befreien muss, wenn sie weiter existieren soll. Dennoch: Noi ist fest entschlossen, sich nicht von ihren guten Vorsätzen abbringen zu lassen. Für die Taten der anderen kann sie keine Verantwortung übernehmen. Sie kann lediglich versuchen, ihr Leben so gut wie nur möglich zu leben. Sie stopft die letzten Salatblätter in sich hinein und lehnt sich angenehm satt zurück. Da sieht sie, wie David in grossen Schritten auf sie zu marschiert. Schnell klappt sie die Zeitung zu und legt sie, die Schlagzeile über den Doppelmord nach unten, vor sich auf den Tisch. Frech grinsend kommt er zu ihr an Tisch.

«Hallo, Noi. Du siehst müde aus. Hast du dich nachts in fremden Betten rumgetrieben?»

Während er das sagt, bückt er sich zu ihr hinab und küsst sie zur Begrüssung auf die Wange.

«Hallo, David» entgegnet Noi amüsiert, «du sprühst wieder einmal vor Charme. Aber stell dir vor: Ich hatte einfach nur einen harten Tag.»

David setzt sich Noi gegenüber an den Tisch.

«Willst du mir davon erzählen?»

Er schaut sie erwartungsvoll an.

«Wir haben heute Sunanda in ein Zentrum für Aids-Kranke gebracht. Ich werde sie wohl nie mehr wieder sehen» sagt Noi kurzangebunden.

«Das tut mir echt Leid, Noi» entgegnet David.

«Aber da gibt es doch noch etwas, das du mir sagen wolltest, nicht? Du siehst aus als würden die Worte gleich aus dir heraussprudeln.»

Noi ist erstaunt darüber, was für ein gutes Gespür David für heisse Themen hat. Es ist fast nicht möglich, etwas vor ihm zu verbergen, denkt sie und sagt: «Du hast ganz Recht. Da ist tatsächlich etwas, was du für mich tun kannst. Ich weiss, wir wollten uns eigentlich wegen deinem Honorar treffen. Aber in der Zwischenzeit hat sich etwas ergeben, wobei ich nochmals auf deine Hilfe angewiesen bin.»

Sie lächelt ihn herzlich an.

«Aber bestell dir zuerst etwas zu Essen. Das geht auf meine Rechnung.»

David erwidert Nois Lachen und sagt: «Das musst du mir nicht zweimal sagen.»

Neugierig blättert er in der Speisekarte.

«Hm. Lass mich überlegen.»

Er denkt laut nach.

«Wenn du bezahlst, kann ich mir ja die Platte mit dem Hummer und den Meeresfrüchten bestellen. Und einen teuren Importwein.»

Als David sieht, dass Noi nicht gegen seine edle Speisenauswahl opponiert, sagt er: «Thailändische Weine gibt es schon. Aber sie schmecken fürchterlich. Sauer wie Zitrone sag ich dir! Da lohnt es sich, etwas mehr für einen guten Tropfen zu bezahlen. Nimmst du auch Wein?»

Noi kneift die Augen zusammen und überlegt einen kurzen Moment, ob es ihr gut tut, wenn sie schon wieder Wein trinkt, nach dem ausufernden Alkoholkonsum der letzten Tage. Dann wischt sie schnell ihre Zweifel beiseite. Vielleicht helfen ihr ein, zwei Gläser etwas lockerer zu werden, denkt sie und antwortet: «Klar trink ich Wein mit dir. Nur zu, David», spornt sie ihn an, «bestell, worauf du Lust hast.»

Nachdem David beim Kellner die grosse Platte mit gemischten Meeresfrüchten und eine Flasche vom besten australischen Importwein bestellt hat, will er von Noi wissen, was es denn nun war, worum sie ihn bitten wollte.

Er sagt: «Nun, erzähl schon Noi. Was kann ich für dich tun?»

Noi lächelt frech und erwidert: «Du bist ja richtig neugierig. Nun, gut. Hör zu: Ich brauche noch ein letztes Mal deine Hilfe.»

Dann erzählt Noi David eine leicht abgeänderte Version von Cindy's Geschichte. Dass sie von Vietnam nach Thailand gekommen ist, um als Barlady Geld zu verdienen. Dass sie keine gültigen Papiere hat. Und dass sie nun einen auf ihren Originalnamen *Phuong Thi Nguyen* lautenden Ausweis braucht, damit sie ihrem Liebhaber in die Staaten folgen kann.

«Ich habe dir ein Passfoto von ihr mitgebracht.»

Noi nimmt das kleine Foto aus ihrer Tasche.

«Sie braucht den Ausweis schnell, spätestens bis übermorgen Abend. Du musst ihn an der Rezeption des *Dollhouse* abgeben lassen. Sie sitzt dort in einem Zimmer und wartet. Ich werde morgen abreisen und muss ich mich auf dich verlassen können. Hast du verstanden?»

David runzelt nachdenklich die Stirn.

«Ich weiss nicht, ob das so schnell geht.»

Noi fällt ihm ins Wort.

«Es muss. Der Mann, mit dem sie nach Amerika will, ist sehr krank. Er liegt hier im Krankenhaus und muss so schnell als möglich nach Hause gebracht werden.»

David sagt mit skeptischem Blick: «Warum will der alte Mann ein Mädchen aus Thailand holen, wenn er ohnehin bald abkratzt? Das macht doch keinen Sinn?»

Noi insistiert: «Das liegt doch auf der Hand. Die Kleine soll ihn pflegen. Wahrscheinlich denkt er, dass er etwas Gutes tut, wenn er sie zu sich holt. Das ist doch die Gelegenheit für das Mädchen von hier weg zu kommen und ein neues Leben im Wohlstand zu beginnen.»

David, immer noch skeptisch, fragt: «Und? Was hast du mit der Sache zu tun?»

Noi seufzt und lügt: «Ich habe die beiden gestern Abend kennen gelernt. Er hatte einen Zusammenbruch und sie war ausser sich vor Verzweiflung. Da habe ich angeboten, ihr zu helfen.»

Die beiden schweigen eine Weile. Noi sieht David an, dass er ihr nicht alles glaubt.

Etwas vorwurfsvoll sagt er: «Du würdest dich besser um deine Angelegenheiten kümmern. Du hast schliesslich auch einiges erlebt in den letzten Tagen.»

Noi hat dem nichts anzufügen und bleibt still. David überlegt kurz und sagt dann leise: «Aber okay. Von mir aus. Ich erledige das. Gib mir das Foto. Kostet aber extra.»

Jetzt schnauft Noi laut auf vor Erleichterung.

«Du bist ein guter Kerl David, danke.»

Sie nimmt ihre Strandtasche, packt einen Briefumschlag aus und reicht ihn ihm über den Tisch. David nimmt den Umschlag in die Hand und öffnet ihn langsam. Seine Augen weiten sich, als er die 800 Dollar sieht.

«Noi...»

Die Worte bleiben ihm im Hals stecken. Er räuspert sich und flüstert: «Das ist viel zu viel Geld. Die 450, die wir abgemacht haben, hätten doch bei weitem gereicht. So viel habe ich gar nicht verdient.»

Noi antwortet: «Werd jetzt nicht sentimental. Das passt nicht zu dir. Kauf dir und deiner Familie etwas Schönes. Macht einen Ausflug. Irgendwas. Versprich mir einfach, dass du dich um die Sache mit dem Ausweis kümmerst.»

David, der sich schnell wieder gefangen hat, sagt fröhlich: «Ich verspreche dir alles was du willst, Noi. Du bist ein grossherziger guter Mensch!»

Noi lacht frech. Innerlich ist ihr etwas unwohl. David hält sie jetzt für besonders grosszügig. Eine reiche Touristin aus der Schweiz. Er weiss nicht, dass das zusätzliche Geld, welches sie ihm – und auch dem Doktor Würzmann – gegeben hat, vom toten Curt aus dem Bankomaten stammt.

Sie seufzt: «Ach, David, so ein guter Mensch bin ich nicht. Das solltest ausgerechnet du wissen!»

Bevor David etwas sagen kann, serviert ihm der Kellner die

Platte. Ein riesiger steifer Hummer liegt da, garniert mit unzähligen Tintenfischen, Krevetten und Muscheln; und als Beilage Gemüsestückchen und Kartoffeln. Dazu eine Flasche vom besten australischen Wein. Der Kellner schenkt beiden ein Glas ein.

Noi prostet David zu: «Auf unsere Geschäfte!»

Mit einem lauten Klirren stossen die zwei Gläser zusammen.

«Jawohl» sagt David lachend, «und auf dich, Noi. Eine ganz aussergewöhnliche junge Frau. Ich danke dir.»

«Ganz meinerseits, David» erwidert Noi.

«Auch ich habe dir zu danken. Ohne dich hätte ich nichts über meine Mutter herausfinden und Sunanda helfen können.»

Und den schönen Kim nicht kennengelernt, beendet sie den Satz für sich im Kopf. Wie ein hungriger Tiger macht sich David über die Platte her. Eine Weile schweigen beide. David isst und Noi starrt in Gedanken versunken in den Sternenhimmel. Immer mal wieder nimmt sie einen Schluck vom süssen Wein. Sie schliesst eine Weile die Augen und denkt an Kim. Ein schöner Gedanke.

Nachdem David den letzten Bissen verdrückt hat, fragt er Noi: «Du hast gesagt, du willst abreisen. Was hast du vor? Wirst du Thailand verlassen?»

Noi, inspiriert vom schweren roten Wein und der Vorfreude, Kim bald zu treffen, gibt sich geheimnisvoll: «Ich weiss nicht. Vielleicht bleibe ich, vielleicht reise ich weiter. Wer weiss.»

David fixiert Noi unerwartet streng mit seinen wasserblauen Augen und sagt: «Wenn du einen Rat von einem alten Gauner annehmen willst, dann würde ich dir sagen, dass es besser ist, aus Thailand zu verschwinden.»

Noi, die sich darüber im Klaren ist, dass David mehr über ihre Taten weiss, als er ihr offen zeigt - schliesslich war es ja er, der ihr das Gift besorgt hat - sieht ihm mutig in die Augen und fragt: «Warum sagst du das?»

David nickt mit dem Kopf in Richtung der *Pattaya Zeitung*, die immer noch, mit dem Titelblatt nach unten, auf dem Tisch liegt.

Mit Ironie in der Stimme sagt er: «Zum Glück lese ich solche Skandalblätter nicht, sonst würde ich – wenn ich eins und eins zusammenzählen würde – Dinge erfahren, die ich besser nicht weiss.»

Noi schweigt. Auch David sagt lange nichts. Dann findet Noi als erste die Sprache wieder und flüstert: «Mach dir keine Sorgen, David. Ich werde schon morgen von hier verschwinden.»

David, der jetzt sichtbar erleichtert aussieht, sagt: «Hast du irgendwelche Pläne?»

«Nein» antwortet Noi, «ich werde irgendwo hinfliegen, wo es schön warm und ruhig ist und mich danach einfach treiben lassen.»

Ein leichtes Lächeln huscht über Nois Gesicht.

«Hoffentlich komme ich dann nicht wieder auf dumme Gedanken» sagt sie verschmitzt. David schaut Noi an und nickt zufrieden.

Mit Schalk in der Stimme sagt er: «Dann werden wir uns wohl nie wieder sehen?»

«Also, David» entgegnet Noi theatralisch, «wenn ich etwas weiss, dann, dass man niemals nie sagen soll.»

«Da hast du vollkommen Recht» gibt David schmunzelnd zurück.

«Komm, lass uns zum Abschied noch eine Flasche von diesem exzellenten Wein bestellen.»

Die letzte Nacht

Noi eilt die Pattaya Beach Road entlang und biegt in den *Strip*, die Fussgängerpassage im Süden der Stadt, ein. Es ist bereits nach ein Uhr nachts. Die Strassen sind immer noch voll pulsierendem Leben. In allen Farben blinkende Reklametafeln lassen den Himmel hell erleuchten. Noi muss sich beeilen, wenn sie im *Miranda* sein will bevor die Show vorbei ist. Sie geht schneller. Ihr und David ist die Zeit davon gerast und Noi hat etwas viel von diesem wunderbar fruchtigen Rotwein getrunken. Noi ist glücklich und beschwingt. Alles hat sich positiv entwickelt. Ihre Taten sind unentdeckt geblieben. Cindy kriegt den Ausweis. Sunanda hat einen Platz im Sterbehospiz gefunden. Der Deal mit David hat wunderbar geklappt. Und schliesslich hat sie Kim kennengelernt. Noi fühlt sich vogelfrei und freut sich, ihn zu treffen. Egal, was heute Nacht noch passiert, denkt sie übermütig. Morgen würde sie nicht mehr hier sein. Schnaufend kommt sie im *Miranda* an der Soi 16 an. Noi sieht, dass die Zuschauer gerade dabei sind, das Lokal zu verlassen. Die Show ist also zu Ende. Sie kämpft sich gegen den entgegenkommenden Menschenstrom an und bis zum Eingang durch. Sie streckt sich und sieht über die Köpfe der Leute hinweg wie die Darsteller die Bühne aufräumen. Sie sammeln die Dinge ein, die nach der Show liegen geblieben sind: Blumen, Münzen, Federboas, Perücken... Ein dicker Türsteher, gross gewachsen für einen Thailänder, steht am Eingang. Mit strengem Blick baut er sich vor Noi auf und hindert sie daran, in's *Miranda* zu gelangen. Mit brummliger Stimme sagt er: «Die Show ist zu Ende, Mädchen. Du bist viel zu spät dran.»

Noi, selber verärgert über ihre Verspätung, sagt ungeduldig: «Ich muss zu Kim. Wir wollten uns nach der Show treffen.»

Der dicke Türsteher grinst überheblich und antwortet frech: «Was meinst du, wieviele Barladies und Touristinnen sich wünschen, Kim kennen zu lernen. Du bist nicht die einzige und dein Trick ist auch nicht neu.»

Noi insistiert: «Ich bin auf der Gästeliste. Du kannst nachschauen! Bitte!»

In der Zwischenzeit hat sich die Strasse vor dem *Miranda* geleert. Nur noch hartgesottene Fans, mit T-Shirts, CDs und Posters von Kim bewaffnet, warten geduldig und hoffen, dass der Star auftaucht. Noi bettelt, der Türsteher möge sie hereinlassen. Doch nichts hilft. Er bleibt stur und weist sie zurecht: «Die Gästeliste nützt dir nichts mehr. Kim will nach dem Auftritt seine Ruhe haben und mit Freunden zusammen sein. Am besten gehst du nach Hause und kommst morgen wieder.»

In diesem Moment hört Noi, dass jemand hinter ihnen aus dem Lokal dem Türsteher etwas zuruft. Sie erkennt den Mann sofort. Es ist der kleine muskulöse *Ladyboy*, der gestern Abend zu Kim und ihr in die *Cave*-Bar gekommen war und ihre überraschende zärtliche Zweisamkeit gestört hatte. Der Mann kommt auf sie und den Türsteher zu, nickt mit dem Kopf in Nois Richtung und sagt: «Ich kenne die Frau. Das ist eine Freundin von Kim. Lassen sie sie herein.»

Der bullige Türsteher murmelt mürrisch eine Entschuldigung und geht, ohne nochmals einen Blick an Noi zu verschwenden, zur Seite. Noi, wahnsinnig erleichtert, eilt an ihm vorbei und wird sogleich vom kleinen *Ladyboy* überschwänglich mit einem spitzen Kuss auf den Mund begrüsst.

«Hallo. Du bist Noi, nicht wahr? Kim hat dich schon vermisst. Wo hast du gesteckt?»

Noi, etwas irritiert über den spontanen Kuss, erwidert: «Ich war mit einem Freund essen. Wir haben einfach die Zeit vergessen. Es tut mir Leid», der junge Mann lächelt verschmitzt.

«Kim wird dir verzeihen. Jetzt bist du ja da.»

Um das Gesagte zu unterstreichen, gestikuliert er wild mit den Armen und seine Augen leuchten schelmisch als er sagt: «Wir Leute aus dem Showbiz verstehen gut, dass einem hin und wieder bei Speis und Trank die Zeit davon läuft. Aber jetzt komm mit. Ich bringe dich zu Kim. Übrigens, mein Name ist Mel.»

Der Mann formt seinen Mund abermals zu einem spitzen Kuss und flötet: «Es ist mir eine Freude, dich kennen zu lernen. Kim hat mir erzählt, was du für Sunanda getan hast. Grossartig. Aber jetzt lassen wir ihn nicht länger warten. Komm mit.»

Zielstrebig und immer noch mit fuchtelnden Armen trippelt Mel durch das Lokal. Noi folgt ihm amüsiert. Sie lächelt. Ihr gefällt die Stimmung hier. Wie offenherzig die Künstler mit Zärtlichkeiten umgehen. Wie eine grosse Familie. Und diese nicht ganz erst zu nehmende Selbstdarstellung. Voller befreiender Ironie. Noi denkt daran, wie sie und Kim sich vor bald 24 Stunden näher gekommen sind. Obwohl sie weiss, dass die Menschen hier sehr ungezwungen miteinander umgehen, spürt sie, dass die Zärtlichkeiten, die sie und Kim ausgetauscht haben, mehr als nur freundschaftlich waren. Vor Kims Garderobe angekommen, merkt Noi, dass sie wieder nervös wird. Der Wein hatte sie berauscht und ihr Gelassenheit gegeben. Aber jetzt, so kurz vor dem Zusammentreffen mit Kim, klopft ihr Herz laut und schnell. Sie hofft, dass er ihr nichts anmerkt. Die Tür steht offen. Kim ist gerade dabei, seine schwarze Jeans zuzuknüpfen. Oben trägt er ein silbernes, glänzendes Trägershirt. Seine Haare sind feucht vom Waschen und fallen ihm ungekämmt auf die Schultern. Seine Augen sind ein wenig mit schwarzem Kajal geschminkt. Ein fröhliches Lachen erscheint auf seinem Gesicht, als er Noi erblickt. Er geht auf sie zu und nimmt ihre Hände in seine.

«Ich hatte schon befürchtet du kommst nicht mehr. Schön, dass du hier bist.»

Kim, der Nois Distanziertheit spürt, und nach gestern Abend nicht den Mut hat, die junge Frau zur Begrüssung zu küssen, umarmt sie kurz. Noi ist sprachlos. Jedes Mal wenn sie ihn sieht, wird ihr wieder bewusst, wie verdammt gut er aussieht. Zudem ist Kim frisch geduscht und riecht sommerlich. Wie die Luft am frühen Morgen am Strand. Noi verschlägt es die Sprache. Weil sie nichts sagt, redet er weiter: «Hör zu: Ich bin gleich fertig.

Wo wollen wir hingehen? Ich würde gerne etwas essen. Ich sterbe vor Hunger. Und du?»

Noi, die ihre Sprache allmählich wieder findet, erwidert: «Ich habe schon gegessen. Und Wein getrunken. Aber ich komme mit dir mit. Egal wohin. Willst du in die *Cave*-Bar, wo wir uns gestern nach der Show getroffen haben?»

Kim denkt kurz nach. Er möchte lieber mit Noi alleine sein. Er sagt: «Nein. Ich möchte heute nicht zu viel Trubel. Ausserdem ist das deine letzte Nacht hier und meine letzte Gelegenheit, dich besser kennenzulernen. Wie wäre es, wenn wir uns ein Restaurant am Hafen suchen?»

Noi, geschmeichelt darüber, dass er offensichtlich mit ihr allein sein möchte, verschweigt ihm, dass sie eben erst vom Hafen gekommen ist und nickt zustimmend.

«Okay, von mir aus.»

Kim, in der Zwischenzeit fertig umgezogen, nimmt seine Sporttasche und sagt: «Na dann. Lass uns gehen. Wir nehmen den Hinterausgang. Dann kommen wir ungestört von hier weg.»

Noi und Kim sitzen in bequemen Korbstühlen auf der Terrasse einer Pizzeria. Es ist eine internationale Kette, die neuerdings auch in Thailand ihre Ableger hat. Das Lokal liegt an der Ecke Soi 14 und der Pattaya Beach Road. In den Strassen ist es stiller geworden. Zu ihrer Linken sehen Kim und Noi das Meer und rechts, auf der gegenüberliegenden Seite der Soi 14, ist eine gut besuchte Openair-Bar. Die Nacht hat eine angenehme Abkühlung gebracht. Kim isst eine grosse unförmige Pizza, belegt mit Wurst und Käse. Dazu trinken sie einen frischen französischen Wein. Noi entspannt sich. Eine leichte Müdigkeit, gemischt mit der Vorfreude auf ihren bevorstehenden Trip, hat sich eingeschlichen. Auch Kim ist froh, jetzt wo er weiss, dass für Sunanda gut gesorgt sein wird. Unbeschwert plaudern die beiden und trinken vom süssen Wein. Noi schielt in Kims Teller, macht eine skeptische Grimasse und lacht: «Ich kann mir nicht vorstellen, dass diese Pizza gut schmeckt. Wenn man dieses Ding überhaupt Pizza nennen kann.»

Kim verzieht gespielt beleidigt das Gesicht und erwidert: «Du willst sagen, wir Thais wissen nicht, wie eine gute Pizza zu schmecken hat? Dann probier!»

Er schneidet ein Stück ab und steckt es Noi in den Mund. Die kaut eine Weile und sagt schliesslich wenig überzeugt: «Naja, pampiger Gemüsekuchen, würde ich sagen. Zuhause in der Schweiz – oder in Italien – schmeckt die Pizza. Und sie sieht wie Pizza aus. Das Auge isst ja schliesslich mit.»

Kim lacht laut heraus.

«Du hast Glück, dass du aus Europa kommst – quasi die Heimat der wohlschmeckenden Pizza. Wir hier sind zu weit weg vom Original und müssen uns mit einer schlechten Kopie wie dieser zufrieden geben. Das Problem ist der Käse. Thais essen normalerweise keinen Käse. Sie wissen den Geschmack von frischem Mozzarella einfach nicht zu schätzen.»

«Und warum isst du welchen?» fragt Noi.

Kim erzählt: «Ich habe mich während meiner Zeit in New York an dieses Essen gewöhnt. Damals hatte ich wenig Geld und musste mich von Fastfood ernähren. Da habe ich oft Take-Away-Pizza beim Italiener an der Ecke geholt.»

Noi ist hellhörig geworden. Ihr wird bewusst, wie wenig sie über Kim weiss. Instinktiv hatte sie angenommen, dass er schon sein ganzes Leben in Thailand verbracht hat.

«Du hast in New York gelebt? Wann? Und für wie lange?»

Kim winkt ab.

«Das ist schon eine Weile her. Damals war ich noch jung.»

Er grinst. Dann erzählt er: «Mit 20, nach meinem Schulabschluss, habe ich dort mein Glück als Sänger und Tänzer versucht. Ich träumte von einer grossen Karriere bei der Oper. Nach einem halben Jahr war ich pleite. Und einen Job nur zum Geld verdienen habe ich auch nicht gefunden. Da musste ich nach Thailand zurück.»

«Und wie hast du dich gefühlt als du zurückgekommen bist? War es schlimm, es nicht geschafft zu haben?»

Neugierig stellt Noi ihre Fragen. Kim lacht schelmisch.

«Ich sehe, es gibt noch eine Menge Dinge, die du nicht von mir weisst. So wenig wie ich über dich weiss. Aber um auf deine Frage zurückzukommen: Es war nicht weiter schlimm. Meine Freunde hier waren froh, mich wieder zu haben. Nach einigen Wochen war vergessen, dass ich in New York mein ganzes Erbe verprasst hatte. Damals war ich naiv und habe mein Talent überschätzt.»

Ein Grinsen huscht über Kims Gesicht. Dann wird er plötzlich ernst: «Schade, dass uns nicht mehr Zeit bleibt, einander besser kennenzulernen.»

Ja, wirklich schade, denkt auch Noi, sagt jedoch nichts. Kim kaut ein Stück seiner Pizza und Noi sieht, dass in der Bar auf der anderen Seite der Strasse ein Boxkampf angefangen hat. Eine beachtliche Menschentraube hat sich um diese Touristenattraktion geschart. Noi hat in der Stadt schon öfters Werbeplakate hängen sehen für die so genannten Thai-Boxkämpfe. Sie hat gelesen, dass diese Boxer die Technik des Thai Boxens oft gar nicht beherrschen. Regeln gibt es keine. Hauptsache, es spritzt Blut. Das wollen die Touristen sehen. Ohne Worte beobachtet Noi, wie in einem improvisierten Boxring zwei muskulöse schmale Männer aufeinander einprügeln. Der eine blutet bereits heftig aus der Nase und an den Mundecken. Der andere hat ein blau geschwollenes Auge. Die Zuschauer, überwiegend männliche Touristen und Barladies, stehen um den Ring und feuern die beiden Boxer an. Ein Mann geht durch die Menge und nimmt Wetten an. Noi schüttelt unverständlich den Kopf und fragt: «Warum tun sie das?»

Kim sieht von seiner Pizza auf.

«Was meinst du?»

Noi nickt mit dem Kopf in die Richtung des Boxrings.

«Sich prügeln.»

Kim zuckt mit den Schultern und antwortet gelassen: «Naja,

zum Spass. Um einige Baht zu verdienen. Im Grunde sind diese Männer harmlos.»

Noi runzelt die Stirn.

«Ich verstehe das nicht. Das tut doch weh.»

Kim schmunzelt.

«Das soll es auch. Die Thais sind eigentlich ein friedliebendes Volk. Solche Veranstaltungen helfen, Aggressionen abzubauen. Und den Touristen gefällts.»

Noi überlegt.

«Vielleicht würde es mir auch gut tun, wenn ich mich prügeln könnte» sagt sie leise.

Mehr zu sich selbst als zu Kim. Der jedoch hat ihre Worte sehr wohl gehört.

«Du bist wütend, nicht?»

Er schaut sie fragend an. In seinem Blick liest Noi die Aufforderung, mehr von sich zu erzählen. Sie windet sich.

«Es war schon schlimmer.»

Kim insistiert: «Und? Was machst du mit deiner Wut? Wie lässt du sie raus?»

Ausgerechnet diese Frage, denkt Noi. Dass sie Männer umgebracht hat, kann sie ihm unmöglich anvertrauen. Sie überlegt eine Weile und sagt dann ohne viel Preis zu geben: «Ich räche mich. Rache ist süss.»

Kim fragt ruhig: «Und? Geht es dir danach besser?»

Noi überlegt und beschliesst, einen Teil ihres Widerstands aufzugeben und sich ihm anzuvertrauen.

«Das habe ich gehofft. Aber es stimmt nicht. Nicht wirklich. Ich habe gedacht, dass ich Genugtuung empfinde und triumphieren würde, wenn ich das Böse bekämpfe. Aber es hat nicht funktioniert.»

Kim nickt verständnisvoll und sagt: «Dann hat die Rache dir nichts gebracht.»

Noi räuspert sich leise.

«Ich gebe es nicht gern zu, aber du hast Recht. Es war sinnlos.

Nicht, dass mir das, was ich getan habe, Leid tut, aber ich hätte es genauso gut lassen können.»

Kim überlegt eine Weile. Dann sagt er leise: «Ich will mich nicht mit guten Ratschlägen aufspielen, Noi. Wenn ich also aufhören soll, dann sag es mir bitte.»

Noi macht eine wegwerfende Handbewegung.

«Nein. Nur zu. Sag mir deine Meinung. Ich weiss heute ja selber, dass es blöd war.»

Sie versucht, locker zu klingen. In wenigen Stunden wird sie weg sein. Da spielt es keine Rolle mehr, wenn sie mehr von sich preisgibt als ihr wohl ist.

Kim holt tief Luft und sagt: «Das mit der Rache funktioniert nicht. Es erfüllt einen niemals mit Genugtuung, einen Menschen leiden zu sehen. Auch nicht, wenn es dein ärgster Feind ist. Leute, die das sagen, machen sich etwas vor. Wenn du willst, dass es dir besser geht, dann musst du für dich selber etwas Gutes tun. Oder in den Boxring steigen.»

Beim letzten Satz huscht ein Lachen über Kims Gesicht. Auch Noi muss lächeln. Sie ist erstaunlich locker und hat ihren Humor nicht verloren. Dann wird Kim wieder ernst.

«Ich habe auch darunter gelitten, dass ich so bin, wie ich bin. Du weisst ja, dass mit meinem Hormonhaushalt etwas nicht stimmt. Ich hatte in meiner Kindheit einen schweren Unfall, bei dem die Keimdrüsen meiner Hoden zerstört wurden. Deshalb sehe ich so mädchenhaft aus und habe diese Stimme. Viele denken, das sei Absicht. Dass ich meinen Körper und meine Stimmbänder mit teuren Operationen geformt habe. Aber ich habe mir dieses Leben nicht ausgesucht. Ich hatte keine andere Wahl. Egal, ob die Menschen mich bewunderten oder sich über mich lustig machten – ich war erst ein zufriedener Mensch, als ich gelernt hatte, mich selber zu mögen. So wie ich nun einmal bin.»

Noi hat aufmerksam zugehört. Nachdenklich sagt sie: «Man spürt, dass du viel erlebt und an dir gearbeitet hast. Du gehst unbeirrt deinen Weg. Ich glaube, dass die Menschen deine Nähe schätzen, weil du stark und für viele ein Vorbild bist.»

Kim winkt ab.

«Ich weiss nicht. Jeder tut was er kann. Bei mir fällt es einfach mehr auf, weil ich ein schriller Vogel bin.»

Dann schweigen beide eine Weile. Noi füllt die Gläser nochmals auf. Dann kommt sie auf das Thema Gewalt zurück.

«Du hast natürlich Recht. Rache bringt nichts. Das habe ich in der Zwischenzeit auch gelernt. Ich weiss jetzt, dass ich bei mir selber anfangen muss, wenn ich etwas verändern will. Leider ist das nicht so einfach» sagt sie nachdenklich.

«Wenn mich Hass, Wut und Enttäuschung bis in die Haarwurzeln plagen, dann treibt es mich richtig an. Ein hinterhältiges Gefühl. Kraftvoll, kreativ und destruktiv. Das endet in einer unkontrollierbaren Eigendynamik. Vergleichbar mit einem Stachel, der einem tief in das Herz gebohrt wird und den ich nur loswerde, indem ich ihn jemand anderem noch tiefer in den Körper ramme. Dabei bleibe ich eiskalt und berechnend.»

Noi ist erstaunt, wie leicht ihr diese Worte über die Lippen gekommen sind, nachdem er über seine Hormonprobleme geredet hat. Sie muss lachen.

«Aber warum erzähle ich dir das überhaupt? Du hast jetzt bestimmt ein schreckliches Bild von mir!»

Noi weiss, dass es an dem Wein und an der Gewissheit, dass es die letzte Nacht in Pattaya ist liegt, dass sie so unverfroren mit diesem schönen zarten Mann flirtet. Als würde Kim ihre Gedanken erraten, legt er seine Hand auf ihre und nähert sich Noi mit dem Kopf. Leise sagt er: «Ich würde mir wünschen, dass wir mehr Zeit miteinander verbringen könnten. Ich möchte dich kennenlernen. Ich weiss nicht, was gestern zwischen uns passiert ist und was es zu bedeuten hatte. Ich weiss nur, dass ich dich mag und nicht will, dass du schon gehst.»

Während er das sagt, hat Nois Herz wieder laut zu klopfen angefangen. Er hat ausgesprochen, was seit gestern Abend in der Luft lag. Noch weiss er nicht, dass auch sie sich von ihm angezogen fühlt. Gerne würde sie etwas sagen, aber es fehlen ihr die Worte.

Hektisch redet Kim weiter: «Ich weiss, ich sehe aus wie eine kleine Tunte und ich würde verstehen, wenn du dir einen richtigen Mann wünschst. Einer, mit dem du Kinder zeugen und eine Famillie gründen kannst.»

Er schluckt einmal leer.

«Ich will dich zu nichts drängen, aber wenn du irgendeine Möglichkeit siehst, dass wir noch etwas Zeit zusammen verbringen können, dann gib unserer Freundschaft oder was auch immer daraus entstehen mag, eine Chance.»

Er haucht Noi einen zarten Kuss auf die Backe. Sein Geständnis erregt sie. Noi überlegt, ob sie es ihm gleichtun und ihm ihre Gefühle offenbaren soll. Auch sie würde gerne bei ihm bleiben. Alles von ihm erfahren. Sich in ihm verlieren. Nur ahnt er nicht wie dringend sie von hier weg muss.

Sie sagt: «Ich kann nicht bleiben. Das hat nichts mit dir zu tun, Kim, glaub mir. Aber ich muss diese Stadt verlassen. Bitte frag nicht warum. Mehr kann ich dazu nicht sagen.»

Kim gibt sich mit der Antwort nicht zufrieden.

«Gibt es jemanden der auf dich wartet? Musst du zurück an die Uni?» insistiert er.

Noi schüttelt nur energisch den Kopf.

«Nein. Das ist es nicht. Ich habe noch einige Wochen Ferien. Und ich habe einen Plan. Den muss ich durchziehen. Ohne Kompromisse. Um zu mir selber zu finden. So wie du es gesagt hast. Und in Pattaya kann ich unmöglich bleiben.»

Kim, der eine neue Idee hat, aus der er Hoffnung schöpft, versucht weiter Noi zu überzeugen: «Ich werde auch nicht mehr lange hier sein. Warum kommst du nicht mit mir auf Tournee? Wir fahren gegen Süden. Phuket, Ko Samui und später nach Malaysia, Indonesien. Du kannst so lange bleiben wie du willst. Wenn es dir nicht gefällt, kannst du jederzeit gehen.»

Kim kommt ins Schwärmen: «Stell dir vor: Den Tag verbringen wir gemeinsam am Strand und nachts kannst du mir bei der Show helfen oder dich sonstwo amüsieren. Dann haben wir alle Zeit der Welt, um uns näher kennen zu lernen. Was meinst du?»

Kim, der sich in seiner Phanasie schon in allen Details ausgeschmückt hat, wie er und Noi um die halbe Welt reisen, hält inne. Noi, hin und her gerissen zwischen der Vorstellung, ihre unmittelbare Zukunft mit diesem schönen zärtlichen Mann zu verbringen, und dem unangenehmen Bewusstsein, dass er die Macht hat, ihr tief in die Seele zu blicken, lehnt sich in ihrem Stuhl zurück. Hat sie sich nicht gewünscht, endlich wieder einmal jemanden kennen zu lernen, in den sie sich verlieben kann? Jemand, mit dem sie ihre innersten Sehnsüchte und Gedanken teilen kann? Aber ein Gefühl tief in ihr drin sagt, dass es der falsche Zeitpunkt ist. Zuerst muss sie ihr Leben in den Griff kriegen, und erst dann ist die Zeit reif für eine Liebe. Dennoch liebäugelt Noi mit dem Gedanken, mit Kim zu gehen. Wenn sie in den Süden des Landes fahren würden, könnte sie Sanan, ihren Halbbruder, der mit seiner Familie auf Ko Lanta lebt, kennenlernen. Sie würde zu ihm fahren, ein Bungalow in der von ihm geführten Anlage mieten und spontan vor Ort entscheiden, ob sie sich ihm zu erkennen geben soll oder nicht. Noi überlegt. Soll sie auf ihr Herz hören und mit Kim gehen? Soll sie ihrem Verstand gehorchen und alleine weiterziehen? Hin und her gerissen von ihren widersprüchlichen Gefühlen sagt sie trotzig zu Kim: «Ich habe mir geschworen, dass ich nie wieder jemandem vertrauen werde. Die Gefahr, enttäuscht und verletzt zu werden, ist einfach zu gross.»

«Das kann nicht dein Ernst sein!»

Kim fällt ihr entrüstet ins Wort.

«Das Leben besteht doch aus einem Wechselbad der Gefühle. Ohne Tiefschläge gibt es keine Höhenflüge und umgekehrt. Und wenn wir tausendmal hinfallen und uns wieder mühsam aufraffen müssen. Es lohnt sich doch jedes einzelne Mal! Schliesslich sind es nur unsere Gefühle, die uns am Leben halten.»

Noi erwidert zornig: «Das kannst du so einfach sagen! Ich bin nicht am selben Punkt wie du. Ich muss noch vieles lernen. Ich will weiterkommen. Und ich muss meinen Weg alleine finden. Ich will von niemandem abhängig sein. Vielleicht kann ich wieder einmal Vertrauen haben. Aber ich brauche Zeit.»

Kim, der nicht will, dass dieser Abend, der so gut angefangen hat, im Streit endet, redet versöhnlich weiter: «Bitte, lass dein Herz sprechen. Ich wünsche mir im Moment nichts mehr als einen Höhenflug mit dir.»

Seine Worte treffen Noi tief in ihrem Herz. Sie sitzt einfach nur da und sagt nichts. Kim bückt sich zu ihr und seine Arme umschlingen ihren Oberkörper. Obwohl er sehr schlank ist, strömt eine gewaltige Wärme aus ihm. Noi hat grosse Lust, in dieses warme Meer einzutauchen. Aber sie hat Angst. Angst vor Verletzung und Enttäuschungen. Und seine Umarmung macht alles nur noch schlimmer. In einer Zeit, in der ohnehin schon alles drunter und drüber geht, kann und will sie sich nicht verlieben. Noi kann die Tränen nicht mehr zurückhalten. Reflexartig befreit sie sich aus Kims Umarmung. Sie packt ihre Handtasche, klaubt einige 100 Baht Scheine hervor und wirft sie auf den Tisch. Unter dem ungläubigen Blick von Kim steht sie auf, geht an ihm vorbei und sagt mit tränenerstickter Stimme: «Es tut mir Leid, aber ich kann nicht.»

Epilog

«Hast du alles? Ausweis? Ticket? Mückenspray? Reisekaugummi gegen deine Übelkeit? – Wir müssen los. Dein Zug fährt in einer halben Stunde.»

Carla hat bereits den Mantel angezogen und wartet ungeduldig vor der Haustüre. Es ist Anfang Dezember und eine dünne Schneedecke hat sich über die Stadt gelegt.

Noi geht nervös durch die Wohnung. Hat sie etwas vergessen? Zum wiederholten Mal öffnet sie den kleinen Rucksack, der ihr als Handgepäck dient, und prüft, ob die Reisedokumente vollständig sind. Okay, es ist alles da. Die Reise kann losgehen. Noi ist rundum zufrieden. Vor einer Woche hat sie ihr Diplom erhalten. Und schon in zwölf Stunden wird sie in der heissen thailändischen Sonne schmoren. Sie hat einen Direktflug nach Ko Samui gebucht. Kim lebt jetzt dort und führt eine eigene Yoga-Schule. Noi hat noch nie Yoga gemacht. Sie hat einen Intensivkurs gebucht und freut sich wahnsinnig darauf, etwas für ihren Geist zu tun, nachdem sie Wochen über den Büchern gebrütet und sich auf ihren Psychologie-Abschluss vorbereitet hat. Zwei Jahre ist es her seit sie den Travestiekünstler Kim in Pattaya kennengelernt hat. In der Zwischenzeit hat Kim das Travestie-Theater geschmissen. In unzähligen Emails hat er ihr geschildert, wie ihm das oberflächliche schnellebige Dasein im Showbusiness allmählich auf die Nerven ging, und es kommt ihr vor, als hätte sie hautnah miterlebt, wie er auf der Suche nach einem tieferliegenden Lebenssinn allmählich zur Erkenntnis gelangte, dass er sein Leben radikal verändern wollte. Es ist ihr leicht gefallen, ihm in dieser schwierigen Zeit beizustehen. Sie wusste, wie es sich anfühlt, orientierungslos und voller Zweifel zu sein.

Carla steht immer noch vor der Haustüre und sieht Noi fragend an: «Was träumst du rum? Das Flugzeug wartet nicht.»

Beschwichtigend antwortet Noi: «Es ist ja gut. Ich habe alles. Wir können los.»

Sie schlüpft in ihre Winterjacke, die sie in den nächsten drei Wochen hoffentlich nicht mehr brauchen wird und schultert ihren Rucksack. Es kann losgehen. Mit schnellen Schritten gehen die beiden Frauen in Richtung Bahnhof. Carla, die nie richtig nachvollziehen konnte, weshalb Noi den Kontakt zu diesem Kim so lange Aufrecht erhalten hat, sagt: «Das muss ein toller Mann sein, wenn du nach so langer Zeit und auf so weite Distanz immer noch mit ihm befreundet bist.»

Noi gibt sich, wie immer wenn es um Kim geht, geheimnisvoll.

«Das ist er. Etwas ganz Besonderes.»

Wie so oft in den letzten beiden Jahren kratzt Noi alle Erinnerungsfetzen an diesen schönen Mann zusammen, und ein schwaches Bild von einer Person mit grünen Augen und den tiefschwarzen Haaren erscheint vor ihrem inneren Auge. Carla hat keine Ahnung, was damals in Thailand alles geschah. Sie weiss nur, dass Nois Mutter gestorben ist. Davon, dass Noi gar nicht adoptiert wurde und wie Kim ein Mischling ist, hat sie keine Ahnung. Deshalb kann sie auch nicht nachvollziehen, was Noi und Kim nach so langer Zeit immer noch verbindet.

Carla boxt Noi frech und die Seite und lacht: «Na? Wirst du überhaupt wieder zurückkommen oder gleich bei ihm bleiben?»

Noi lacht laut auf.

«Das habe ich eigentlich nicht vor! Aber wer weiss. Man sollte nichts ausschliessen.»

In einem Monat tritt Noi ihre erste Stelle als Psychologin auf einer Beratungsstelle für unheilbar Kranke an. Das Studium abgeschlossen hat sie sonst keine festen Verpflichtungen und, anders als bei ihrem letzten Zusammentreffen, ist Noi offen für die Liebe.

Fröhlich sagt sie: «Es ist lange her seit ich Kim das letzte Mal gesehen habe, aber ich erinnere mich, damals hat es mich schon etwas gepackt. Auch wenn ich mir das nicht eingestehen wollte. Es war einfach der falsche Zeitpunkt.»

«Es war eine verrückte Zeit» gibt ihr Carla Recht.

Sie erzählt: «Ich weiss noch, wie ich dich auf den Flughafen begleitet habe, und bis zur letzten Sekunde davon abhalten wollte, zu fliegen. Aber du hattest damals schon einen sturen Kopf. Und als du dann zurückgekommen bist, so voller Tatendrang und Optimismus, da habe ich mir schon gedacht, dass du wahrscheinlich jemanden kennengelernt hast, der dich irgendwie inspiriert hat. Aber weil du ihn einfach so Knall auf Fall verlassen hast, habe ich mir gedacht, dass es wohl doch der Falsche für dich gewesen wäre.»

Noi, die heute viele Dinge ungeschehen machen würde, die sie damals angestellt hat, wenn sie könnte, sagt: «Ja, es war eine turbulente Zeit damals. Vieles hat sich verändert, nachdem ich erfahren habe, dass meine Mutter tot ist. Ich habe alles in Frage gestellt. Damals hat mir Kim mit seiner Gelassenheit den Dingen gegenüber sehr geholfen.»

Von ihren Morden hat Noi niemandem erzählt. Sie ist fest entschlossen, diese Dinge mit ins Grab zu nehmen. Obwohl es ihr heute leichter fällt, ihr nahe stehenden Menschen zu vertrauen, traut sie doch niemandem zu, mit diesem Geheimnis zu leben. Was, wenn sie es jemandem erzählt und diese Person dreht durch und rennt zur Polizei?

Als die beiden ausser Atem am Bahnhof ankommen, ist der Zug bereits auf der Einfahrt.

«Geh! Du musst rennen» sagt Carla.

Noi nimmt ihre beste Freundin zum Abschied in den Arm. Die fragt: «Meldest du dich mal und erzählst wie's läuft? Ich bin gespannt.»

«Klar mach ich das. Tschüss!»

«Pass auf dich auf.»